U0905271

日本环境
法律法规汇编

A COLLECTION OF ENVIRONMENTAL LAWS AND REGULATIONS OF JAPAN

中日友好环境保护中心　编译

主　编：董旭辉　张云晓

副主编：陈　刚　李玲玲　宿　因

中国环境出版集团・北京

图书在版编目(CIP)数据

日本环境法律法规汇编 / 中日友好环境保护中心编译；董旭辉，张云晓主编 .—北京：中国环境出版集团，2020.10

ISBN 978-7-5111-4462-1

Ⅰ. ①日… Ⅱ. ①中… ②董… ③张… Ⅲ. ①环境保护法—汇编—日本 Ⅳ. ① D931.326

中国版本图书馆 CIP 数据核字（2020）第 191051 号

出 版 人 武德凯
责任编辑 孙 莉
责任校对 任 丽
装帧设计 彭 杉

出版发行 中国环境出版集团
（100062 北京市东城区广渠门内大街 16 号）
网 址：http://www.cesp.com.cn
电子邮箱：bjgl@cesp.com.cn
联系电话：010-67112765（编辑管理部）
010-67112736（第五分社）
发行热线：010-67125803，010-67113405（传真）

印 刷 北京建宏印刷有限公司
经 销 各地新华书店
版 次 2020 年 10 月第 1 版
印 次 2020 年 10 月第 1 次印刷
开 本 710 × 960 1/16
印 张 22
字 数 314 千字
定 价 78.00 元

序言

生态环境是人类生存和发展的根基，生态文明建设既是关系中华民族永续发展的千年大计，更是彰显中国负责任大国形象、构建人类命运共同体的历史担当。习近平生态文明思想，作为习近平新时代中国特色社会主义思想的重要组成部分，为推进美丽中国建设、实现人与自然和谐共生的现代化提供了根本遵循，具有重大理论意义、历史意义、现实意义和世界意义。以此为指引，在共谋全球生态文明建设、共建清洁美丽世界的历史进程中，中国更需要放眼寰宇，兼收并蓄，方能博采众长，展现中国担当。

日本作为近邻，在应对环境公害与构建环境治理体系领域既有深刻教训，更有丰富经验，比较优势显著。经过多次改革历新，日本建立了严格的环境法制体系，成功引入经济产业体系，明确企业污染治理的主体责任，促进了环境治理与产业的统一发展。日本环境法律体系的建设经验将为我国构建政府、企业、社会公众等多元主体共同参与的现代环境治理体系提供有益借鉴。其中，以日本环境法律法规及其相关法律文件为研究端口，通过研究日本对环境治理目标的规范化和指标基准化管理与对治理主体的多元化及其关系的重构，将对中国推进生态文明建设、构建国家环境治理体系和治理能力现代化提供重要借鉴参考。

依托“亚洲区域合作专项资金——中日韩环境污染防治技术合作网络平台建设（三期）”项目，在日本专家的支持下，我们组织编译了日本环境法律法规汇编。本书内容涵盖日本的环境基本法及日本在水质、土壤、大气等介质污染防治、二噁英类化学物质治理等领域的主要法律文件，涉及法律与相关特别措施法、施行令、环境标准等类别。书中所列法律选译自日本政府截至2019年2月15日所公开发表的官方公报，部分标准根据最新实行情况有所更新。该书将为中文读者了解日本在生态环境保护领域的基本法律法规与研究日本环境法制体系提供参考，对于提升中国地方环境保护行政管理人员的大气、水质、土壤污染治理能力，发挥重要的参考与借鉴作用。

本书编译阶段，中华大地正在经历抗击新冠肺炎疫情的艰辛历程。广大医务工作者、各方支援力量与各级战线的生态环境保护铁军为保障抗疫期间环境安全，自觉投入抗击疫情的维护公共卫生安全之战，众志成城，守土尽责，共同守护了国家和民族生生不息的希望。作为国际环境合作工作者，我们深受鼓舞，立足本职工作，依托现有项目资源与相关经验，积极支援疫情防控狙击战，和衷共济，尽献绵薄之力。

希望该书的出版能够为提升我国生态环境管理精细化水平提供借鉴与参考，为构建现代环境治理体系提供技术支撑与研究依据。本书由李玲玲负责第一、第四章审校，张云晓负责第二、第五章校译，宿因负责第三、第四章审校，由董旭辉、张云晓负责全书统稿与终审。鉴于编译时间与经验有限，若有不当之处，欢迎各位读者的批评指正，我们将持之以恒地完善与改进。在此，向为本书出版提供支持和帮助的中日专家与学者表示诚挚的敬意与感谢。

本书编译组

2020年6月

《日本环境法律法规汇编》编译委员会

主　　　编：董旭辉　　张云晓

副　主　编：陈　刚　　李玲玲

　　　　　　宿　因

编译组成员：何小英　　颜　飞

　　　　　　罗　楠

目录

第一部分

综合性环境法

环境基本法

1993 年 11 月 19 日　法律第 91 号

最终修订　2018 年 6 月 13 日　法律第 50 号

第一章　总　则

（目的）

第一条　本法的目的在于：确立环境保护基本理念，明确国家、地方政府、企业及国民的责任，规定环境保护相关政策基本事项，从而有计划地综合推进环境保护政策，保障现在和未来的国民享有健康文明的生活，同时为造福人类做出贡献。

（定义）

第二条　本法所称“环境负荷”，是指人类活动对环境所造成的、有可能阻碍环境保护的影响。

2 本法所称“全球环境保护”，是指与人类活动导致的全球变暖、臭氧层持续破坏、海洋污染、野生生物物种减少及其他具有全球性或广泛区域性环境影响的事态相关，有助于造福人类，并确保国民享有健康文明生活的环境保护。

3 本法所称“公害”，是指环境保护阻碍因素中，伴随业务活动及其他人类活动而产生相当范围的大气污染、水质污染（包括除水质以外的水体状态或水底底质恶化，第二十一条正文第一项亦同）、土壤污染、噪声、振动、地面沉降（为采矿而挖掘土地造成的地面沉降除外，以下同）和恶臭，危害人体健康及生活环境（包括与人类生活密切相关的财产、与人类生活密切相关的动植物及其繁衍环境，以下同）的因素。

（环境惠益的享有与继承等）

第三条 保持环境健康、惠益丰厚对于人类健康文明的生活来说不可或缺。生态系统的确立依赖于微妙的平衡。人类活动所造成的环境负荷可能损害作为人类生存繁衍基础的、有限的环境。鉴于此，必须妥善开展环境保护，使现在的人们及其后代能享有健康的、惠益丰厚的环境，并使人类生存繁衍的基础——环境延续至未来。

（构建环境负荷较小的可持续发展社会）

第四条 必须遵循以下宗旨开展环境保护：尽可能减少社会经济活动及其他活动造成的环境负荷，在所有主体公平分工的基础上，积极自主地采取环境保护措施。维护健康的、惠益丰饶的环境，同时力求发展环境负荷较小的健康经济，构建可持续发展社会。在充实和完善科学知识的基础上，事先为环境保护扫清障碍。

（通过国际协调积极推进全球环境保护）

第五条 全球环境保护是人类共同的课题，同时也是保障国民现在及未来健康文明生活所要面对的课题。鉴于我国经济社会的运行与国际社会联系紧密，相互依存，必须根据我国在国际社会中的地位，发挥自身能力，在国际协调中积极推进全球环境保护。

（国家的职责和义务）

第六条 国家的职责是根据前三条确定的环境保护基本理念（以下称“基本理念”），制定和实施环境保护基本性、综合性政策措施。

（地方政府的职责和义务）

第七条 地方政府的职责是根据基本理念，制定和实施符合国家环境保护政策的地方政策以及其他适应该地方政府区域自然社会条件的政策措施。

（企业的责任和义务）

第八条 企业有责任根据基本理念，在开展其业务活动时采取必要措施，处理其活动所带来的烟尘、污水、废弃物等，并防止其他公害，妥善保护自然环境。

2 企业有责任根据基本理念，在生产、加工、销售产品及从事其他业务活动时，在其业务活动的产品及相关物品成为废弃物的情况下，采取必要措施对其进行妥善处理，以防止影响环境保护。

3 除本条上述规定的职责外，企业还必须根据基本理念，在产品生产、加工、销售及其他业务活动中，努力降低其业务活动相关产品及其他物品的使用与废弃所造成的环境负荷，并在其业务活动中努力使用再生资源及其他有助于降低环境负荷的原材料、服务等，以防止影响环境保护。

4 除本条上述规定的职责外，企业还有责任根据基本理念，努力降低其业务活动所带来的环境负荷，在环境保护方面做出其他自主努力，同时对国家或地方政府采取的环境保护政策措施予以配合。

（国民的责任和义务）

第九条 国民必须根据基本理念，努力降低其日常生活的环境负荷，以防止影响环境保护。

2 除本条正文规定的职责外，国民还有责任根据基本理念，在自身为环境保护做出努力的同时，对国家和地方政府采取的环境保护政策措施予以配合。

（环境日）

第十条 为扩大和加深企业及国民对环境保护的关心与理解，激发其积极参与环境保护活动的热情，特设立环境日。

2 规定 6 月 5 日为环境日。

3 国家和地方政府必须努力开展符合环境日宗旨的活动。

（法制措施等）

第十一条 为实施环境保护相关政策，政府必须采取必要的法制、财政及其他措施。

（年度报告等）

第十二条 政府必须每年就环境状况及政府采取的环境保护政策措施，向国会提交报告。

2 政府必须每年考虑本条正文的报告中的环境状况，明确将要采取的政策措施，并以书面形式提交给国会。

第十三条 删除

第二章 环境保护相关基本政策

第一节 政策制定的方针

第十四条 关于本章所规定的环境保护政策制定与实施，必须根据基本理念，以保障下列事项为宗旨，力求各种政策相互有机结合，有计划地统筹予以推进。

一 为保护人体健康和生活环境，并妥善保护自然环境，应保持大气、水、土壤等环境自然构成要素状态良好；

二 努力确保生态系统的多样性，保护野生生物物种及其他生物的多样性，同时要根据地区自然社会条件，系统保护森林、农田、水滨等多种自然环境；

三 保持人与自然的密切接触。

第二节 环境基本计划

第十五条 为统筹推进环境保护相关政策，政府必须制定环境保护相关基本计划（以下称“环境基本计划”）。

2 环境基本计划应对以下事项做出规定：

一 环境保护相关综合性、长期性政策大纲；

二 除前一项所列事项之外的、有计划地统筹推进环境保护相关政策的必要事项。

3 环境大臣必须听取中央环境审议会的意见，制定环境基本计划方案，并提请内阁会议做出决定。

4 内阁会议做出前款规定的决定后，环境大臣必须及时公布环境基本计划。

5 前两款的规定适用于环境基本计划的变更。

第三节 环境标准

第十六条 政府应就大气污染、水质污染、土壤污染和噪声相关环境条件，分别制定为保护人体健康、保护生活环境而希望予以维持的标准。

2 如规定本条正文的标准设两种以上类型，并应分别指定符合各自类型的地区或水域，则由以下各项所规定的主体，按照以下各项的地区或水域划分，开展指定该地区或水域方面的事务。

一 由政令做出规定的、跨两个以上都道府县的地区或水域由政府开展指定该地区或水域方面的事务；

二 前项以外的地区或水域按照以下 a、b 所示的地区及水域划分，由 a、b 规定的责任者负责：

a 符合噪声相关标准（飞机噪声标准及新干线铁路列车噪声标准除外）类型的市属地区：该地区所属市的市长；

b a 项以外的地区或水域：该地区或水域所属都道府县的知事。

3 关于本条正文的标准，必须不断做出适当的科学判断，进行必要的修订。

4 政府必须努力综合、有效、恰当地采取本章所规定的公害防治相关政策措施（以下称“公害防治措施”），以保证达到本条正文的标准。

第四节　特定地区的公害防治

（公害防治计划的制定）

第十七条　对于有下列情形之一的地区，都道府县知事可以在环境基本计划基础上，制定该地区实施的公害防治相关政策措施计划（以下称“公害防治计划”）：

一　被认为目前明显存在公害，并且如果不综合采取公害防治相关政策措施，则公害明显难以防治的地区；

二　被认为因人口、产业快速集中及其他情况，公害有可能变得严重，并且如果不综合采取公害防治相关政策措施，则公害明显难以防治的地区。

（推进公害防治计划的完成）

第十八条　国家和地方政府应采取必要措施，努力完成公害防治计划。

第五节　国家采取的环境保护等措施

（国家在制定政策时的考虑）

第十九条　国家在制定和实施被认为会影响环境的政策时，必须对环境保护做出考虑。

（环境影响评价的推进）

第二十条　国家应采取必要措施，推动从事土地形状变更、建造物新设及其他类似工程的企业在实施其工程时，事先对该工程的环境影响进行妥善的自主调查、预测及评价，并根据其结果，在该工程的环境保护方面做出妥善考虑。

（为防止影响环境保护而实施管控）

第二十一条　为防止影响环境保护，国家必须采取以下管控措施：

一　对于大气污染、水质污染、土壤污染及引起恶臭的物质排放、产生噪声及振动、引起地面沉降的地下水开采及其他行为，应通过制定企业必须遵守的标准等必要管控措施，对公害加以防治；

二　对土地利用采取必要的公害防治管控措施，对在公害明显或可能变得明显的地区设置引起公害的设施采取必要的公害防治管控措施；

三　采取必要的管控措施，防止在尤其需要实施自然环境保护的区域内，发生变更土地形状、新设建造物、采伐竹木及其他可能破坏自然环境的行为；

四　针对可能对需要保护的野生生物、地形或地质、温泉水源等自然物体的妥善保护产生影响的开采捕捉、损坏等行为，为防止其不利影响而采取必要的管控措施；

五　在公害及影响自然环境保护的事态同时出现，或有可能同时出现时，采取必要的管控措施，同时对这些事态加以防治。

2 除本条正文规定的措施外，为防止出现不利于保护人体健康及生活环境的环保问题，国家必须按照该款第一项及第二项所列措施，努力采取必要的管控措施。

（为防止影响环境保护而采取经济措施）

第二十二条　对于产生或导致产生环境负荷的活动（在本条中，以下称“负荷活动”）从事者，为通过设施建设，减轻其负荷活动的环境负荷，或推动其他适当措施，防止对环境保护造成影响，国家应考虑该从事者的经济状况等因素，努力采取必要措施，对该负荷活动的从事者提供必要且适当的经济补助。

2 对负荷活动从事者施加适当且公平的经济负担，以此引导其做出自主努力，降低其负荷活动造成环境负荷的政策在促进环境保护的有效性上备受期待，并受到国际社会的推崇。鉴于此，国家应对采取该政策相关措施时的环境保护效果、对我国经济的影响等进行适当调研。在确有必要采取该措施时，利用该措施相关政策来促进环境保护，应争取国民的理解与配合。在此情况下，如该措施与全球环境保护政策相关，为切实保障其效果，应对国际合作做出考虑。

（环境保护相关设施建设及其他事业的推进）

第二十三条 国家应采取必要措施，推进缓冲地带等促进环境保护的公共设施建设，推进污泥疏浚、濒临灭绝的野生动植物保护增殖等促进环境保护的事业。

2 国家应采取必要措施，推进建设下水道、废弃物公共处理设施、有助于减轻环境负荷的交通设施（包括交通工具）以及有助于防止出现环境问题的其他公共设施，并推动森林建设以及有助于防止出现环境问题的其他事业。

3 国家应采取必要措施，推进公园、绿地等公共设施建设，推进自然环境妥善建设、健康利用等事业。

4 国家应采取必要措施，促进前两款规定的公共设施的妥善利用，提高这些设施的环境保护效果。

（促进利用有助于降低环境负荷的产品等）

第二十四条 国家应采取必要措施，对从事产品制造、加工、销售及其他活动的企业提供技术支持等，促使企业事先自主评估其业务活动相关制品及其他物品使用、废弃所造成的环境负荷，进而妥善考虑降低该物品相关环境负荷。

2 国家应采取必要措施，促进利用再生资源及其他有助于降低环境负荷的原材料、产品和服务等。

（有关环境保护的教育、学习等）

第二十五条 国家应采取必要措施，振兴环境保护相关学习教育，丰富环境保护相关宣传活动，以加深企业和国民对环境保护的理解，提高其参与环境保护活动的积极性。

（民间团体等自发活动的促进措施）

第二十六条 国家应采取必要措施，促进企业、国民及其组织的民间团体（以下称“民间团体等”）自发开展绿化活动、再生资源回收活动及其他环境保护相关活动。

（信息的提供）

第二十七条 国家应在注意保护个人和法人权益的同时，为帮助促进第二十五条中的振兴环境保护相关学习教育以及上一条的民间团体等自发开展的环境保护活动，努力提供环境状况等环境保护相关必要信息。

（调查的实施）

第二十八条 国家应为掌握环境状况、预测环境变化及其影响、以及为制定环境保护政策措施而开展调查。

（完善监控等体制）

第二十九条 国家应努力完善必要的监控、巡视、监测、测试和检查体制，以把握环境状况及妥善实施环境保护相关政策。

（科学技术的振兴）

第三十条 国家应努力发展揭示环境变化机制、降低环境负荷、开发综合评估经济影响环境及环境受益于经济的方法方面的科学技术，以及其他与环境保护有关的科学技术。

2 国家应采取完善试验研究体制、推进研究开发、推广研发成果、培训科研人员等必要措施，努力发展环境保护相关科学技术。

（公害纠纷的处理与灾害救济）

第三十一条 国家必须采取必要措施，努力进行公害纠纷斡旋、调解以及采取其他有效措施，平稳处理公害纠纷。

2 国家必须采取必要措施，努力保障公害灾害救济措施的顺利实施。

第六节　全球环境保护相关国际合作

（全球环境保护相关国际合作）

第三十二条　国家应努力采取必要措施，保障全球环境保护的国际合作，推进与全球环境保护有关的其他国际合作。此外还应努力采取必要措施，支持造福于人类且有助于保障国民健康文明生活的、海外发展中地区的环境保护以及国际上认为具有较高价值的环境保护（在本条中，以下称“发展中地区的环境保护等”），推进发展中地区的环境保护等其他国际合作。

2 国家应采取必要措施，培养全球环境保护及发展中地区环境保护（以下称“全球环境保护等”）国际合作专业人才，收集、整理和分析本国以外地区的环境状况及其他全球环境保护等相关信息，推进全球环境保护的国际合作顺利开展。

（保障监控、监测等相关国际合作）

第三十三条　国家应为有效推进全球环境保护相关的环境状况监控、监测和测定而努力保障国际合作的开展，同时为推进全球环境保护等相关调查、试验研究而努力促进国际合作。

（促进地方政府或民间团体等活动的措施）

第三十四条　鉴于地方政府在推进全球环境保护等国际合作中发挥着重要作用，为促进地方政府开展的全球环境保护等国际合作活动，国家应努力提供信息，以及采取其他必要措施。

2 考虑到民间团体等在本国以外地区自发开展全球环境保护等国际合作活动十分重要，国家应努力提供信息及采取其他必要措施，以促进这些活动的开展。

(开展国际合作时的注意事项)

第三十五条 在开展国际合作时，国家必须努力对其国际合作实施地区的全球环境保护等做出考虑。

2 关于在本国以外地区开展的业务活动，为使该业务活动相关企业能对其业务活动实施地区的全球环境保护等做出妥善考虑，国家应努力向该企业提供信息及采取其他必要措施。

第七节 地方政府的政策

第三十六条 地方政府应有计划地统筹推进实施第五节所规定的、以国家政策为依据的政策，以及其他与该地方政府所在地区自然社会条件相适应的、必要的环境保护措施。在这种情况下，都道府县的主要任务是实施跨地区的政策以及对市町村实施的政策措施进行综合协调。

第八节 费用负担

(肇事者负担)

第三十七条 为防止出现公害或影响自然环境保护（在本条中，以下称“公害等问题”），对于从迅速防治公害等问题的必要性、事业规模等因素考虑，被认为需要且适合由国家、地方政府或与之相当的主体（在本条中，以下称“公共事业主体”）来实施的事业，在其由公共事业主体实施的情况下，国家及地方政府应考虑引起该事业必要性的主体的活动所导致的公害等问题的程度、其活动与公害等问题的因果关系认定程度，对认为应当由引起该事业必要性的主体来承担实施该事业所需费用的情况，采取必要措施，让引起该事业必要性的主体在引起该事业必要性的限度内，适当公平地承担实施该事业所需要的全部或部分费用。

(受益者负担)

第三十八条 在开展自然环境保护时，如在尤其需要的区域因开展自然环境保护项目而产生明显受益者，国家和地方政府则应采取必要措施，要求该受益者在其受益限度内，适当且公平地承担开展该项目的全部或部分费用。

（针对地方政府的财政措施等）

第三十九条 对于地方政府制定和实施环境保护相关政策所需费用，国家应努力采取必要的财政措施及其他措施。

（国家和地方政府的合作）

第四十条 国家和地方政府在采取环境保护政策措施时，应相互予以合作。

（事务划分）

第四十条之二 根据第十六条第二款的规定，由都道府县及市处理的事务（政令规定事项除外）为《地方自治法》（1947 年法律第 67 号）第二条第九款第一项所规定的第一项法定受托事务。

第三章 环境保护审议会及其他合议制机构等

第一节 环境保护审议会及其他合议制机构

（中央环境审议会）

第四十一条 在环境省设立中央环境审议会。

2 中央环境审议会负责以下事务：

一 针对环境基本计划，处理第十五条第三款规定的事项；

二 回应环境大臣及相关大臣的咨询，调查审议环境保护相关重要事项；

三 根据以下法律，处理其职权范围内的事项：自然公园法（1957 年法律第 161 号）、关于农业用地土壤污染防治的法律（1970 年法律第 139

号）、自然环境保护法（1972 年法律第 85 号）、关于爱护和管理动物的法律（1973 年法律第 105 号）、濑户内海环境保护特别措施法（1973 年法律第 110 号）、关于对公害健康损害实施补偿的法律（1973 年法律第 111 号）、关于保护濒临灭绝的野生动植物物种的法律（1992 年法律第 75 号）、二噁英类治理特别措施法（1999 年法律第 105 号）、推进循环型社会建设基本法（2000 年法律第 110 号）、关于促进食品循环资源再生利用的法律（2010 年法律第 116 号）、关于报废汽车再资源化的法律（2002 年法律第 87 号）、关于正确实施鸟兽保护管理及狩猎的法律（2002 年法律第 88 号）、关于防止特定外来生物导致生态系统等损害的法律（2004 年法律第 78 号）、关于对石绵健康损害实施救济的法律（2006 年法律第 4 号）、生物多样性基本法（2008 年法律第 58 号）、关于确保宠物饲料安全的法律（2008 年法律第 83 号）、关于防止汞污染环境的法律（2015 年法律第 42 号）、气候变化适应法（2018 年法律第 50 号）。

3 中央环境审议会可就前款规定的事项，向环境大臣及相关大臣陈述意见。

4 除前两款所规定事项以外，关于中央环境审议会的组织机构、掌管事务、委员、其他职员以及中央环境审议会的其他相关必要事项，由政令做出规定。

第四十二条 删除

（都道府县的环境保护审议会及其他合议制机构）

第四十三条 都道府县对于其都道府县区域内的环境保护，应设置由环境保护专家等构成的审议会及其他合议制机构，以便就基本事项进行调查审议。

2 本条正文的审议会及其他合议制机构的组织运营相关必要事项，由其都道府县的条例做出规定。

（市町村的环境保护审议会及其他合议制机构）

第四十四条　市町村对于其市町村区域内的环境保护，可根据该市町村条例规定，设置由环境保护专家等构成的审议会及其他合议制机构，以便就基本事项进行调查审议。

第二节　公害对策会议

（设置及掌管事务）

第四十五条　作为特别机构，在环境省设置公害对策会议（以下称“会议”）。

2 会议掌管以下事务：

一 审议公害防治政策中的基本性、综合性政策规划，并推进其实施；

二 除前项所列事项以外，根据其他法令规定，属于其权限范围内的事务。

（组织机构等）

第四十六条　会议由会长和委员组成。

2 会长由环境大臣担任。

3 委员由环境大臣从内阁官房长官、相关行政机构长官以及内阁府设置法（1999 年法律第 89 号）第九条正文所规定的特命负责大臣中提名，由环境大臣任命。

4 会议设有干事。

5 干事由环境大臣从相关行政机构职员中任命。

6 干事就会议掌管事务对会长和委员提供协助。

7 除上述各款规定事项以外，会议组织机构与运营相关必要事项由政令做出规定。

附　则

本法自公布之日起施行。但是，第四十三条及第四十四条规定自公布之日起，在不超过一年的范围内，自政令规定之日起施行。

关于促进国家等采购环保产品的法律

2000 年 5 月 31 日　法律第 100 号
最终修订　2015 年 9 月 11 日　法律第 66 号

（目的）

第一条　本法的目的在于：为促进国家、独立行政法人、地方政府、地方独立行政法人等采购环保产品，促进提供环保产品信息，促进需求向其他环保产品转变而确定必要事项，努力构建环境负荷较小的可持续发展社会，从而为保障国民当前及未来的健康文明生活做出贡献。

（定义）

第二条　本法所称“环保产品”，是指符合以下各项中任意一项的产品或服务：

一　再生资源及其他有助于减轻环境负荷（指《环境基本法》（1993 年法律第 91 号）第二条正文所规定的环境负荷，以下同）的原材料或部件；

二　使用有助于减轻环境负荷的原材料或部件，使用时排放的温室气体产生的环境负荷较小，使用后因其全部或部分易于重复使用或再生利用，从而能控制废弃物的产生，或由于其他事由而有助于减轻环境负荷的产品；

三　有助于减轻环境负荷的服务，如提供该服务时使用了有助于减轻环境负荷的产品等。

2 本法所称“独立行政法人等”，是指独立行政法人（指《独立行政法人通则法》（1999 年法律第 103 号）第二条正文所规定的独立行政法人）或特殊法人（是指依法直接设立的法人或依据特别法律，以特设行为设立的法人，并适用《总务省设置法》（1999 年法律第 91 号）第四条正文第九项规定，以下同）中，全部或大部分资本金依靠国家出资的法人、以及其事业运营所需经费主要来源于国家财政支出或财政补贴，并由政令做出规定的法人。

3 本法所称“地方独立行政法人”，是指《地方独立行政法人法》（2003 年法律第 118 号）第二条正文所规定的地方独立行政法人。

4 本法所称“各部委长官”，是指《财政法》（1947 年法律第 34 号）第二十条第二款所规定的各部委长官。

（国家及独立行政法人等的责任与义务）

第三条 国家及独立行政法人等在采购产品及服务（以下称“产品”）时，为促进需求向环保产品转变，必须在注意合理使用预算的同时，努力选择环保产品。

2 国家必须通过开展教育、宣传等活动，加深企业及国民对促进需求向环保产品转变之意义的理解，同时必须采取必要措施，促进国家、地方政府、企业及国民间相互配合开展活动，使需求向环保产品转变。

（地方政府及独立行政法人的职责）

第四条 地方政府应根据当地的自然、社会条件，努力采取措施，实现需求向环保产品转变。

2 地方独立行政法人对于该地方独立行政法人的事务及事业，应努力采取措施，实现需求向环保产品转变。

（企业与国民的责任与义务）

第五条 企业与国民在采购或租用产品、接受服务时，应努力选择环保产品。

（环保产品采购基本方针）

第六条 国家为统筹推进国家及独立行政法人等实施的环保产品采购，必须制定促进采购环保产品基本方针（以下称“基本方针”）。

2 基本方针应就以下所示事项做出规定：

一 促进国家以及独立行政法人等采购环保产品的基本方向；

二 国家及独立行政法人等应重点推进采购的环保产品的种类（以下称“特定采购品种”）及其判定标准、促进采购满足该标准的产品（以下称“特定采购产品”）基本事项；

三 与促进采购环保产品有关的其他重要事项。

3 环境大臣必须事前与各部委长官等（中央政府为各部委长官，独立行政法人等为其主管大臣）协商制定基本方针草案，并要求内阁会议做出决定。

4 在根据前款规定与各部委长官等协商时，关于特定采购品种的判定标准，鉴于有必要考虑该特定采购品种的产品制造技术、供需动向等因素，故应根据环境大臣与主管该产品制造、进口、销售等事业的大臣共同制定的方案，来确定该判定标准。

5 在做出第三款的内阁会议决定后，环境大臣必须迅速公布基本方针。

6 前三款规定同样适用于基本方针的变更。

（环保产品采购方针）

第七条 关于产品采购，各部委长官及独立行政法人等长官（该独立行政法人等为特殊法人时，为其法人代表，以下同）每年必须根据基本方针，在考虑该年度预算及事务、事业计划等基础上，制定促进采购环保产品的方针。

2 本条正文所述方针应就以下事项做出规定：

一 该年度特定采购产品的采购目标；

二 除特定采购产品以外、该年度促进采购的环保产品及其采购目标；

三 促进采购环保产品的其他事项。

3 各部委长官及独立行政法人等长官在制定本条正文所述的方针后，必须迅速予以公布。

4 各部委长官及独立行政法人等长官应根据本条正文所述方针，进行该年度的产品采购。

（公布实际采购情况概要）

第八条 各部委长官及独立行政法人等机构的长官在每个财政年度或每个事业年度结束后，应及时总结和公布环保产品实际采购概况，并通知环境大臣。

2 如为独立行政法人等机构长官，则本条正文规定的通知环境大臣应通过该独立行政法人等机构的主管大臣进行。

（环境大臣的要求）

第九条 为促进环保产品采购，环境大臣可以要求各部委长官等制定被认为尤其需要的措施。

（推进地方政府及地方独立行政法人采购环保产品）

第十条 关于产品采购，都道府县、市町村、地方独立行政法人应在每个年度考虑该都道府县、市町村以及地方独立行政法人的该年度预算、事务及事业计划等，努力制定方针，促进采购环保产品。

2 关于本条正文所述的方针，都道府县、市町村应根据该都道府县、市町村的地区自然社会条件，地方独立行政法人应根据该地方独立行政法人的事务及事业，确定该年度推进采购的环保产品及其采购目标。此时，应努力将属于特定采购品种的产品纳入促进采购的环保产品之中。

3 都道府县、市町村及地方独立行政法人在制定本条正文的方针后，应根据该方针，进行该年度的产品采购。

（促进环保产品采购时的注意事项）

第十一条 即使是环保产品，国家、独立行政法人、都道府县、市町村、地方独立行政法人等也应努力妥善合理地使用，应注意不要以依照本法促进采购环保产品为理由，增加产品采购量。

（提供环保产品相关信息）

第十二条 产品制造、进口或销售者、以及服务提供从事者应通过适当的方法，向该产品购买者等提供把握该产品环境负荷所需要的信息。

第十三条 负责认定企业生产、进口或销售的产品、提供的服务有助于减轻环境负荷，以及通过标注这些产品或服务的环境负荷等方式，来提供环保产品信息的主体，应根据科学知识见解，并注意与国际协议的统一性，努力提供有助于使需求向环保产品转变的、有效且准确的信息。

（国家进行信息的整理）

第十四条 为促进需求向环保产品转变，国家应对前两条所规定主体的信息提供情况进行整理与分析，并提供整理分析结果。

（过渡措施）

第十五条 根据本法规定而制定、修订及废除命令时，在认为因该命令的制定、修订及废除而有必要的合理范围内，可以制定必要的过渡措施。

附　则

（施行日期）

1 本法自 2001 年 1 月 6 日起施行。但是，第七条、第八条以及第十条规定自该年度 4 月 1 日起施行。

（研究）

2 政府应从促进需求向环保产品转变等角度出发，研究以下事项并根据研究结果，采取必要的措施：应予提供的环保产品等信息的内容及提供方法；在尊重环保产品信息提供者自主性的同时，保障准确提供信息的方针政策；其他应有的环保产品信息提供机制。

关于推动国家等签约时考虑温室气体减排的法律

2007年5月23日　法律第56号

最终修订　2016年5月27日　法律第50号

（目的）

第一条　本法的目的在于：就推进国家等签订合同时考虑温室气体等减排，明确国家等主体的责任和义务，并制定基本方针，规定其他必要事项，从而努力削减国家等排放的温室气体等，以减少环境负荷，构建可持续发展社会。

（定义）

第二条　本法所称“温室气体等”，是指温室气体和其他造成环境负荷（指《环境基本法》（1993年法律第91号）第二条正文所规定的环境负荷，以下同）的物质。

2 本法所称“国家等”，是指国家、独立行政法人等、地方政府及地方独立行政法人。

3 本法所称“独立行政法人等”，是指独立行政法人（指《独立行政法人通则法》（1999年法律第103号）第二条正文规定的独立行政法人）或特殊法人（指依法直接设立的法人或依据特别法通过特设行为设立的法人，适用《总务省设置法》（1999年法律第91号）第四条第十五项规定，以下同）中，其资本金的全部或大部分由国家出资，或其事业运营所需经费的主要财源来自国家的拨付款或补助金的、政令规定的法人。

4 本法所称“地方独立行政法人”，是指《地方独立行政法人法》（2003年法律第118号）第二条正文所规定的地方独立行政法人。

5 本法所称“各部委长官”，是指《财政法》（1947年法律第34号）第二十条第二款所规定的各部委长官。

（国家及独立行政法人等主体的责任和义务）

第三条 国家及独立行政法人等为削减其温室气体等排放，必须努力合理妥善地使用能源，并在注重经济性的同时考虑价格以外的多种因素，努力推进国家及该独立行政法人等在签约时考虑温室气体减排。

（地方政府及地方独立行政法人的责任和义务）

第四条 地方政府及地方独立行政法人为削减其温室气体等排放，应努力合理妥善地使用能源。并且，地方政府应根据其区域自然社会条件，地方独立行政法人应根据其事务及事业，在注重经济性的同时考虑价格以外的多种因素，努力推进地方政府及地方独立行政法人在签约时考虑温室气体减排。

（基本方针）

第五条 国家必须制定关于推进国家及独立行政法人等签约时考虑温室气体等减排的基本方针（以下称“基本方针”）。

2 基本方针应对以下事项做出规定：

一 关于推进签约时考虑温室气体等减排的基本方向；

二 应重点考虑温室气体等减排的下列合同中的温室气体等减排相关基本事项：

a 供电合同；

b 使用中排放温室气体等物质的产品采购合同。

三 节能改造项目（指企业以节能为目的，保证政府办公楼投入使用后削减的电力、燃料等费用金额高于该政府办公楼结构、设备等改造设计、施工、维护等（以下本项中简称“设计等”）所需费用金额，并对该设计等综合予以实施的项目，第七条与此相同）签约相关基本事项；

四 前两项所示合同以外的建筑物相关合同、国家及独立行政法人等主体的其他合同的温室气体等减排基本事项；

五 关于推进签约时考虑温室气体等减排的其他重要事项。

3 制定基本方针时，应考虑有助于推进《关于推进应对全球变暖的法律》（1998 年法律第 117 号）第二十条正文规定的政府执行计划的有效实施，同时还应考虑能源的稳定供给。

4 环境大臣必须事先与各部委长官等（国家为各部委长官，独立行政法人等为其主管大臣，以下同）协商制定基本方针草案，并要求内阁会议做出决定。

5 根据前款规定与各部委长官等进行协商时，环境大臣应与基本方针规定的签约项目的管辖大臣共同制定方案，并以此为基础进行协商。

6 在做出第四款的内阁会议决定后，环境大臣必须立即公布基本方针。

7 前三款的规定适用于基本方针的变更。

（根据基本方针推进签约时考虑温室气体等减排）

第六条 各部委长官及独立行政法人等长官（该独立行政法人等为特殊法人时，则指其代表，以下同）必须按照基本方针的规定，努力采取必要措施，以推进签约时考虑温室气体等减排。

（国家的债务负担）

第七条 国家就节能改造项目承担债务时，该债务承担行为的支付年限应为自该财政年度开始的十个年度以内。

（实际签约概况的公布）

第八条 各部委长官及独立行政法人等长官应在每个财政年度或每个事业年度结束后，立即汇总、公布考虑了温室气体等减排的实际签约概况，并通知环境大臣。

2 关于本条正文规定的通知环境大臣，如为独立行政法人等长官，则应通过该独立行政法人等的主管大臣进行。

（环境大臣的要求）

第九条 环境大臣可要求各部委长官等采取被认为特别有必要的措施，以推进签约时考虑温室气体等减排。

（国家进行信息整理）

第十条 为了有助于推进签约时考虑温室气体等减排，国家应整理分析国家及独立行政法人等考虑温室气体等减排的签约情况等，并广泛提供整理分析结果。

（推进地方政府及地方独立行政法人签约时考虑温室气体等减排）

第十一条 地方政府及地方独立行政法人应努力制定推进该地方政府及地方独立行政法人签约时考虑温室气体等减排的方针。

2 关于本条正文所述方针，地方政府应根据该区域的自然社会条件，地方独立行政法人应当根据其事务及事业，确定考虑温室气体等减排的合同种类。

3 地方政府及地方独立行政法人在制定本条正文的方针时，应根据该方针，努力采取必要措施，以推进签约时考虑温室气体等减排。

4 地方政府及地方独立行政法人应努力汇总考虑了温室气体等减排的实际签约概况，并予以公布。

（确保公平竞争）

第十二条 国家等在制定及实施推进国家等签约时考虑温室气体等减排的政策措施时，应注意保障公平竞争，以免不正当地使中小企业主陷于不利等境况。

（与其他政策措施的协调）

第十三条 国家等在制定及实施推进国家等签约时考虑温室气体等减排的政策措施时，应确保与国家等主体的其他签约政策保持协调。

2 国家等在制定及实施推进国家等签约时考虑温室气体等减排的政策措施时，应确保与基于《能源政策基本法》（2002 年法律第 71 号）第十二条正文规定的能源基本规划而采取的政策措施以及国家等减排温室气体等其他政策措施保持协调。

附　则

（施行日期）

1 本法自公布之日起六个月内，自政令规定之日起施行。

（研究等）

2 政府在本法实施五年后，应对本法的实施情况等加以研究，在认为有必要时，应根据研究结果，采取必要的措施。

3 关于对国家及独立行政法人等签订的供电合同中的电价、表示温室气体等排放程度的系数和降低环境负荷的措施情况（下款简称“表示温室气体等排放程度的系数等”）进行综合评估并确定中标者等方式，政府应对电力企业研发温室气体减排等技术、转换电力来源结构需要相当长的时间等情况加以研究和考虑，在认为有必要时，应根据研究考虑结果，采取必要的措施。

4 关于国家及独立行政法人等签订供电合同，当前应采取的确定中标方式是：作为参与竞标的必要资格，应确定表示温室气体等减排的系数等。在此基础上，根据该竞标申请的价格，从该竞标申请者中确定中标者。

关于通过环境教育等促进环境保护工作的法律

2003 年 7 月 25 日　法律第 130 号

最终修订　2011 年 6 月 15 日　法律第 67 号

第一章　总　则

（目的）

第一条　在保持环境健康、惠益丰厚，努力发展环境负荷较低的健康经济，构建可持续发展社会（以下称“可持续社会”）方面，企业、国民及其组织的民间团体（以下称“国民及民间团体等”）开展环境保护活动、为促进环保活动而提高环保积极性、开展环境教育十分重要。并且，为有效推进此类工作，协同工作也非常重要。鉴于此，本法的目的在于：就开展环境保护活动、提高环保积极性、开展环境教育以及协同工作制定基本理念，明确国民及民间团体等、国家和地方政府的责任和义务，同时对制定基本方针以及开展环境保护活动、提高环保积极性、开展环境教育、推进协同工作的其他必要事项做出规定，从而对保障现在及将来的国民享有健康文明的生活做出贡献。

（定义）

第二条　本法所称“环境保护活动”，是指以保护地球环境、防治公害、保护生物多样性等自然环境保护建设、循环型社会建设及其他环境保护（包括创造良好的环境，以下仅称“环境保护”）为主要目的而自发开展的活动。

2 本法所称“提高环保积极性”，是指为加深对环境保护的理解，提高开展环境保护活动的积极性而提供环保信息、提供环保体验机会及其便利。

3 本法所称“环境教育”，是指以构建可持续发展社会为目标，在家庭、学校、工作场所、地区及其他所有场所，为加深对环境与社会、经济、文化之关联以及对其他环境保护的理解，而开展的环境保护相关教育及学习。

4 本法所称“协同工作”，是指国民及民间团体等、国家及地方政府各自适当分工，相互对等合作开展的环境保护活动、提高环保积极性、环境教育及其他环境保护相关工作。

（基本理念）

第三条 关于环境保护活动、提高环保积极性以及环境教育，应考虑持续享有地球环境所带来的惠益、保护和培育富饶的自然并构建与之共生的地区社会、建设循环型社会、减轻环境负荷以及从全球视野综合推进环境保护与经济、社会发展的重要性，尊重国民及民间团体等的自主意愿。为构建可持续发展社会，作为社会构成部分的多种主体应各自发挥适当作用，并对等开展相互合作。

2 通过森林、田园、公园、河流、湖泊、海岸、海洋等自然体验活动及其他体验活动，加深对环境保护的关心与理解十分重要。基于此，环境保护活动、提高环保积极性以及环境教育应以树立尊重生命、珍爱自然、为环保做贡献的态度为目的，并努力争取地区居民及构成社会的其他多种主体的参与和合作，在确保透明度的情况下持续开展。

3 森林、田园、公园、河流、湖泊、海岸、海洋等孕育养护着自然环境。为使一般群众深入认识其重要性，环境保护活动、提高环保积极性以及环境教育应做出必要考虑，注意与国土保护及其他公共利益之间的协调，关注与农林水产业及其他地区产业的协调、地区居民生活稳定、福利维持与提升、地区环保文化与历史的传承。

（国民及民间团体等的责任和义务）

第四条 国民及民间团体等应遵循上一条的基本理念（以下简称“基本理念”），努力在家庭、单位、地区等场所主动开展环境保护活动、提高环保积极性、开展环境教育以及开展协同工作，同时努力配合其他主体开展环境保护活动、提高环保积极性、开展环境教育以及开展协同工作。

（国家的责任和义务）

第五条 随着经济社会的变化，在构建可持续发展社会方面，国民及民间团体等开展环境保护活动、提高环保积极性、推进环境教育以及开展协同工作所发挥的作用将日益重要。鉴于此，国家在遵循基本理念，制定及实施环境保护相关政策措施时，应注意与开展环境保护活动、提高环保积极性、开展环境教育以及开展协同工作的国民及民间团体等保持适当的合作。

2 国家应遵循基本理念，制定与开展环境保护活动、提高环保积极性、开展环境教育以及推进协同工作相关的基本综合政策措施，并予以实施。

（地方政府的责任和义务）

第六条 地方政府应努力遵循基本理念，在开展环境保护活动、提高环保积极性、开展环境教育以及推进协同工作方面，根据与国家之间的适当职责分工，制定符合该地方政府的地区自然社会条件的政策措施，并予以实施。

第二章 基本方针等

（基本方针）

第七条 政府必须制定关于开展环境保护活动、提高环保积极性、开展环境教育以及推进协同工作的基本方针（以下称“基本方针”）。

2 基本方针应考虑环境保护活动、提高环保积极性、环境教育以及协同工作的动向等情况，对以下事项做出规定：

一 关于环境保护活动、提高环保积极性、环境教育以及推进协同工作的基本事项；

二 政府在环境保护活动、提高环保积极性、环境教育以及推进协同工作方面所应采取的政策措施相关基本方针；

三 关于环境保护活动、提高环保积极性、环境教育以及推进协同工作的其他重要事项。

3 制定基本方针时，必须考虑使环境保护活动、提高环保积极性、环境教育以及推进协同工作方面的国际性合作得到保障，并促进有助于构建可持续社会的经济与社会活动。

4 环境大臣及文部科学大臣必须制定基本方针草案，并要求内阁会议做出决定。

5 制定基本方针草案的相关事务中，涉及农林水产省、经济产业省以及国土交通省管辖范围的，环境大臣及文部科学大臣应分别与农林水产大臣、经济产业大臣以及国土交通大臣共同议定。

6 环境大臣及文部科学大臣拟制定基本方针草案时，必须广泛听取公众意见。

7 在做出第四款规定的内阁会议决定后，环境大臣及文部科学大臣必须立即公布基本方针。

8 第四款至前款的规定适用于基本方针的变更。

（都道府县及市町村的行动计划）

第八条 都道府县及市町村应根据基本方针，就环境保护活动、提高环保积极性、环境教育以及推进协同工作，努力制定符合该都道府县及市町村地方自然社会条件的行动计划（以下称“行动计划”）。

2 行动计划大致应对以下事项做出规定：

一 关于环境保护活动、提高环保积极性、环境教育以及推进协同工作的基本事项；

二 在环境保护活动、提高环保积极性、环境教育以及推进协同工作方面应予实施的政策措施相关事项；

三 其他关于环境保护活动、提高环保积极性、环境教育以及推进协同工作的重要事项。

3 都道府县及市町村拟制定行动计划时，应事先努力采取必要措施，使居民及其他相关人员的意见得到反映。

4 都道府县及市町村制定行动计划后，应立即予以公布。

5 已制定行动计划的都道府县及市町村，应努力每年一次，公布基于行动计划的政策措施实施情况。

6 前三款的规定适用于行动计划的变更。

（环境教育等推进协商会）

第八条之二 拟制定行动计划的都道府县及市町村，可以组织环境教育等推进协商会（以下本条中简称“协商会”），以便就制定行动计划进行协商以及就实施行动计划进行相关联络协调。

2 协商会由以下主体构成：

一 拟制定行动计划的都道府县及市町村；

二 该都道府县及市町村的教育委员会；

三 学校教育及社会教育相关人员；

四 相关国民及民间团体等、有识之士以及该都道府县、市町村认为有必要的人员。

3 都道府县及市町村在确定前款第四项所列主体时，应努力采取公开招募的方法。

4 关于协商会上协商确定的事项，协商会成员应尊重该协商结果，同时应在行动计划的实施方面相互配合，努力开展环境保护活动、提高环保积极性、开展环境教育以及推进协同工作。

5 为顺利制定和实施行动计划，主管大臣可根据协商会成员要求，提出必要的建议。

6 除上述各款规定事项以外，协商会运营相关必要事项由协商会做出决定。

（行动计划制定等建议）

第八条之三 下列主体可建议都道府县及市町村制定和变更行动计划。在此情况下，必须遵照基本方针，制定并提交关于该建议的行动计划草案：

一 学校教育及社会教育相关人员；

二 与环境保护活动、提高环保积极性、环境教育及推进协同工作相关的有识之士、国民及民间团体等。

2 接到本条正文规定的建议的都道府县及市町村，应立即公布是否根据该建议制定和变更行动计划。在此情况下，决定不制定和变更行动计划时，应努力明确原因。

第三章 促进国民的环境保护工作

第一节 提高环保积极性、推进环境教育等

（学校教育等活动中的环境教育支持）

第九条 为使国民从幼儿期起，根据其发展阶段，通过一切机会加深对环境保护的理解和关心，国家、都道府县及市町村应采取必要政策措施，在学校教育及社会教育中推进环境教育。

2 为促进在学校教育中通过各教学科目及其他教育活动，开展与发展阶段相适应的、系统的环境教育，国家应采取措施充实环保体验学习等学校教育中的环境教育，充实教职员工的培训内容，提高与环境教育相关的其他教职员工的素质，提供参考资料等信息，开发教材以及采取其他必要措施，以促进对环境与人之关系的综合理解。

3 为了用作环境教育的教学材料，同时又减少环境负荷，国家应采取必要措施，促进在建设校园、操场等学校设施以及其他设施时做出适当考虑，并利用该设施开展环境教育，促进环境保护活动。

4 都道府县及市町村应依据前两款规定的国家政策措施，努力采取必要措施，促进学校教育及社会教育中的环境教育。

5 关于本条正文所规定的政策措施以及前款所规定的措施，国家应努力对都道府县、市町村提出必要的建议，或采取其他措施。

6 在采取前款措施时，国家应做出适当考虑，向都道府县、市町村提供基于第十七条规定的信息（包括提供第十一条第七款规定的登记人才认定等事业相关信息）以及其他有助于推进环境教育的信息等，以便在学校教育及社会教育中开展环境教育时，具备环保知识经验的人才等能得到广泛运用。

7 国家、都道府县及市町村应就环境教育的内容及方法开展调查研究，并根据其结果，努力对其加以改进。

（在工作场所提高环保积极性，开展环境教育）

第十条 企业及国民组织的民间团体（以下在本条中以及第二十一条之三正文、第二款和第四款、第二十三条正文中简称“民间团体”）、企业、国家及地方政府为提高其雇员的环保知识技能，应努力提高其环保积极性，开展必要的环境教育。

2 对于提高雇员环保积极性、开展环境教育的民间团体及企业，国家、都道府县及市町村应努力输送能进行环境保护相关指导的人才，提供提高环保积极性、开展环境教育的相关资料等信息，或提供其他必要的支持。

3 为提高国民的环保知识和技能，民间团体、企业、国家及地方政府应努力在工作场所提供学生就业体验及其他必要的体验机会。

（环境教育等支援团体）

第十条之二 对于被认为下款规定事业（以下在本条中以及第二十五条正文第一项中简称“支援事业”）符合下列标准的《特定非营利活动促进法》（1998 年法律第 7 号）第二条第二款的特定非营利活动法人以及其他不以营利为目的的民间团体，主管大臣可根据其申请，将其指定为环境教育等支援团体（以下在本条中以及第二十五条正文第一项中简称“支援团体”）：

一 具备能切实开展支援事业的、足够的经营基础及技术能力，符合主管部委令所规定的标准；

二 除前项规定的标准以外，能公正、精准地开展支援事业，符合主管部委令所规定的标准。

2 为了对开展环境保护活动、提高环保积极性或开展环境教育以及推进协同工作的国民及民间团体等提供支持，支援团体应开展下列全部或部分事业：

一 收集、整理及提供环境保护活动、提高环保积极性或环境教育以及推进协同工作的相关信息及资料；

二 对环境保护活动、提高环保积极性或环境教育以及推进协同工作开展调查研究（包括对与此相关的政策开展调查研究），并提供调查研究成果；

三 制作和提供环境保护活动、提高环保积极性或环境教育以及推进协同工作的手册及其他资料等；

四 针对环境保护活动、提高环保积极性或环境教育以及推进协同工作回应咨询与商谈，并提出必要建议；

五 在开展环境保护活动、提高环保积极性或开展环境教育以及推进协同工作时，协调和介绍必要的指导人员等；

六 上述各项事业的附带事业。

3 主管大臣应向支援团体提供与支援事业相关的环境保护活动、提高环保积极性或环境教育、推进协同工作的信息，或采取其他措施。

4 支援团体可根据支援事业的实施情况，就推进环境保护活动、提高环保积极性或开展环境教育以及推进协同工作，向主管大臣陈述必要的意见。

5 主管大臣认为支援团体的财产情况或支援事业的运营方面需要改进时，可以命令该支援团体采取必要的改进措施。

6 支援团体违反基于前款规定的命令时，主管大臣可以取消本条正文的指定。

7 除上述各款规定以外，本条正文的指定手续及其他关于支援团体的必要事项由主管部委令做出规定。

（人才认定等事业的注册）

第十一条 开展主管部委令所规定的、具备环保知识及环保指导能力或促进协同工作所需能力的人才培养或认定事业（不包括《学校教育法》（1947 年法律第 26 号）第一百零四条所规定的授予学位相关事业）以及与提高环保积极性或环境教育相关的教材开发及供给事业（以下称“人才认定等事业”）的企业、大学开办者及其他企业、国民及其组织的民间团体（第七款及第十七条称“民间团体等”）可以就该人才认定等事业申请主管大臣的注册。

2 本条正文的注册（以下在本条中以及第十三条至第十五条中简称“注册”）拟申请者必须根据主管部委令的规定，向主管大臣提交包含以下事项的申请书：

一 姓名或名称、地址，法人等团体书写代表人姓名；

二 人才认定等事业的内容；

三 主管部委令规定的其他事项。

3 符合以下各项中任意一种情况的，不能申请注册：

一 因犯有第二十六条所规定的罪行而被判刑，其刑罚执行结束后未满两年，或自其不再接受执行之日起未满两年的；

二 根据第十四条正文规定，被取消注册，自取消之日起未满两年的；

三 有董事（若为非法人团体，则为其代表人）符合前两项中任意一项的法人等团体。

4 对于申请注册的人才认定等事业，主管大臣认为以下各项全部符合时，必须予以注册：

一 对照基本方针来看，是适宜得当的；

二 具有能切实正确开展人才认定等事业的、足够的经营基础及技术能力，符合主管部委令规定的标准。

5 主管大臣在实施注册后，必须立即通知申请者，并予以公示。

6 主管大臣认为申请注册的人才认定等事业不符合第四款各项所列条件时，必须立即说明理由，并通知申请者。

7 开展已经注册的人才认定等事业（以下称“注册人才认定等事业”）的民间团体等（以下称“注册民间团体等”）在第二款各项所列事项出现变更，以及注册人才认定等事业已废止时，必须根据主管部委令的规定，立即向主管大臣做出申报。

8 主管大臣接到基于前款规定的申报后，必须立即予以公示。

（报告、建议等）

第十二条 主管大臣为保障注册人才认定等事业的正确开展，可要求注册民间团体等在必要的限度内就其开展的注册人才认定等事业做出报告或提交资料，或为实现其开展的注册人才认定等事业的妥善运营而提出必要的建议。

（标识的限制）

第十三条 人才认定等事业的从事者，未获得该人才认定等事业注册的，不得做出明显可能让人误以为其为已注册人才认定等事业从事者的标识。

（取消注册）

第十四条 符合以下各项中任意一项的，主管大臣可取消注册：

一 注册人才认定等事业不再符合第十一条第四款各项所述条件时；

二 注册民间团体等已符合第十一条第三款各项中的任意一项时；

三 注册民间团体等被要求提交基于第十二条规定的报告或资料，不提交报告和资料，或提交虚假报告或资料时；

四 注册民间团体等通过伪造和其他不正当手段取得注册时。

2 主管大臣根据本条正文规定取消注册后，必须立即说明理由，通知该注册被取消者，并予以公示。

（对主管部委令的委托）

第十五条 除第十一条至上一条所规定的事项以外，与注册有关的其他必要事项由主管部委令做出规定。

（向都道府县或市町村实施的人才培养或认定等工作提供信息等）

第十六条 在都道府县、市町村为培养或认定环保人才、开发和提供教材而开展工作时，主管大臣如认为有必要，应提供信息，提出建议或采取其他必要措施。

（人才培养或认定等相关信息收集和提供）

第十七条 主管大臣应收集、整理和分析相关信息，并提供其结果，以帮助民间团体等为培养或认定环保人才、开发和提供教材而开展工作。

（提高人才培养手册及其他资料质量）

第十八条 主管大臣应根据制作和提供环保人才培养手册等资料的国民及民间团体等提出的要求，提供必要的建议。

2 为提高本条正文中手册等资料的质量，主管大臣应收集、整理和分析与之相关的信息，并提供其结果。

（完善承担提高环保积极性等基地功能的相关体制）

第十九条 配合国民及民间团体等开展的环境保护活动、提高环保积极性、环境教育、推进协同工作以及都道府县、市町村为推进这些活动而开展的工作，为有效推进国民及民间团体等开展的环境保护活动，国家应努力完善承担下列基地功能的体制：

一 收集和提供国民及民间团体等开展环境保护活动、提高环保积极性、开展环境教育、推进协同工作的相关信息以及其他环境保护方面的信息和资料；

二 就环保人才培养手册等资料提出建议，就环境保护方面的其他问题回应咨询与商谈，并提出必要建议；

三 为开展环境保护活动、提高环保积极性、开展环境教育以及推进协同工作的国民及民间团体等相互之间进行信息交换与交流提供机会，或提供其他便利条件；

四 关于环境保护活动、提高环保积极性、环境教育以及协同工作的其他推进工作。

2 都道府县、市町村应根据该都道府县及市町村的地区自然社会条件，配合国民及民间团体等开展的环境保护活动、提高环保积极性、环境教育、协同工作以及国家为推进这些活动而开展的工作，努力完善承担有效推动国民及民间团体等开展环境保护活动的基地功能的体制（下款简称“完善基地功能”）。

3 国家应努力对都道府县、市町村完善基地功能给予必要的支持。

（体验场所的认定）

第二十条 通过自然体验活动及其他体验活动，加深对环境保护的理解与关心十分重要。鉴于此，土地及建筑物所有人、以使用与获利为目的的权利（临时设备及其他明确设定为临时使用的除外）拥有者（仅限国民及民间团体等）提供该土地及建筑物，用作自然体验活动场所及其他适用于多数人的、提高环保积极性的体验场所（以下称“体验场所”）时，可以接受都道府县知事的认定，认定该体验场所开展的事业内容等符合以下各项全部条件：

一 对照基本方针来看，是适宜得当的场所；

二 如为已制定行动计划的都道府县，对照该行动计划来看是适宜得当的场所；

三 该体验场所开展的提高环保积极性的事业内容符合主管部委令规定的标准；

四 该土地及建筑物符合主管部委令规定的标准。

2 都道府县根据其自然社会条件，在认为为有效推进提高环保积极性而有必要的时候，可以对基本方针予以斟酌，在本条正文各项所述条件之外，以条例规定其适用的条件。

3 拟申请本条正文的认定（本条至第二十条之三、第二十条之五、第二十条之六、第二十条之九以及第二十条之十中简称“认定”）者，必须根据主管部委令的规定，将记有下列事项的申请书提交给都道府县知事：

一 姓名或名称、地址，法人及其他团体书写代表人姓名；

二 体验场所名称及所在地；

三 该体验场所开展提高环保积极性相关事业的内容；

四 主管部委令规定的其他事项。

4 有下列情形之一的，不能申请认定：

一 根据第二十条之六正文的规定，被取消认定，自取消之日起未满两年的；

二 董事（若为非法人团体，则为其代表人）中有前项情况的法人等团体。

5 都道府县知事拟实施认定时，必须事先与都道府县教育委员会进行协商。

6 都道府县知事实施认定后，必须立即通知申请者。

7 都道府县知事认为申请认定的体验场所开展的事业内容等不符合本条正文各项所述条件（根据第二款规定，以条例规定条件的，包括该条件）时，必须立即说明其理由，并通知申请者。

8 提供受认定的体验场所（以下称“认定体验场所”）的国民及民间团体等（以下称“认定民间团体等”）在第三款各项所述事项出现变更、或不再提供该场所时，必须根据主管部委令的规定，立即向都道府县知事做出申报。

（认定的有效期限）

第二十条之二 都道府县知事实施认定时，应规定自该认定之日起，不超过五年的有效期限。

2 拟更新本条正文的有效期限的，必须根据主管部委令的规定，向都道府县知事提交申请书。

（认定体验场所的宣传告知等）

第二十条之三 都道府县知事做出认定后，应通过利用互联网、分发印刷品及其他适当的方法，努力对第二十条第三款各项所列事项予以宣传告知。

2 认定民间团体等可以做出标识，表明该土地或建筑物为认定体验场所。

（报告、建议等）

第二十条之四 认定民间团体等每年必须根据主管部委令的规定，向都道府县知事报告其运营情况。

2 都道府县知事为保障妥善提供该认定体验场所，可以在必要的限度内，要求认定民间团体等做出报告或提交资料，或为该认定体验场所的妥善运营而提出必要的建议。

（标识的限制）

第二十条之五 体验场所的提供者在提供该体验场所的土地或建筑物未获得认定时，不得做出明显可能让人误以为其为已获得认定的体验场所的标识。

（取消认定）

第二十条之六 符合以下各项中任意一项的，都道府县知事可以取消认定：

一 认定体验场所开展的事业内容等不再符合第二十条正文各项所列条件（根据该条第二款规定，以条例规定条件时，包含该条件）时；

二 认定民间团体等未按照第二十条第八款的规定做出申报，或做出虚假申报时；

三 认定民间团体等被要求按照第二十条之四第二款的规定做出报告或提交资料，未做出报告或提交资料，以及做出虚假报告，或提交虚假资料时；

四 认定民间团体等通过伪造及其他不正当手段获得认定时。

2 都道府县知事根据本条正文规定取消认定后，必须立即说明理由，并通知被取消该认定者。

（大城市等特例）

第二十条之七 关于根据第二十条、第二十条之二、第二十条之三正文、第二十条之四以及前条规定而属于都道府县知事权限的事务，作为体验机会场所而提供的土地或建筑物全部位于《地方自治法》（1947 年法律第 67 号）第二百五十二条之十九正文的指定城市（第二十一条之五第六款称“指定城市”）、该法第二百五十二条之二十二正文的核心城市（第二十一条之五第六款称“核心城市”）或其长官就替代都道府县处理该事务与都道府县知事事先协商过的市町村（以下在本条及第二十条之九中简称“指定城市等”）区域内时，则由该指定城市等区划的长官处理。在此情形下，第二十条、第二十条之二、第二十条之三正文、第二十条之四及前条中关于都道府县或都道府县知事的规定，应作为关于指定城市等或指定城市等区划的长官的规定，适用于指定城市等或指定城市等区划的长官。

2 在本条正文的情况下，第二十条第五款中的“都道府县教育委员会”应为“指定城市等的教育委员会”。

3 根据本条正文的规定，市町村就替代都道府县处理该款规定事务与都道府县知事进行协商后，应根据主管部委令的规定，将此事及开始处理该事务的日期予以公示。

（作为体验场所而提供的土地或建筑物跨越多个都府县时的认定等）

第二十条之八 作为体验场所而提供的土地或建筑物跨越多个都府县

时，关于第二十条（第二款及第五款除外）、第二十条之二、第二十条之三正文、第二十条之四以及第二十条之六的规定的适用，这些规定中的“都道府县知事”应为“主管大臣”，第二十条正文中的“以下各项”应为“以下各项（第二项除外）”，该条第六款中的“申请者”应为“申请者以及与该认定相关的土地及建筑物所在都府县的知事”，该条第七款中的“本条正文各项所述条件（根据第二款规定，以条例规定条件的，包括该条件）”应为“本条正文各项（第二项除外）所述条件”，第二十条之六正文第一项中的“第二十条正文各项所列条件（根据该条第二款规定，以条例规定条件时，包含该条件）”应为“第二十条正文各项（第二项除外）所列条件”。在此情况下，第二十条第二款及第五款的规定将不适用。

（国家对认定等提供信息）

第二十条之九 都道府县知事或指定城市等区划的长官实施认定时，国家在认为有必要的情况下，应提供信息，提出建议或采取其他必要措施，同时还应采取必要措施，促进体检场所的提供及利用。

（对主管部委令的委托）

第二十条之十 除第二十条至上一条所规定的内容外，与认定相关的其他必要事项由主管部委令做出规定。

第二节 推进协同工作

（宣传告知协同工作的应有方式等）

第二十一条 国家应努力采取必要措施，对协同工作的应有方式、有效得当的开展方法以及协同工作中相互配合的应有方式予以宣传告知。

（在形成政策时反映民意等）

第二十一条之二 为了在形成环境保护活动、提高环保积极性、环境教育及协同工作相关政策时反映民意，国家及地方政府应积极公布与政策形成相关的信息，同时还应征求国民及民间团体等多种主体的意见，在对此予以充分考虑的基础上，努力建设和运用政策形成机制。

2 国民及民间团体等可以向国家及地方政府提出政策建议，以有助于本条正文规定的政策形成。

（扩大民间团体参与公共服务的机会等）

第二十一条之三 国家及独立行政法人等（是指《关于推动国家等签约时考虑温室气体减排的法律》（2007 年法律第 56 号）第二条第三款所规定的独立行政法人等。在本条中，以下亦同）开展环保公共服务（指国家及独立行政法人等从事的事务和作为事业而开展的、对国民及民间团体等提供的环保服务，以及其他有助于推进环境保护的业务，如为推进环保工作而从事设施经营管理，就环保工作开展调查研究（包括与该工作相关的政策调查研究）等。在本条中，以下亦同）时，应在民间团体可运用其专业知识和地区特点的领域，努力扩大该民间团体的参与机会。

2 认为在民间团体可运用其专业知识和地区特点的领域，通过协同工作开展环保公共服务十分有效时，国家及独立行政法人等应在注意经济性的同时，考虑价格以外的多种因素，努力推动签署通过协同工作充分发挥该公共服务效果的合同。

3 开展前款规定的合同签署及合同履行相关事务时，应予考虑的事项以及与推动签署该合同有关的其他必要事项由环境省令做出规定。

4 地方政府应依照本条正文及第二款所规定的政策措施，努力扩大民间团体的参与机会，推动签署通过协同工作充分发挥公共服务实施效果的合同。

（环境保护相关协定的签署等）

第二十一条之四 国家、地方政府、国民及民间团体等可成立协商会，就签署协定确定推进协同工作的职责分工以及制作该协定而进行协商，以及就该协定的实施而进行联络协调。

2 国家签署基于本条正文规定的协定后，应通过利用互联网及其他适当方法，公布协定内容及主管部委令规定的其他事项。

3 国家、国民及民间团体等签署基于本条正文规定的协定后，应如实履行该协定规定的事项，同时还应对该协定规定事项的实施情况加以评估，并公布评估结果。

4 地方政府签署基于本条正文规定的协定后，应依照第二款所规定的国家的措施，努力采取必要措施。

5 国民及民间团体等需要与国家及地方政府开展协同工作时，可根据主管部委令的规定，向该国家及地方政府提出申请。

6 国家及地方政府接到基于前款规定的申请后，对照主管部委令规定的标准，认为申请恰当的，应努力开展协同工作。

（国民及民间团体等进行协定申报等）

第二十一条之五 国民及民间团体等就推进协同工作签署协定后，该国民及民间团体等可向都道府县知事（该工作跨越多个都道府县的，向主管大臣做出申报。除第三款、第六款、第七款以外，在本条中，以下亦同）做出该协定申报。

2 都道府县知事认为基于本条正文规定的申报（以下本条中简称“申报”）中的协定内容具有环境保护效果，并且不违反法律法规时，应努力通过利用互联网或其他适当方法，公布协定内容及主管部委令规定的其他事项。

3 签订本条正文规定的协定时，该国民及民间团体等事先已做出申报，或在其他认为有必要的情况下，都道府县知事可要求主管大臣向相关行政机构的长官确认该协定是否符合法律法规。

4 已做出申报的国民及民间团体等，应如实履行该协定所规定的事项。

5 都道府县知事应努力向已做出申报的国民及民间团体等提供必要的建议和指导，以便使已申报协定中的规定事项得到顺利实施。

6 根据以上各款（第四款除外）规定而属于都道府县知事权限的事务，如果本条正文规定的协同工作仅限于指定城市、核心城市或其长官就替代都道府县处理该事务事先与都道府县知事进行了协商的市町村区域内，则由该指定城市、核心城市或市町村长官处理。

7 第二十条之七第三款的规定，适用于根据前款规定就替代都道府县处理该款规定的事务与都道府县知事进行了协商的市町村。

8 除以上各款规定的内容外，申报及本条正文规定的协定废止相关必要事项由主管部委令做出规定。

（为协同工作提供信息等）

第二十一条之六 环境大臣应收集、整理及分析协同工作相关信息，并提供其结果。

2 环境大臣为进一步推进协同工作，在认为有必要时，可要求相关行政机构的长官给予必要协助。

第四章 杂 项

（通过赋予经济价值的机制，促进国民采取有利于环保的行动）

第二十二条 对于国民采取的有利于环保的行动，国家及地方政府应通过推广赋予其经济价值的机制，努力促进该行动。

（财政上的措施）

第二十二条之二 为有效提供对环境保护活动、提高环保积极性、环境教育以及推进协同工作来说十分重要的认定体验场所，实现有利于环保的活动事业化，培养环境保护相关人才以及有效开展其他工作，国家及地方政府应努力在财政、税收制度及其他方面采取必要的措施。

2 主管大臣认为开展环境保护活动、提高环保积极性或开展环境教育、推进协同工作的国民及民间团体等对建设可持续社会有显著功绩的，可予以表彰。

（信息的积极公布）

第二十三条 为促进国民及民间团体等参与提高环保积极性及其他环境保护活动，国家、地方政府、民间团体及企业应努力公布其提高环保积极性的内容信息、以及其他环境保护相关信息。

2 国家应努力收集、整理及分析本条正文的信息，并提供其结果。

（注意事项）

第二十四条 在实施基于本法的措施时，国家及地方政府应采取必要措施，注意不影响开展环境保护活动、提高环保积极性、开展环境教育或推进协同工作的国民及民间团体等主体的自主性，同时应确保该措施公正透明。

（环境教育推进会）

第二十四条之二 政府应设置由环境省、文部科学省、农林水产省、经济产业省、国土交通省及其他相关行政机构职员组成的环境教育等推进会，为综合、有效且高效地推进环境保护活动、提高环保积极性、推进环境教育及协同工作而进行联络协调。

2 环境教育等推进会应设置环境教育推进专家委员会，由在环境保护活动、提高环保积极性、环境教育及推进协同工作方面具备专业知识的人员组成。

3 环境教育推进专家委员会应就环境保护活动、提高环保积极性、环境教育及推进协同工作相关事项向环境教育等推进会提出建议。

（主管大臣等）

第二十五条 本法所称主管大臣，是指环境大臣、文部科学大臣、农林水产大臣、经济产业大臣以及国土交通大臣。但以下各项所列事项中，特指该项所规定的大臣：

一 支援团体相关事项

农林水产大臣、经济产业大臣及国土交通大臣中，主管第十条之二正文规定的指定对象所开展的支援事业的大臣以及环境大臣、文部科学大臣。

二 人才认定等事业相关事项

文部科学大臣、农林水产大臣、经济产业大臣及国土交通大臣中，主管第十一条正文规定的注册对象所实施的人才认定等事业的大臣以及环境大臣。

三 提供体验场所相关事项

农林水产大臣、经济产业大臣及国土交通大臣中，主管第二十条正文规定的认定对象在体验场所开展的事业的大臣以及环境大臣、文部科学大臣。

四 推进协同工作相关协定事项

文部科学大臣、农林水产大臣、经济产业大臣及国土交通大臣中，主管第二十一条之五正文规定的协定签署者开展的该协定规定事项的大臣以及环境大臣。

2 为准确、顺利地实施本法的规定，各主管大臣应努力相互密切联系与配合。

3 本法所称主管部委令，是指环境大臣、文部科学大臣、农林水产大臣、经济产业大臣以及国土交通大臣共同发布的命令。

（罚则）

第二十六条 有以下情形之一的，处三十万日元以下罚金：

一 通过伪造和其他不正当手段获得第十一条正文的注册的；

二 未按照第十二条的规定做出报告或提交资料，以及做出虚假报告或提交虚假资料的。

第二十七条 法人代表、法人或个人的代理人、雇佣人员及其他从业人员就该法人及个人业务做出违反前条的行为的，除处罚行为人以外，还将对该法人及个人处以该条的刑罚。

第二十八条 有以下情形之一的，处十万日元以下罚款：

一 未按照第十一条第七款或第二十条第八款的规定做出申报，以及做出虚假申报的；

二 违反第十三条或第二十条之五的规定的；

三 通过伪造和其他不正当手段获得第二十条正文的认定的；

四 未按照第二十条之四第二款的规定做出报告或提交资料，以及做出虚假报告或提交虚假资料的。

附 则

（施行日期）

1 本法自 2003 年 10 月 1 日起施行。但是，第十一条至第十六条以及第二十六条至第二十八条的规定自 2004 年 10 月 1 日起施行。

（研究）

2 政府在本法施行五年后，应对本法的施行情况加以研究，并根据研究结果，采取必要措施。

附则（2011 年 6 月 15 日法律第 67 号）（摘录）

（施行日期）

第一条 本法自 2011 年 10 月 1 日起施行。但是，在第十条之后增加一条的修正规定、第十一条的修正规定（该条正文中，将“国民及民间团体等”修改为“企业、大学的设立者及其他企业、国民及其组织的民间团体（第七款及第十七条中简称“民间团体等”）”的部分，以及该条第七款中，将“国民及民间团体等”修改为“民间团体等”的部分除外）、第二十条的修正规定、第二十条之后增加九条及章节名称的修正规定（增加章节名称的部分除外）、第二十一条之后增加五条的修正规定（增加第二十一条之二及第二十一条之三的部分除外）、第二十五条的修正规定及第二十八条的修正规定（中间省略）自2012年10月1日起施行。

（研究）

第二条 政府在本法施行五年后，应对本法修订后的《关于通过环境教育等促进环境保护工作的法律》（以下简称“新法”）的施行情况加以研究，并根据研究结果，采取必要措施。

2 关于学校教育中的环境教育，应根据新法的目的，对本法施行后学校教育中环境教育的开展情况等予以斟酌，对充实环境教育的措施、包括对有志于成为教职员工的人员的培养方法等加以研究，根据研究结果，采取必要措施。

关于促进提供环境信息，并以此促进特定企业等开展业务活动时考虑环境因素的法律

2004年6月2日　法律第77号

最终修订　2011年6月24日　法律第74号

第一章　总　则

（目的）

第一条　正确开展与业务活动相关的环境保护活动，并对其实施评价对于保护环境、实现经济健康发展来说十分重要。鉴于此，本法的目的在于：在业务活动的环保考虑情况等信息提供和利用方面，明确国家等主体的责任和义务，同时通过让特定企业等编制并公布环境报告书等措施，确保在业务活动中妥善兼顾环境保护，从而为保障现在及将来的国民享有健康的文明生活做出贡献。

（定义）

第二条　本法所称“环保考虑等情况”，是指减轻环境负荷（指《环境基本法》（1993年法律第91号）第二条正文所规定的环境负荷，以下同）及其他环境保护活动、产生环境负荷或导致产生环境负荷的活动情况。

2 本法所称“环境信息”，是指关于业务活动的环保考虑等情况的信息以及产品、其他物品或服务（以下称“产品等”）减轻环境负荷的相关信息。

3 本法所称“顾及环保的业务活动”，是指自主减轻环境负荷、创造良好环境以及开展其他环境保护活动的业务活动。

4 本法所称“环境报告书”，无论使用何种名称，均指特定企业（是指

根据其事业运营所需经费的国家拨付款或补助金交付情况以及其他情况，对其事业与国家事务或事业的关联程度做出考量，并考虑其是否为合作组织或其他组织形态、其业务活动产生的环境负荷程度、其业务活动的规模等情况而由政令做出规定的、依据特殊法律而成立的法人，以下同）及其他企业记载一个事业年度或经营年度的业务活动相关环保考虑等情况（包括表示其业务活动的环境负荷程度的数值）的文件（以制作电磁记录（是指用于电子计算机信息处理的、以电子方式、磁性方式等人类感知无法识别的方式制作的记录，以下同）取代该文件制作时，包括该电磁记录）。

（国家及地方政府的责任和义务）

第三条 国家应公布自身环保考虑等情况，同时为促进企业提供环境信息、企业及国民利用环境信息，以及为促进其他顾及环保的业务活动而推进相关政策措施。

2 地方政府应努力公布自身环保考虑等情况，同时还应努力推进相关政策措施，促进根据该区域的自然社会条件、对环境保护做出考虑的业务活动。

3 国家及地方政府在推进顾及环保的业务活动的过程中，应考虑中小企业主的事务工作负担及其他情况。

（企业的责任和义务）

第四条 企业应努力提供关于其业务活动的环境信息，同时在对其他企业实施投资等行为时，应努力对该企业的环境信息做出考量后再进行。

（国民的责任和义务）

第五条 国民在实施投资等行为时，应努力对环境信息予以考量后再进行。

第二章　国家等公布环保考虑等情况

（国家公布环保考虑等情况）

第六条　各部委长官（指《财政法》（1947年法律第34号）第二十条第二款所规定的各部委长官）应通过利用互联网等方法，在每个年度公布其上一年度主管事务的环保考虑等情况（包括表示开展其事务和事业造成环境负荷程度的数值，下一条亦同）。

（地方政府公布环保考虑等情况）

第七条　地方政府长官应努力通过利用互联网等方法，在每个年度公布其上一年度主管事务的环保考虑等情况。

第三章　公布与业务活动相关的环保考虑等情况

（环境报告书的记载事项）

第八条　主管大臣必须考量与业务活动相关的环保考虑等情况的公布惯例及其他情况，规定环境报告书中应予记载或记录的事项及其记载或记录方法（以下称“记载事项等”）。

2 主管大臣拟根据本条正文规定，对记载事项等做出规定时，必须事先就应予规定的记载事项等方案听取企业、有识之士或由其组织的协商会等团体的意见。

3 主管大臣根据本条正文的规定，对记载事项等做出规定后，必须立即予以公布。

4 本条上述规定适用于对记载事项等进行变更。

（环境报告书的公布等）

第九条　特定企业必须根据主管部委令的规定，在每个事业年度编制环境报告书，并予以公布。

2 特定企业根据本条正文规定公布环境报告书时，除努力按照记载事项等编制报告书以外，还应对环境报告书是否按记载事项等进行编制做出自我评价，接受外部对环境报告书的审查（指审查特定企业的环境报告书是否按记载事项等进行编制，以下亦同），以及采取其他措施，努力提高环境报告书的可信度。

第十条 环境报告书审查者应努力以独立的立场对环境报告书进行审查，同时还应为保证公正、准确地实施环境报告书审查而努力完善必要体制，提高环境报告书审查人员的素质。

第十一条 大企业（指中小企业以外的企业，特定企业除外）应努力公布环境报告书及其他关于业务活动的环保考虑等情况。并且在公布时，为提高环境报告书等环保考虑情况的信息可信度，应努力采取编制环境报告书时注意记载事项等措施。

2 为方便中小企业公布其业务活动的环保考虑等情况，国家应采取提供公布方法相关信息等必要措施。

第四章 提供减轻产品等环境负荷的信息

第十二条 企业应努力提供表明其产品等有助于减轻环境负荷的信息，以及其他关于其产品等减轻环境负荷的信息。

第五章 促进环境信息的利用

第十三条 国家应提供环境报告书收集、整理及提供阅览业务从事者的信息，或采取其他必要措施，以促进环境报告书的利用。

2 除本条正文规定外，在企业及国民实施投资、产品利用等行为时，为促进环境信息的利用，国家还应采取提出技术建议等必要措施。

第六章　杂　项

(主管大臣)

第十四条　本法所称主管大臣，是指内阁总理大臣、总务大臣、财务大臣、文部科学大臣、厚生劳动大臣、农林水产大臣、经济产业大臣、国土交通大臣、环境大臣和主管特定企业的大臣。

2 本法所称主管部委令，是指主管大臣发布的命令。

(过渡措施)

第十五条　依据本法规定而制定、修订和废止命令时，在认为因其制定、修订和废止而显得合理且有必要的范围内，可以在该命令中制定必要的过渡措施（包括关于罚则的过渡措施）。

第七章　罚　则

第十六条　对未按第九条正文规定予以公布，或做出虚假公布的特定企业的董事，处二十万日元以下的罚款。

附　则

(施行日期)

第一条　本法自 2005 年 4 月 1 日起施行。

(与公布有关的过渡措施)

第二条　第六条的规定适用于 2005 年度以后的年度环保考虑等情况。

第三条　第九条的规定适用于本法施行之日后开始的事业年度或经营年度的环境报告书。

（研究）

第四条 政府在本法施行三年后，应对环境报告书公布情况等本法的实施情况加以考虑，在认为有必要时，应对本法的规定进行研究，并根据研究结果，采取必要的措施。

根据《关于促进提供环境信息，并以此促进特定企业等开展业务时考虑环境因素的法律》第九条正文规定，规定环境报告书编制及公布方法的命令

2005 年 3 月 30 日　内阁府、总务省、财务省、文部科学省、厚生劳动省、农林水产省、经济产业省、国土交通省、环境省 1 号令

最终修订　2006 年 4 月 27 日　内阁府、总务省、财务省、文部科学省、厚生劳动省、农林水产省、经济产业省、国土交通省、环境省 1 号令

关于基于《关于促进提供环境信息，并以此促进特定企业等开展业务时考虑环境因素的法律》第九条正文规定的环境报告书的编制及公布，编制的环境报告书必须包含表示该事业年度期间、该特定企业的业务活动造成的环境负荷程度的数值，并且必须在该事业年度结束后六个月以内予以公布。

附　则

本命令自 2005 年 4 月 1 日起施行。

第二部分

水质污染

水质污染防治法

1970 年 12 月 25 日　法律第 138 号
最终修订　2016 年 5 月 20 日　法律第 47 号

第一章　总　则

（目的）

第一条　本法的目的在于：通过对工厂及业务场所向公共水域排水、向地下渗水实施管控，并推进生活污水治理等举措，力求防止公共水域及地下水水质污染（包括除水质以外的水体状态恶化，以下同），从而在保护国民健康的同时，保护生活环境，并对工厂及业务场所排放污水及废液，对人体健康造成损害时的企业的损害赔偿责任做出规定，以保护受害人的利益。

（定义）

第二条　在本法中，“公共水域”是指河流、湖泊、港湾、沿海海域等供公共使用的水域以及与之相连的公共沟渠、灌溉水渠等供公共使用的水渠（《下水道法》（1958 年法律第 79 号）第二条第三项及第四项规定的公共下水道和流域下水道中，设有该条第六项规定的终端处理厂的水渠（包括与其流域下水道相连的公共下水道）除外）。

2 在本法中，“特定设施”是指符合下列各项条件中任意一项的、政令规定的污水或废液排放设施：

一　含有镉等可能危害人体健康的政令规定物质（以下称“有害物质”）；

二　关于化学需氧量等表示水污染状态（包括热污染，但前项规定物质引起的热污染除外）的政令规定项目，有可能对生活环境造成一定程度的危害。

3 在本法中，“指定地区特定设施”是指对于第四条之二正文规定的指定水域水质而言，排放前款第二项规定程度的污水或废液的政令规定设施中，设置在该条正文规定的指定地区的设施。

4 在本法中，“指定设施”是指贮藏或使用有害物质的设施，以及生产、贮藏、使用或处理有害物质和下款规定的、大量排放至公共水域有可能危害人体健康或生活环境的、政令规定的油以外物质（第十四条之二第二款称“指定物质”）的设施。

5 在本法中，“贮油设施等”是指贮藏重油等政令规定油类（以下仅称“油”）以及处理含油废水的政令规定设施。

6 在本法中，“废水”是指从设有特定设施（含指定地区特定设施，以下同）的工厂或业务场所（以下称“特定业务场所”）排放至公共水域的水。

7 在本法中，“污水等”是指从特定设施排放的污水或废液。

8 在本法中，“特定地下渗水”是指设有在其设施中生产、使用或处理有害物质的特定设施（指定地区特定设施除外，以下称“使用有害物质的特定设施”）的特定业务场所（以下称“使用有害物质的特定业务场所”）向地下渗透的、含有使用有害物质的特定设施相关污水等（包括处理过的废水等）的渗水。

9 在本法中，“生活污水”是指烹饪、洗涤、沐浴等人类日常生活中向公共水域排放的水（废水除外）。

第二章　废水的排放管控等

(排放标准)

第三条　关于排放标准，将以环境省令的形式，对废水的污染状态（包括热污染，以下同）做出规定。

2 关于本条正文的排放标准，如为有害物质造成的污染状态，排放标准为针对废水中有害物质含量规定的各种有害物质允许限度；如为其他污染状态，则为就上一条第二款第二项规定的项目确定的各项允许限度。

3 都道府县根据其自然、社会条件判断，认为在该都道府县区域的公共水域中，存在按照本条正文的排放标准，不足以充分保护人体健康及生活环境的区域时，可以按照政令规定的标准，以条例的形式，对排放到该区域的废水的污染状态规定应取代该款排放标准予以适用的，比该款排放标准确定的允许限度更为严格的排放标准。

4 在前款的条例中，必须同时明确该区域的范围。

5 都道府县根据第三款规定制定排放标准时，该都道府县知事必须事先通知环境大臣及相关都道府县知事。

(有关排放标准的劝告)

第四条 环境大臣在认为为防治公共水域水质污染而尤其有必要时，可以对都道府县提出劝告，劝其根据上一条第三款的规定制定排放标准，或变更根据该款规定制定的排放标准。

(总量削减基本方针)

第四条之二 对于人口、产业集中等因素导致生活及业务活动排放的废水大量流入，并且被认为仅靠第三条正文及第三款的排放标准难以保障《环境基本法》（1993 年法律第 91 号）第十六条正文规定的水质污染相关环境条件标准（以下称“水质环境标准”）的跨地区公共水域（仅限几乎完全被陆地包围的海域），为防止按第二条第二款第二项规定项目中的化学需氧量等各项政令规定项目（以下称“指定项目”）做出政令规定的水域（以下称“指定水域”）发生与指定项目相关的水质污染，环境大臣可以针对政令按各指定水域规定的指定水域水质污染相关地区（以下称“指定地区”），制定以指定项目表示的污染负荷量（以下仅称“污染负荷量”）总量削减相关基本方针（以下称“总量削减基本方针”）。

2 总量削减基本方针应就削减目标、目标年度等污染负荷量总量削减相关基本事项做出规定。在此情况下，应以保证该指定水域的该指定项目相关水质环境标准为目标，规定第三项的目标削减量，使第一项的总量在目标年度转变为第二项的总量：

一 流入该指定水域的水污染负荷量的总量；

二 针对前一项的总量，根据政令规定，并考虑该指定地区人口及产业动向、污水及废液处理技术水平、下水道建设预期等，在可行的范围内努力削减后的总量；

三 针对该指定地区向公共水域排水的污染负荷量，确定的各污染源、各都道府县的目标削减量（确定了作为中期目标的目标削减量时，包括该目标削减量）。

3 环境大臣拟起草制定、修订或废除对本条正文的水域做出规定的政令以及对本条正文的地区做出规定的政令时，必须听取相关都道府县知事的意见。

4 环境大臣拟制定或变更总量削减基本方针时，必须听取相关都道府县知事的意见，并经过公害对策会议的讨论。

5 环境大臣制定或变更总量削减基本方针后，应将此事通知相关都道府县知事。

（总量削减计划）

第四条之三 对于指定地区，都道府县知事必须根据总量削减基本方针，制定完成前一条第二款第三项目标削减量的计划（以下简称“总量削减计划”）。

2 总量削减计划应对下列事项做出规定：

一 各污染源污染负荷量的目标削减量；

二 完成前一项目标削减量的方法；

三 其他与污染负荷量总量削减有关的必要事项。

3 都道府县知事拟制定总量削减计划时，必须听取相关市町村长的意见，并与环境大臣协商。

4 环境大臣接到前款的协商后，必须听取公害对策会议的意见。

5 都道府县知事制定总量削减计划后，必须努力公布其内容。

6 前三款规定适用于总量削减计划的变更。

（推进完成总量削减计划）

第四条之四 国家及地方政府应为完成总量削减计划而努力采取必要措施。

（总量控制标准）

第四条之五 对于指定地区，都道府县知事必须根据总量削减计划，按照环境省令的规定，就环境省令规定规模以上的指定地区内特定业务场所（以下称“指定地区内业务场所”）排放的废水污染负荷量，制定总量控制标准。

2 对于有新建特定设施的指定地区内业务场所（包括因特定设施建设或结构变更而成为新的指定地区内业务场所的工厂或业务场所）以及新建的指定地区内业务场所，都道府县知事必须根据总量削减计划，按照环境省令的规定，分别制定应予适用的、特殊的总量控制标准，以代替本条正文的总量控制标准。

3 本条正文或前款的总量控制标准是针对指定地区内业务场所，就该指定地区内业务场所排放的废水污染负荷量规定的允许限度。

4 都道府县知事在制定本条正文及第二款的总量控制标准时，必须进行公示。对其予以变更或废止时亦应如此。

（设置特定设施等申报）

第五条 由工厂或业务场所向公共水域排水者，在拟设置特定设施时，必须根据环境省令的规定，向都道府县知事申报以下事项（特定设施不属于使用有害物质的特定设施，或符合下款规定的，第五项予以排除）：

一 姓名或名称、地址。如为法人，则申报代表人姓名；

二 工厂或业务场所的名称及所在地；

三 特定设施的种类；

四 特定设施的结构；

五 特定设施的设备；

六 特定设施的使用方法；

七 废水等处理方法；

八 废水的污染状态及排放量（如与指定地区内的工厂或业务场所有关，则包括各排水系统的污染状态及排放量）；

九 环境省令规定的其他事项。

2 从工厂或业务场所向地下渗水，水中含有使用有害物质的特定设施的废水等（包括已实施处理的废水等）物质的主体，在拟设置使用有害物质的特定设施时，必须根据环境省令的规定，向都道府县知事申报以下事项：

一 姓名或名称、地址。如为法人，则申报代表人姓名；

二 工厂或业务场所的名称及所在地；

三 使用有害物质的特定设施种类；

四 使用有害物质的特定设施结构；

五 使用有害物质的特定设施使用方法；

六 废水等处理方法；

七 特定地下渗水的渗透方式；

八 环境省令规定的其他事项。

3 拟在工厂或业务场所设置使用有害物质的特定设施的主体（本条正文的规定主体拟设置特定设施的情况以及前款规定主体拟设置使用有害物质的特定设施的情况除外）以及拟在工厂或业务场所设置贮藏有害物质的指定设施（指政令做出规定的，可能从该指定设施向地下渗透含有害物质的废水的指定设施（仅限贮藏有害物质的指定设施，以下同）的主体，必须根据环境省令的规定，向都道府县知事申报以下事项：

一 姓名或名称、地址，如为法人，则申报代表人姓名；

二 工厂或业务场所的名称及所在地；

三 使用有害物质的特定设施或贮藏有害物质的指定设施的结构；

四 使用有害物质的特定设施或贮藏有害物质的指定设施的设备；

五 使用有害物质的特定设施或贮藏有害物质的指定设施的使用方法；

六 环境省令规定的其他事项。

（过渡措施）

第六条 一座设施成为特定设施（指定地区特定设施除外。在本条正文中，以下亦同）后，排放废水或渗透特定地下渗水的该设施现有设置者（含正在设置施工者），以及一座设施成为使用有害物质的特定设施或贮藏有害物质的指定设施后，该设施现有设置者（从使用有害物质的该特定设施的特定业务场所排放废水，或渗透特定地下渗水的除外，含正在设置施工者）必须根据环境省令的规定，在该设施成为特定设施或贮藏有害物质的指定设施之日起的三十天内，向都道府县知事申报前一条正文各项、第二款各项或第三款各项所列事项。在此情况下，已根据针对指定地区特定设施的前一条正文或下一款（包括根据《濑户内海环境保护特别措施法》（1973 年法律第 110 号）第十二条之二的规定或《湖泊水质保护特别措施法》（1984 年法律第 61 号）第十四条规定，对这些规定予以适用的情况）规定，就该设施做出申报的，即视为该申报者已根据本款规定，就该设施做出了申报。

2 一座设施成为指定地区特定设施后，指定地区的该设施现有设置者（含正在设置施工者。在本款中，以下亦同），或一个地区成为指定地区后，该地区的指定地区特定设施现有设置者，如排放废水，则必须在该设施成为指定地区特定设施之日起、或该地区成为指定地区之日起的三十天内，根据环境省令的规定，向都道府县知事申报前一条正文各项所列事项。在此情况下，已根据《湖泊水质保护特别措施法》第十四条规定（该条规定针对被视为指定地区特定设施的设施），就该设施做出因该条规定而适用的前一条正文或本款规定的申报的，即视为该申报者已就该设施做出了基于本款规定的申报。

3 在对第四条之二正文的地区做出规定的政令施行时，该地区的特定设施现有设置者（包括正在设置施工者以及已根据前一条规定做出申报，但尚未着手进行设置施工者）如排放废水，则必须在该政令施行之日起的六十天内，根据环境省令的规定，向都道府县知事申报废水各排水系统的污染状态和排放量。

（特定设施结构的变更申报）

第七条 根据第五条或前一条规定做出申报者，拟变更与其申报相关的第五条正文第四项至第九项所列事项、该条第二款第四项至第八项所列事项或该条第三款第三项至第六项所列事项时，必须根据环境省令的规定，就此事向都道府县知事做出申报。

（命令变更计划等）

第八条 都道府县知事接到基于第五条正文或第二款规定的申报以及基于前一条规定的申报（仅限与第五条正文第四项或第六项至第九项所列事项、该条第二款第四项至第八项所列事项变更有关的申报）后，如认为该特定业务场所的排水口（指排放废水的地点，以下同）的废水污染状态不符合其废水排放标准（指第三条正文的排放标准（如根据该条第三款规定制定了排放标准，则包含该排放标准），以下仅称“排放标准”），或认为特定地下渗水含有的有害物质符合环境省令规定的条件时，可以在其申报受理之日起的六十天内，命令该申报者变更其申报相关特定设施结构、使用方法、废水等处理方法相关计划（包括废止与前一条规定的申报有关的计划），或废止基于第五条正文或第二款规定的申报所涉及的特定设施设置计划。

2 都道府县知事接到基于第五条规定的申报（接到基于该条第二款规定的申报时除外），或接到基于前一条规定的申报（仅限与第五条正文第四项至第九项所列事项或该条第三款第三项至第六项所列事项变更有关的申报）后，如认为其申报涉及的使用有害物质的特定设施或贮藏有害物质的指定设施不符合第十二条之四的环境省令规定标准时，可以在其申报受理之日起的六十天内，命令该申报者变更其申报涉及的使用有害物质的特定设施或贮藏有害物质的指定设施的结构、设备或使用方法相关计划（包括废止基于前一条规定的申报涉及的计划），或废除基于第五条正文或第三款规定的申报所涉及的使用有害物质的特定设施或贮藏有害物质的指定设施设置计划。

第八条之二　都道府县知事接到基于第五条正文规定的申报或基于第七条规定的申报（仅限该款第四项及第六项至第九项所列事项变更的申报）后，对于设置该申报相关特定设施的指定地区内业务场所（包括在工厂或业务场所内设置该特定设施或改变其结构等，由此而新产生的指定地区内业务场所），如认为该指定地区内业务场所排放的废水污染负荷量不符合总量控制标准，则可以在受理其申报之日起的六十天内，命令该指定地区内业务场所的设置者改进该指定地区内业务场所的污水及废液处理方法，或令其采取其他必要措施。

（实施限制）

第九条　根据第五条规定提出申报者以及根据第七条规定提出申报者，在其申报受理之日起的六十天内，不得设置与其申报相关的特定设施或贮藏有害物质的指定设施，不得变更与其申报相关的特定设施或贮藏有害物质的指定设施的结构、设备或使用方法、或污水等处理方法。

2 都道府县知事如认为基于第五条或第七条规定的申报内容得当，则可以缩短本条正文的规定期限。

（姓名变更等申报）

第十条　根据第五条、第六条正文或第二款规定提出申报者，如其申报涉及的第五条正文第一项或第二项、第二款第一项或第二项、第三款第一项或第二项所列事项出现变更，或其申报涉及的特定设施、贮藏有害物质的指定设施已不再使用，则必须自当日起三十天内，就此事向都道府县知事做出申报。

（承继）

第十一条 基于第五条、第六条正文或第二款规定的申报者转让或租赁其申报涉及的特定设施或贮藏有害物质的指定设施的，受让者或承租方将承继与该特定设施或贮藏有害物质的指定设施有关的该申报者的地位。

2 基于第五条、第六条正文或第二款规定的申报者出现继承、合并或分割（仅限承继其申报涉及的特定设施及贮藏有害物质的指定设施的情况）后，继承人、合并后继续存在的法人或因合并而成立的法人、因分割而承继该特定设施或贮藏有害物质的指定设施的法人将承继该申报者的地位。

3 根据本条上述规定而承继基于第五条、第六条正文或第二款规定的申报者地位的主体，必须在其承继发生之日起的三十天内，就此事向都道府县知事做出申报。

4 通过接受转让或承租、继承、合并、分割而取得指定地区内业务场所者，在第八条之二、第十三条第三款、第十四条第三款规定的适用上，将承继该指定地区内业务场所设置者的地位。

（废水的排放限制）

第十二条 废水排放者不得排放其污染状态不符合该特定业务场所排水口废水标准的废水。

2 一座设施成为特定设施（指定地区特定设施除外。在本款中，以下亦同）后，对于该设施现有设置者（包括正在设置施工者）从设置该设施的工厂或业务场所排放的废水，自该设施成为特定设施之日起的六个月内（如该设施为政令规定设施，则为一年内），本条正文的规定不予适用。但是，如该设施成为特定设施时，该工厂或业务场所已属于特定业务场所，或其适用的地方政府条例中存在与本条正文相当的规定时（对违反该规定的行为不存在罚则的情况除外），则不在此限。

3 一座设施成为指定地区特定设施后，对于指定地区的该设施现有设置者（包括正在设置施工者。在本款中，以下亦同），或一个地区成为指定地区后，该地区的指定地区特定设施现有设置者，其从设置该设施的工厂或业务场所排放的废水自该设施成为指定地区特定设施之日、或该地区成为指定地区之日起的一年内（该设施如为政令规定设施，则为三年内），不适用于本条正文的规定。但是，如该设施成为指定地区特定设施时，该工厂或业务场所已属于特定业务场所，或其适用的地方政府条例中存在与本条正文相当的规定时（对违反该规定的行为不存在罚则的情况除外），则不在此限。

（遵守总量控制标准的义务）

第十二条之二 指定地区内业务场所的设置者必须遵守与该指定地区内业务场所相关的总量控制标准。

（限制特定地下渗水的渗透）

第十二条之三 从使用有害物质的特定业务场所排放废水者（包括渗透特定地下渗水者），不得渗透符合第八条的环境省令规定条件的特定地下渗水。

（遵守使用有害物质的特定设施相关结构标准的义务）

第十二条之四 使用有害物质的特定设施设置者（从使用有害物质的该特定设施相关特定业务场所渗透特定地下渗水的除外。第十三条之三及第十四条第五款亦同）以及贮藏有害物质的指定设施设置者，对于使用有害物质的该特定设施及贮藏有害物质的指定设施，必须遵守环境省令规定的结构、设备及使用方法相关标准，以防止含有有害物质的废水向地下渗透。

（改进命令）

第十三条 都道府县知事认为废水排放者可能排放其污染状态不符合该特定业务场所排水口排放标准的废水时，可以命令该排放者限期改进特定设施的结构、使用方法或污水等处理方法，或令其暂停使用特定设施或暂停废水排放。

2 第十二条第二款及第三款规定适用于基于本条正文规定的命令。

3 都道府县知事认为可能存在其污染负荷量不符合总量控制标准的废水排放时，可以命令与该废水有关的指定地区内业务场所设置者限期改进该指定地区内业务场所的污水或废液处理方法，或令其采取其他必要措施。

4 工厂或业务场所因对第二条第二款或第三款的设施做出规定的政令、对第四条之二正文的地区做出规定的政令、对第四条之五正文的规模做出规定的环境省令修订而成为新的指定地区内业务场所时，自该工厂或业务场所成为指定地区内业务场所之日起的六个月内，前款规定不予适用。

第十三条之二　都道府县知事认为第十二条之三所规定的主体可能向地下渗透符合第八条的环境省令规定条件的特定地下渗水时，可以命令其限期改进特定设施（指定地区特定设施除外。在本条中，以下亦同）的结构、使用方法或污水等处理方法，或令其对特定设施暂停使用或暂停渗透特定地下渗水。

2 一座设施成为特定设施时，对于该设施现有设置者（包括正在设置施工者）从设置该设施的工厂或业务场所向地下渗透的、含有该设施相关污水等物质（包括已处理的污水等）的废水，自该设施成为特定设施之日起的六个月内（若该设施为政令规定设施，则为一年内），本条正文的规定不予适用。但是，该设施成为特定设施时，如其废水已属于特定地下渗水，以及关于其废水，其适用的地方政府条例存在与本条正文相当的规定时（对于基于该规定的命令，不存在违令行为处罚规定的除外），则不在此限。

第十三条之三　都道府县知事认为使用有害物质的特定设施设置者或贮藏有害物质的指定设施设置者未遵守第十二条之四的标准时，可以命令该设置者限期改进使用有害物质的该特定设施或贮藏有害物质的该指定设施的结构、设备或使用方法，或令其对使用有害物质的该特定设施或贮藏有害物质的该指定设施暂停使用。

2 第十二条之四的标准适用时，对于使用有害物质的特定设施现有设置者（包括正在设置施工者）或贮藏有害物质的指定设施现有设置者（包括正在设置施工者）的使用有害物质的该特定设施或贮藏有害物质的该指定设施，自该标准适用之日起的六个月内（使用有害物质的该特定设施或贮藏有害物质的该指定设施为政令规定设施时，则为一年内），本条正文的规定不予适用。但是，该标准适用时，其适用的地方政府条例中存在与该款相当的规定时（对于基于该规定的命令，不存在违令行为处罚规定的除外），则不在此限。

（指导）

第十三条之四 除从指定地区内业务场所排放废水的主体以外，对于在指定地区向公共水域排放污水、废液及其他导致污染负荷量增加的物质的主体，为完成总量削减计划，都道府县知事可以对其进行必要的指导，提出建议及劝告。

（废水污染状态的检测）

第十四条 废水排放者或渗透特定地下渗水者，必须根据环境省令的规定，对该废水或特定地下渗水的污染状态实施检测，并记录、保存该检测结果。

2 从适用总量控制标准的指定地区内业务场所排放废水者，必须根据环境省令的规定，对该废水的污染负荷量实施检测，并记录、保存该检测结果。

3 前款的指定地区内业务场所的设置者，必须根据环境省令的规定，事先向都道府县知事申报污染负荷量的检测方法。变更与申报有关的检测方法时亦需如此。

4 废水排放者必须考虑该公共水域的水质污染状况，对该特定业务场所的排水口位置、废水的排放方法等做出妥善安排。

5 使用有害物质的特定设施设置者或贮藏有害物质的指定设施设置者必须根据环境省令的规定，对使用有害物质的该特定设施或贮藏有害物质的该指定设施实施定期检查，并记录、保存该检查结果。

（事故时的措施）

第十四条之二 特定业务场所的设置者在该特定业务场所发生特定设施损坏等事故，导致含有有害物质的水或污染状态可能不符合第二条第二款第二项规定项目的废水标准的水从该特定业务场所排放到公共水域中，或含有有害物质的水从该特定业务场所渗透到地下，从而可能危害人体健康或生活环境时，必须立即采取应急措施，防止含有有害物质的水或可能不符合该废水标准的水继续排放或含有有害物质的水继续渗透，同时还必须迅速就该事故情况及采取的措施概况向都道府县知事做出申报。

2 设有指定设施的工厂或业务场所（在本条中，以下称“指定业务场所”）的设置者在该指定业务场所发生指定设施损坏等事故，导致含有有害物质或指定物质的水从该指定业务场所排放到公共水域中或渗透到地下，从而可能危害人体健康或生活环境时，必须立即采取应急措施，防止含有有害物质或指定物质的水继续排放或渗透，同时还必须迅速就该事故情况及采取的措施概况向都道府县知事做出申报。

3 设有贮油设施等的工厂或业务场所（在本条中，以下称“贮油业务场所等”）设置者在该贮油业务场所等发生贮油设施损坏等事故，导致含油的水从该贮油业务场所等排放到公共水域中或渗透到地下，从而可能危害生活环境时，必须立即采取应急措施，防止含油的水继续排放或渗透，同时还必须迅速就该事故情况及采取的措施概况向都道府县知事做出申报。

4 都道府县知事在认为特定业务场所设置者、指定业务场所设置者或贮油业务场所等设置者未采取本条上述应急措施时，可以命令上述设置者采取上述规定中的应急措施。

（命令采取地下水水质净化措施）

第十四条之三 都道府县知事认为因特定业务场所或设有贮藏有害物质的指定设施的工厂或业务场所（在本条及第二十二条正文中，以下称“贮藏有害物质的指定业务场所”）向地下渗透含有有害物质的水，现已对人体健康产生危害或可能产生危害时，可以根据环境省令的规定，在防治其危害的必要限度内，命令该特定业务场所或贮藏有害物质的指定业务场所的设置者（包括因继承、合并或分割而承继其地位的设置者）在规定的相应期限内采取措施，净化地下水水质。但是，该设置者并非发生该渗透时的该特定业务场所或贮藏有害物质的指定业务场所设置者时，则不在此限。

2 在本条正文规定的情况下，都道府县知事也可以命令发生该款渗透时的该特定业务场所或贮藏有害物质的指定业务场所的设置者（包括因继承、合并或分割而承继其地位的设置者）采取该款的措施。

3 特定业务场所或贮藏有害物质的指定业务场所的设置者（包括因受让、承租、继承、合并或分割而获得特定业务场所或贮藏有害物质的指定业务场所及其场地的设置者）在接到根据前款规定对该特定业务场所或贮藏有害物质的指定业务场所下达的命令时，必须配合该命令采取相关措施。

(企业的责任和义务)

第十四条之四 企业不仅要采取本章规定的废水排放控制等措施，还必须掌握其业务活动产生的污水及废液向公共水域排放或向地下渗透的情况，并为防止该污水及废液导致公共水域及地下水水质污染而采取必要措施。

第二章之二 推进生活污水治理

(国家及地方政府的责任和义务)

第十四条之五 作为防止生活污水排放导致公共水域水质污染的必要治理措施（以下称“生活污水治理”），市町村（包括特别区。在本章中，以下亦同）必须努力建设必要设施（以下称“生活污水处理设施”），降低生活污水对公共水域造成的水质污染负荷，培养从事生活污水治理宣传教育的指导员，以及采取与生活污水治理相关的其他措施。

2 都道府县必须努力采取关于生活污水治理的跨地区政策措施，并就市町村采取的生活污水治理相关政策措施进行综合协调。

3 国家必须努力普及生活污水排放导致公共水域水质污染的相关知识，并为推进地方政府所采取的生活污水治理政策措施而提供技术上、财政上的必要支持。

（国民的责任和义务）

第十四条之六 为保护公共水域水质，任何人均必须注意正确进行厨余垃圾、废食用油的处理以及洗涤剂的使用等，并配合国家及地方政府进行的生活污水治理。

（生活污水排放者的努力）

第十四条之七 生活污水排放者除应根据《下水道法》及其他法律规定，采取生活污水处理相关措施外，还必须努力完善有助于降低生活污水对公共水域水质污染负荷的设施。

（生活污水治理重点地区的指定等）

第十四条之八 在下列公共水域中，都道府县知事认为为防止生活污水排放导致该公共水域水质污染而尤其需要推进实施生活污水治理时，必须在与该公共水域水质污染相关的该都道府县区域内，指定生活污水治理重点地区：

一 水质环境标准目前明显得不到保障、或明显可能得不到保障的公共水域；

二 除前一项所列情况外，水质污染明显加剧，或明显有可能加剧，但基于自然和社会条件，水质保护又尤其重要的公共水域。

2 都道府县知事拟指定生活污水治理重点地区时，必须事先听取相关市町村长的意见。

3 拟指定为生活污水治理重点地区的地区，其相关公共水域如涉及其他都府县区域，则都府县知事必须将拟指定事宜通知该其他都府县的都府县知事。

4 都道府县知事指定生活污水治理重点地区后，必须对其予以公布，并将该生活污水治理重点地区通知到该区域内的市町村（以下称“推进生活污水治理的市町村”）。

5 前三款规定同样适用于生活污水治理重点地区的变更。

（生活污水治理推进计划的制定等）

第十四条之九 推进生活污水治理的市町村必须制定生活污水治理重点地区的生活污水治理推进计划（以下称“生活污水治理推进计划”）。

2 生活污水治理推进计划必须确定下列事项。

一 推进实施生活污水治理的基本方针；

二 生活污水处理设施建设相关事项。

3 在生活污水治理推进计划中，除前款各项所列事项外，还应努力确定生活污水治理宣传教育相关事项。

4 推进生活污水治理的市町村拟制定生活污水治理推进计划时，必须与该生活污水治理重点地区内的其他推进生活污水治理的市町村努力相互配合。

5 推进生活污水治理的市町村拟制定生活污水治理推进计划时，必须事先通知指定该生活污水治理重点地区的都道府县知事。

6 接到前款通知的都道府县知事可以就推进生活污水的治理，对该市町村提出建议，在认为尤其有必要时，可以就其推进工作提出劝告。

7 推进生活污水治理的市町村制定生活污水治理推进计划后，必须公布其内容。

8 第四款至前款的规定同样适用于生活污水治理推进计划的变更。

（生活污水治理推进计划的推进）

第十四条之十 推进生活污水治理的市町村必须与该生活污水治理重点地区内的其他推进生活污水治理的市町村相互配合，按照生活污水治理推进计划所规定的推进实施生活污水治理相关基本方针，努力完善生活污水处理设施，开展生活污水治理相关宣传教育，以及采取其他实施生活污水治理所需要的措施。

（指导）

第十四条之十一　推进生活污水治理的市町村长在认为为推进生活污水治理推进计划而有必要时，可以在其生活污水治理重点地区，对生活污水排放者进行指导，提出建议及劝告。

第三章　水质污染状况的监控等

（日常监控）

第十五条　都道府县知事必须根据环境省令的规定，对公共水域及地下水的水质污染（放射性物质导致的污染除外。第十七条正文亦同）状况进行日常监控。

2 都道府县知事必须根据环境省令的规定，向环境大臣报告本条正文的日常监控结果。

3 环境大臣必须根据环境省令的规定，对放射性物质（仅限环境省令规定的物质。第十七条第二款亦同）引起的公共水域及地下水水质污染状况进行日常监控。

（检测计划）

第十六条　都道府县知事应每年与国家的地方行政机构长官协商，制定属于该都道府县区域的公共水域及该区域地下水的水质检测计划（以下称“检测计划”）。

2 检测计划应就国家及地方政府实施的该公共水域及地下水水质检测，规定应予检测的事项、检测地点、方法及其他必要事项。

3 为按每一个指定水域掌握流入该指定水域的水污染负荷总量，环境大臣可以就都道府县知事在检测计划制定上应予遵循的事项做出指示。

4 国家及地方政府应按照检测计划，对该公共水域及地下水水质进行检测，并将检测结果送交都道府县知事。

（协助检测）

第十六条之二 地方政府长官认为有必要进行前一条第四款的地下水水质检测时，可以要求水井的设置者协助进行地下水水质检测。

（公布）

第十七条 都道府县知事必须根据环境省令的规定，公布属于该都道府县区域的公共水域及该区域地下水水质污染状况。

2 环境大臣必须根据环境省令的规定，公布放射性物质引起的公共水域及地下水水质污染状况。

（紧急措施）

第十八条 都道府县知事在属于该都道府县区域的公共水域的部分区域因异常缺水及其他与之相当的事由而导致公共水域水质污染明显，发生属于政令规定的可能危害人体健康及生活环境的事态时，在将该事态告知公众的同时，还可以根据环境省令的规定，命令发生该事态的该部分区域的废水排放者限期减少废水排放，或采取其他必要措施。

第四章 损害赔偿

（无过失责任）

第十九条 因工厂或业务场所排放或向地下渗透含有业务活动产生的有害物质的污水或废液，导致人的生命或身体健康遭受侵害时，与该排放或地下渗透相关的企业应对由此产生的损害承担赔偿责任。

2 一种物质成为新的有害物质时，本条正文的规定适用于该物质成为有害物质之日以后，以该物质包含在污水或废液之中的状态排放，或向地下渗透所造成的损害。

第二十条 前一条正文规定的损害因两家以上企业排放或向地下渗透含有害物质的污水或废液而产生，对于该损害赔偿责任，适用于《民法》（1896年法律第89号）第七百一十九条正文规定时，关于该损害的产生，如存在被认为责任程度明显轻微的企业，则法院可以在认定其损害赔偿金额时予以酌情考虑。

（赔偿的酌情考虑）

第二十条之二 关于第十九条正文规定的损害产生，如源于天灾及其他不可抗力的冲突，则法院在认定损害赔偿的责任及金额时，可对其予以酌情考虑。

（失效期限）

第二十条之三 关于第十九条正文规定的损害赔偿请求权，自受害方或其法定代理人获知损害及赔偿义务方之时起，如三年内未行使该权利，则请求权因时效而消灭。损害发生满二十年后亦如此。

（其他法律的适用）

第二十条之四 关于第十九条正文规定的损害赔偿责任，如适用于《矿业法》（1950年法律第289号）或《关于洗煤业的法律》（1958年法律第134号），则依照各自的法律规定。

（不予适用）

第二十条之五 本章规定不适用于从事企业业务活动的人员因工作而导致的负伤、疾病及死亡。

第五章　杂　项

（都道府县审议会等合议制机构的调查审议等）

第二十一条　关于属于都道府县区域的公共水域及该区域地下水水质污染防治相关重要事项，可以由根据《环境基本法》第四十三条规定而设置的审议会等合议制机构按照都道府县知事提出的咨询，进行调查审议，并向都道府县知事陈述意见。

2 在本条正文的情况下，应按照政令规定的标准，在《环境基本法》第四十三条第二款的条例中，对开展本条正文事务所需要的该款审议会等合议制机构的组织运营做出特别规定。

（报告及检查）

第二十二条　环境大臣及都道府县知事可以在施行本法的必要限度内，根据政令规定，要求特定业务场所、贮藏有害物质的指定业务场所的设置者或原设置者报告特定设施或贮藏有害物质的指定设施情况、污水等处理方法及其他必要事项，或派其工作人员进入该特定业务场所或贮藏有害物质的指定业务场所，检查特定设施、贮藏有害物质的指定设施及其他物品。

2 环境大臣及都道府县知事可以在施行本法的必要限度内，要求在指定地区内从事业务活动并向公共水域排放污水、废液等物质，导致污染负荷量增加的政令规定排放者（尾水排放者除外）报告污水、废液等处理方法及其他必要事项。

3 环境大臣根据本条上述规定要求提交报告，或派其工作人员实施现场检查，应在被认为为防止公共水域及地下水水质污染危害人体健康及生活环境而有紧急需要的情况下进行。

4 根据本条正文规定实施现场检查的工作人员必须随身携带证明其身份的证件，并向有关人员出示。

5 基于本条正文规定的现场检查权限不得解释为为实施犯罪搜查而受认可的权限。

（不予适用）

第二十三条 对于下表左栏所列主体，该表中栏所列业务场所及设施不适用于该表右栏的规定，而应依照《矿山安全保障法》（1949 年法律第 70 号）、《电力事业法》（1964 年法律第 170 号）以及《关于防止海洋污染及海上灾害的法律》（1970 年法律第 136 号）的相应规定。

一 设置属于《矿山安全保障法》第十三条正文的经济产业省令规定设施（以下称“矿山设施”）的特定设施的、该法第二条第二款正文规定的矿山设置者（渗透特定地下渗水者除外）	该矿山	第五条至第十一条、第十四条第三款、第十四条之二正文及第四款
二 设置属于矿山设施的使用有害物质的特定设施的、《矿山安全保障法》第二条第二款正文规定的由矿山向地下渗透特定地下渗水者	该矿山	第五条第二款、第六条、第七条、第八条正文、第九条至第十一条、第十四条之二正文及第四款
三 设置属于矿山设施的特定设施的、《矿山安全保障法》第二条第二款正文规定的矿山设置者	该矿山	第五条第三款、第六条、第七条、第八条第二款、第九条至第十一条、第十四条之二第二款及第四款
四 设置属于矿山设施的贮油等设施的、《矿山安全保障法》第二条第二款正文规定的矿山设置者	该矿山	第十四条之二第三款及第四款
五 设置属于《电力事业法》第二条正文第十八项规定的电力设备（以下称“电力设备”）的特定设施的工厂或业务场所的设置者（渗透特定地下渗水者除外）	该特定设施	第五条至第十一条、第十四条第三款、第十四条之二正文及第四款
六 从设置属于电力设备的使用有害物质的特定设施的工厂或业务场所向地下渗透特定地下渗水者	使用有害物质的该特定设施	第五条第二款、第六条、第七条、第八条正文、第九条至第十一条、第十四条之二正文及第四款
七 设置属于电力设备的指定设施的工厂或业务场所设置者	该指定设施	第五条第三款、第六条、第七条、第八条第二款、第九条至第十一条、第十四条之二第二款及第四款

八 设置属于电力设备的贮油等设施的工厂或业务场所设置者	该贮油设施等	第十四条之二第三款及第四款
九 设置属于《关于防止海洋污染及海上灾害的法律》第三条第十四项所规定的废油处理设施（以下称“废油处理设施”）的特定设施的工厂或业务场所设置者（渗透特定地下渗水者除外）	该特定设施	第五条至第十一条、第十四条第三款、第十四条之二正文及第四款
十 从设置属于废油处理设施的使用有害物质的特定设施的工厂或业务场所向地下渗透特定地下渗水者	使用有害物质的该特定设施	第五条第二款、第六条、第七条、第八条正文、第九条至第十一条、第十四条之二正文及第四款
十一 设置属于废油处理设施的指定设施的工厂或业务场所设置者	该指定设施	第五条第三款、第六条、第七条、第八条第二款、第九条至第十一条、第十四条之二第二款及第四款
十二 设置属于废油处理设施的贮油等设施的工厂或业务场所设置者	该贮油设施等	第十四条之二第三款及第四款
十三 设置属于《关于防止海洋污染及海上灾害的法律》第三条第三项所规定的海洋等设施（废油处理设施除外）的贮油等设施的工厂或业务场所设置者	该贮油设施等	第十四条之二第三款及第四款

2 基于本条正文规定的法律而拥有相应权限的国家行政机构长官（在本条中，以下简称“行政机构长官”）接到根据相当于第五条、第七条、第十条、第十一条第三款及第十四条第三款规定的《矿山安全保障法》或《电力事业法》规定，由本条正文做出规定的特定设施及指定设施的许可或认可申请与申报后，应将该许可或认可申请、申报相关事项中、以这些规定为依据的申报事项通知给对该特定设施及指定设施的设置工厂或业务场所所在地实施管辖的都道府县知事。

3 都道府县知事认为本条正文规定的特定设施相关废水或特定地下渗水、该款规定的指定设施向地下渗透的含有害物质的废水对公共水域及地下水水质造成污染，可能危害人体健康及生活环境时，可以要求行政机构长官根据相当于第八条及第八条之二的规定的《矿山安全保障法》《电力事业法》以及《关于防止海洋污染及海上灾害的法律》的规定，采取相应措施。

4 行政机构长官接到基于前款规定的要求后，应将采取的措施通知给该都道府县知事。

5 都道府县知事在以下情况下，必须事先与行政机构长官进行协商：根据第十三条正文或第三款、第十三条之二正文、第十三条之三正文、第十四条之三正文或第二款规定，对本条正文表格第一项及第五项左栏所列主体发出命令时；根据第十三条之二正文、第十四条之三正文或第二款规定，对上述表格第二项、第六项左栏所列主体发出命令时；根据第十三条之三正文规定，对上述表格第三项、第七项及第十一项左栏所列主体发出命令时；根据第十三条正文或第三款、第十三条之二正文及第十三条之三正文规定，对上述表格第九项左栏所列主体发出命令时；根据第十三条之二正文规定，对上述表格第十项左栏所列主体发出命令时。

（要求提交资料等）

第二十四条　环境大臣认为为达到本法之目的而有必要时，可以要求相关地方政府长官提交必要资料，以及做出说明。

2 都道府县知事认为为达到本法之目而有必要时，可以要求相关行政机构长官及相关地方政府长官送交必要资料，提供其他协助，或就公共水域及地下水水质污染防治陈述意见。

3 关于本法的施行，河流管理者（指《河流法》（1964 年法律第 167 号）第七条所规定的河流管理者）、港湾管理者（指《港湾法》（1950 年法律第 218 号）第二条正文所规定的港湾管理者）等从事公共水域管理的政令规定主体认为在该公共水域的管理上有必要时，可以就该公共水域的水质污染防治向都道府县知事陈述意见。

（环境大臣的指示）

第二十四条之二　环境大臣认为为防止公共水域及地下水水质污染危

害人体健康而有紧急需要时，可以就下列事务向都道府县知事及第二十八条正文的政令规定市（包含特别区）市长做出必要指示：

一 与第八条、第八条之二、第十三条正文及第三款、第十三条之二正文、第十三条之三正文、第十四条之二第四款、第十四条之三正文及第二款以及第十八条所规定的命令相关的事务；

二 与第十三条之四所规定的指导、建议及劝告相关的事务；

三 与第二十三条第三款所规定的要求相关的事务；

四 与前一条第二款所规定的要求协助或陈述意见相关的事务。

（国家支援）

第二十五条 为帮助防治公共水域及地下水水质污染，对于特定业务场所设置或改进污水等处理设施，国家应努力提供必要的资金筹措、技术建议等支援。

2 采取本条正文的措施时，必须对中小企业做出特殊考虑。

（研究的推进）

第二十六条 国家应努力推进污水等处理技术研究、污水等对人体健康及生活环境影响的研究以及防治公共水域及地下水水质污染的其他相关研究，并推广研究成果。

（过渡措施）

第二十七条 根据本法规定而制定、修订或废止命令时，在认为因该命令制定、修订或废止而有必要的合理范围内，可以确定必要的过渡措施（包括与罚则相关的过渡措施）。

（权限的委托）

第二十七条之二 本法所规定的环境大臣的权限可以根据环境省令的规定，委托给地方环境事务所所长。

（政令规定市市长的事务处理）

第二十八条 根据本法规定而属于都道府县知事权限的部分事务（第四条之三正文、第四条之五正文及第二款、第十四条之八正文、第十四条之九第六款、第十六条正文所规定的事务除外）可以根据政令规定，由政令规定市（包含特别区。下一款亦同）的市长处理。

2 本条正文的政令规定市的市长必须将环境省令有规定的、施行本法的必要事项通知都道府县知事。

（事务划分）

第二十八条之二 根据第四条之五正文及第二款、第十五条正文及第二款、第十六条正文规定而划归都道府县处理的事务，为《地方自治法》（1947 年法律第 67 号）第二条第九款第一项所规定的第一项法定受托事务。

（与条例的关系）

第二十九条 本法的规定不妨碍地方政府就下列事项制定条例，对必要的管控做出规定：

一 关于废水：第二条第二款第二项规定项目所示的水污染状态之外的水污染状态（有害物质引起的除外）相关事项；

二 关于特定地下渗水：有害物质导致的污染状态之外的水污染状态相关事项；

三 关于从特定业务场所之外的工厂或业务场所排放至公共水域的废水：有害物质以及第二条第二款第二项规定项目所示的水污染状态相关事项；

四 关于从特定业务场所之外的工厂或业务场所渗透至地下的渗水：有害物质导致的水污染状态相关事项。

第六章　罚　则

第三十条　违反基于第八条、第八条之二、第十三条正文或第三款、第十三条之二正文、第十三条之三正文、第十四条之三正文或第二款规定的命令的，处一年以下有期徒刑或一百万日元以下罚金。

第三十一条　有下列情形之一的，处六个月以下有期徒刑或五十万日元以下罚金：

一 违反第十二条正文规定的；

二 违反基于第十四条之二第四款或第十八条规定的命令的。

2 因过失而犯有本条正文第一项之罪行的，处三个月以下监禁或三十万日元以下罚金。

第三十二条　未根据第五条及第七条规定做出申报，或做出虚假申报的，处三个月以下有期徒刑或三十万日元以下罚金。

第三十三条　有下列情形之一的，处三十万日元以下罚金：

一 未根据第六条规定做出申报，或做出虚假申报的；

二 违反第九条正文规定的；

三 违反第十四条正文、第二款或第五款规定，未做出记录，做出虚假记录，或未保存记录的；

四 未根据第二十二条正文或第二款规定做出报告，或做出虚假报告，以及抗拒、妨碍或逃避基于该条正文规定的检查的。

第三十四条　法人代表、法人或个人代理人、雇佣者及其他从业人员就该法人或个人业务做出违反前四条的行为时，除处罚行为人之外，还将对该法人或个人处以相应各条的罚金刑。

第三十五条　未根据第十条、第十一条第三款或第十四条第三款规定做出申报，或做出虚假申报的，处十万日元以下的过失罚款。

水质污染防治法施行令

1971 年 6 月 17 日　政令第 188 号
最终修订　2017 年 11 月 27 日　政令第 286 号

（特定设施）

第一条　《水质污染防治法》（以下称“法律”）第二条第二款的政令规定设施为附表一所列设施。

（镉等物质）

第二条　法律第二条第二款第一项的政令规定物质为下列物质：

一　镉及其化合物；

二　氰化物；

三　有机磷化合物（仅限 0,0- 二乙基 -0-（4- 硝基苯基）硫代磷酸酯（别称“对硫磷”）、0,0- 二甲基 -0-（4- 硝基苯基）硫代磷酸酯（别称“甲基对硫磷”）、0,0- 二甲基 -0-［2-（乙硫基）乙基］硫代磷酸脂（别称“甲基内吸磷”）以及 0- 乙基 -0- 对硝基苯基硫逐磷酸酯（别称“EPN”））；

四　铅及其化合物；

五　六价铬化合物；

六　砷及其化合物；

七　汞、烷基汞及其他汞化合物；

八　多氯联苯；

九　三氯乙烯；

十　四氯乙烯；

十一　二氯甲烷；

十二　四氯化碳；

十三　1,2- 二氯乙烷；

十四 1,1- 二氯乙烯；

十五 1,2- 二氯乙烯；

十六 1,1,1- 三氯乙烷；

十七 1,1,2- 三氯乙烷；

十八 1,3- 二氯丙烯；

十九 四甲基秋兰姆化二硫（别称“秋兰姆”）；

二十 2- 氯 -4,6- 双（乙胺基）均三氮苯（别称“西玛津”）；

二十一 N,N- 二乙基硫代氨基甲酸对氯苄酯（别称“杀草丹”）；

二十二 苯；

二十三 硒及其化合物；

二十四 硼及其化合物；

二十五 氟及其化合物；

二十六 氨、氨化合物、亚硝酸化合物及硝酸化合物；

二十七 氯乙烯单体；

二十八 1,4- 二噁烷。

（氢离子浓度等项目）

第三条 法律第二条第二款第二项的政令规定项目为下列项目：

一 氢离子浓度；

二 生化需氧量及化学需氧量；

三 悬浮物质含量；

四 正已烷萃取物质含量；

五 苯酚类含量；

六 铜含量；

七 锌含量；

八 可溶性铁含量；

九 可溶性锰含量；

十 铬含量；

十一 大肠菌群数；

十二 氮、磷含量（仅限环境省令所规定的、可能导致湖泊浮游植物或海洋浮游植物明显增殖的情况。第四条之二亦同）。

2 环境大臣拟制定本条正文第十二项的环境省令时，必须与相关行政机构长官协商。

（指定地区特定设施）

第三条之二 法律第二条第三款的政令规定设施是：按照《建筑标准法施行令》（1950 年政令第三百三十八号）第三十二条正文表格规定算法计算得出的、处理覆盖人数为 201 人以上、500 人以下的化粪池。

（指定物质）

第三条之三 法律第二条第四款的政令规定物质为下列物质：

一 甲醛；

二 联氨；

三 羟胺；

四 过氧化氢；

五 氯化氢；

六 氢氧化钠；

七 丙烯腈；

八 氢氧化钾；

九 丙烯酰胺；

十 丙烯酸；

十一 次氯酸钠；

十二 二硫化碳；

十三 乙酸乙酯；

十四 甲基叔丁基醚（别称 MTBE）；

十五 硫酸；

十六 碳酰氯；

十七 1,2- 二氯丙烷；

十八 氯磺酸；

十九 氯化亚砜；

二十 三氯甲烷；

二十一 硫酸二甲酯；

二十二 三氯硝基甲烷；

二十三 2,2- 二氯乙烯基二甲基磷酸酯（别称敌敌畏或 DDVP）；

二十四 S-（2- 乙基亚硫酰基 -1- 甲基乙基）0,0- 二甲基硫赶磷酸酯（别称“异砜磷”或“ESP”）；

二十五 甲苯；

二十六 表氯醇；

二十七 苯乙烯；

二十八 二甲苯；

二十九 对二氯苯；

三十 邻仲丁基苯基甲基氨基甲酸酯（别称“仲丁威”或“BPMC”）；

三十一 3,5- 二氯 -N-（1,1- 二甲基丙炔基）苯甲酰胺（别称“戊炔草胺”）；

三十二 四氯间苯二腈（别称“百菌清”或“TPN”）；

三十三 0,0- 二甲基 -0-（3- 甲基 -4- 硝基苯基）硫代磷酸酯（别称“杀螟松”或“MEP”）；

三十四 0,0- 二异丙基 -S- 苄基硫化磷酸酯（别称“异稻瘟净”或“IBP”）；

三十五 1,3- 二硫杂环戊烷 -2- 叉丙二酸二异丙酯（别称“稻瘟灵”）；

三十六 0,0- 二乙基 -0-（2- 异丙基 -4- 甲基嘧啶 -6- 基）硫代磷酸酯（别称“二嗪农”）；

三十七 0,0- 二乙基 0-5- 苯基异蟋唑 -3- 基硫逐磷酸酯（别称“恶唑磷”）；

三十八 2,4,6- 三氯苯基 -4’硝基苯基醚（别称“草枯醚”或“CNP”）；

三十九 0,0- 二乙基 -0-（3,5,6- 三氯 -2- 吡啶基）硫代磷酸酯（别称“毒死蜱”）；

四十 邻苯二甲酸二（2- 乙基己基）酯；

四十一 乙基（Z）-N- 苄基 -N-［（甲基（1- 甲硫基亚乙基氨基 - 氧羰基）氨基）硫］-B 丙氨酸酯（别称“棉铃威”）；

四十二 1,2，4,5,6,7,8,8- 八氯 -2,3,3a,4,7,7a- 六氢化 -4,7- 亚甲茚（别称“氯丹”）；

四十三 溴；

四十四 铝及其化合物；

四十五 镍及其化合物；

四十六 钼及其化合物；

四十七 锑及其化合物；

四十八 氯酸及氯酸盐；

四十九 溴酸及溴酸盐；

五十 铬及其化合物（六价铬化合物除外）；

五十一 锰及其化合物；

五十二 铁及其化合物；

五十三 铜及其化合物；

五十四 锌及其化合物；

五十五 苯酚类及其盐类；

五十六 1,3,5,7- 四氮杂三环［3.3.1.1.（3,7）］癸烷（别称“六亚甲基四胺”）。

(油类)

第三条之四 法律第二条第五款的政令规定油类为下列油类：

一 原油；

二 重油；

三 润滑油；

四 轻油；

五 煤油；

六 挥发油；

七 动植物油。

（贮油设施等）

第三条之五 法律第二条第五款的政令规定设施为下列设施：

一 贮藏前一条所列油类的贮油设施；

二 对含前一条所列油类的废水实施处理的水油分离设施。

（废水排放标准的条例标准）

第四条 关于法律第三条第三款的政令规定标准，如已制定关于水质污染环境条件的《环境基本法》（1993 年法律第 91 号）第十六条正文的标准（以下称“水质环境标准”），则在法律第三条第三款规定的条例（在根据《关于农业用地土壤污染防治的法律》（1970 年法律第 139 号）第三条正文规定而指定的治理地区，为防止该法第二条第三款的特定有害物质污染该地区的农业用地土壤，不以水质环境标准为标准而制定的条例规定除外）中，应规定维持水质环境标准所需要的足够的允许限度。

（指定项目、指定水域及指定地区）

第四条之二 法律第四条之二正文的政令规定项目如下表左栏所示。该款的政令规定水域为按各项目列出的该表中栏所示水域，该款的政令规定地区为按各水域列出的该表右栏所示地区。

<table>
<tr><td rowspan="2">化学需氧量</td><td>由馆山市洲埼至三浦市剑埼的连线及陆地所包围的海域</td><td>附表二第二项所列区域</td></tr>
<tr><td>由爱知县伊良湖岬至三重县大王埼的连线及陆地所包围的海域</td><td>附表二第二项所列区域</td></tr>
<tr><td rowspan="3">氮、磷含量</td><td>由馆山市洲埼至三浦市剑埼的连线及陆地所包围的海域</td><td>附表二第一项所列区域</td></tr>
<tr><td>由爱知县伊良湖岬至三重县大王埼的连线及陆地所包围的海域</td><td>附表二第二项所列区域</td></tr>
<tr><td>由和歌山县纪伊日之御埼灯塔经德岛县伊岛、前岛至蒲生田岬的连线、由爱媛县高茂埼至大分县鹤御埼的连线、由山口县特牛灯塔至该县角岛通濑埼的连线、由角岛通濑埼至福冈县妙见埼灯塔的连线及陆地所包围的海域</td><td>附表二第三项所列区域</td></tr>
</table>

（法律第四条之二第二款第二项所示总量）

第四条之三 关于法律第四条之二第二款第二项所示的总量，应以该指定地区的人口、产业动向等自然社会条件为基础，考虑为削减各种污染源的污染负荷量所采取的措施，针对目标年度预计排放至公共水域的各种废水的污染源污染负荷量，就目标年度的污水及废液预计处理技术水平、下水道建设及污水废液处理设施设置情况等予以斟酌，本着在可行的范围内尽力削减的原则，计算求得预计流入该指定水域的废水污染负荷量的总量。

（贮藏有害物质的指定设施）

第四条之四 法律第五条第三款的政令规定指定设施为贮藏第二条规定物质等液体物质的指定设施。

（法律第十二条第二款的政令规定设施）

第五条 法律第十二条第二款（包括在法律第十三条第二款中同样适用的情况）的政令规定设施为附表三所列设施。

（紧急情况）

第六条 法律第十八条的政令规定情况为：在该条规定的区域，因异常缺水、潮流变化及其他类似自然条件的变化，出现公共水域水质污染超过相当于水质环境标准规定的水质污染程度两倍（如为第二条各项所列物质引起的水质污染，则为与该物质相关水质环境标准规定的水质污染程度相当的程度）的状态，并且该状态被认为将持续多日的情况。

（法律第二十一条第二款的政令规定标准）

第七条 法律第二十一条第二款的政令规定标准为下列标准：

一 根据《环境基本法》第四十三条规定而设置的审议会等合议制机构（在本条中，以下称“审议会等”）在处理法律第二十一条正文的事务时，可以将国家的相关地方行政机构长官及其指派职员（下一项称“国家相关地方行政机构的长官等”）纳入开展审议会等组织工作的委员、与该委员共同处理其事务的临时委员以及其他特别委员之中；

二 审议会等设有对法律第二十一条正文事务相关事项进行调查审议的分会等合议制组织时，该合议制组织的委员中，可以包含国家相关地方行政机构的长官等。

（报告及检查）

第八条 环境大臣及都道府县知事可以根据法律第二十二条正文的规定，要求特定业务场所的设置者（仅限从该特定业务场所排放废水或渗透特定地下渗水者。在本款中，以下同）或原设置者，报告特定设施的使用方法、污水等处理方法、废水的污染状态及排放量（如与指定地区内的特定业务场所有关，则包括各类排水系统的污染状态及排放量）、特定地下渗水的渗透方式以及法律第五条正文第九项、该条第二款第八项的环境省令规定事项。

2 环境大臣及都道府县知事可以根据法律第二十二条正文的规定，要求特定业务场所或贮藏有害物质的指定业务场所的设置者（符合本条正文规定的除外。在本款中，以下同）或原设置者，报告特定设施及贮藏有害物质的指定设施的使用方法以及法律第五条第三款第六项的环境省令规定事项。

3 环境大臣及都道府县知事可以根据法律第二十二条正文的规定，派其工作人员进入特定业务场所或贮藏有害物质的指定业务场所，检查特定设施及污水等处理设施、贮藏有害物质的指定设施及其相关设施、特定设施使用的原料、贮藏有害物质的指定设施的贮藏物品、该特定业务场所场地内的土壤、地下水以及相关账簿文件。

4 关于本条正文及第二款规定的报告以及前款规定的检查，对于法律第二十三条正文规定的特定设施或指定设施，应在认为为行使法律第十三条正文或第三款、第十三条之二正文、第十三条之三正文、第十四条之三正文或第二款、第十八条及第二十三条第三款规定的权限而有必要的情况下进行。

5 法律第二十二条第二款的政令规定排放者为附表四所列设施的设置者。

（公共水域管理者）

第九条 法律第二十四条第三款的政令规定主体为下列主体：

一 对根据《河流法》（1964 年法律第 167 号）第一百条正文规定而指定的河流实施管理的市町村长；

二 公共下水道管理者（指《下水道法》（1958 年法律第 79 号）第四条正文所规定的公共下水道管理者，法律第二条正文所规定的公共下水道管理者除外）以及城市下水道管理者（指《下水道法》第二十七条正文所规定的城市下水道管理者）；

三 渔港管理者（指根据《渔港渔场建设法》（1950 年法律第 137 号）第二十五条规定而确定的地方政府）；

四 对《水产资源保护法》（1951 年法律第 313 号）第十四条所规定的保护水面实施管理的都道府县知事及农林水产大臣；

五 根据《土地改良法》（1949 年法律第 195 号），对农业供排水设施实施管理的国家、都道府县、市町村及土地改良区。

（政令规定市市长的事务处理）

第十条 法律规定属都道府县知事权限的事务中，下列事务由《地方自治法》（1947 年法律第 67 号）第二百五十二条之十九正文的指定城市市长、该法第二百五十二条之二十二正文的核心市市长以及市川市、松户市、市原市、町田市、藤泽市以及德岛市市长（在本条中，以下称“指定城市市长等”）处理。在此情况下，法律及本政令中，涉及上半段规定事务的都道府县知事相关规定应作为对指定城市市长等做出的规定，适用于指定城市市长等。

一　基于法律第五条至第七条、第十条、第十一条第三款、第十四条第三款、第十四条之二正文至第三款规定的申报受理相关事务；

二　基于法律第八条、第八条之二、第十三条正文及第三款、第十三条之二正文、第十三条之三正文、第十四条之二第四款、第十四条之三正文及第二款以及第十八条规定的命令相关事务；

三　基于法律第九条第二款规定的、缩短该条正文期限的相关事务；

四　基于法律第十三条之四的规定的指导、建议及劝告相关事务；

五　基于法律第十五条正文规定的日常监控以及基于该条第二款规定的报告相关事务；

六　基于法律第十七条正文规定的公布相关事务；

七　基于法律第二十二条正文及第二款规定的要求报告以及基于该条正文规定的现场检查相关事务；

八　基于法律第二十三条第二款及第四款规定的通知受理相关事务；

九　基于法律第二十三条第三款规定的提出要求相关事务；

十　基于法律第二十三条第五款规定的协商相关事务；

十一　基于法律第二十四条第二款规定的要求协助、陈述意见以及基于该条第三款规定的听取意见相关事务。

附表一（与第一条相关）

一　用于矿业或洗煤业的下列设施：

1 选矿设施；

2 选煤设施；

3 矿井水中和沉淀设施；

4 挖掘用泥水分离设施。

一之二　用于畜牧农业或服务业的下列设施：

1 猪圈设施（猪圈总面积不足 50 平方米的业务场所的设施除外）；

2 牛棚设施（牛棚总面积不足 200 平方米的业务场所的设施除外）；

3 马厩设施（马厩总面积不足500平方米的业务场所的设施除外）。

二 用于畜牧食品制造业的下列设施：

1 原料处理设施；

2 清洗设施（包括洗瓶设施）；

3 水煮设施。

三 用于水产食品制造业的下列设施：

1 水产动物原料处理设施；

2 清洗设施；

3 脱水设施；

4 过滤设施；

5 水煮设施。

四 用于以蔬菜、果实为原料的保存食品制造业的下列设施：

1 原料处理设施；

2 清洗设施；

3 压榨设施；

4 水煮设施。

五 用于味噌酱、酱油、食用氨基酸、谷氨酸钠、酱汁或食醋制造业的下列设施：

1 原料处理设施；

2 清洗设施；

3 水煮设施；

4 浓缩设施；

5 精炼设施；

6 过滤设施。

六 用于面粉制造业的清洗设施。

七 用于砂糖制造业的下列设施：

1 原料处理设施；

2 清洗设施（包括清洗输送设施）；

3 过滤设施；

4 分离设施；

5 精炼设施。

八 用于面包或点心制造业、制馅业的粗制馅沉淀槽。

九 用于米果制造业或制曲业的洗米机。

十 用于饮料制造业的下列设施：

1 原料处理设施；

2 清洗设施（包括洗瓶设施）；

3 榨汁设施；

4 过滤设施；

5 水煮设施；

6 蒸馏设施。

十一 用于动物饲料及有机肥料制造业的下列设施：

1 原料处理设施；

2 清洗设施；

3 压榨设施；

4 真空浓缩设施；

5 水洗式除臭设施。

十二 用于动植物油脂制造业的下列设施：

1 原料处理设施；

2 清洗设施；

3 压榨设施；

4 分离设施。

十三 用于酵母制造业的下列设施：

1 原料处理设施；

2 清洗设施；

3 分离设施。

十四 用于淀粉或化工淀粉制造业的下列设施：

1 原料浸泡设施；

2 清洗设施（包括清洗输送设施）；

3 分离设施；

4 浆液收集池及类似设施。

十五 用于葡萄糖或麦芽糖制造业的下列设施：

1 原料处理设施；

2 过滤设施；

3 精炼设施。

十六 用于面类制造业的水煮设施。

十七 用于豆腐或煮豆制造业的水煮设施。

十八 用于速溶咖啡制造业的萃取设施。

十八之二 用于冷冻烹饪食品制造业的下列设施：

1 原料处理设施；

2 水煮设施；

3 清洗设施。

十八之三 用于香烟制造业的下列设施：

1 水洗式除臭设施；

2 清洗设施。

十九 用于纺织业及纤维产品制造业的下列设施：

1 煮茧设施；

2 下脚茧处理设施；

3 原料浸泡设施；

4 精炼机及精炼槽；

5 丝光处理机；

6 漂白机及漂白槽；

7 染色设施；

8 药液浸泡设施；

9 脱浆设施。

二十 用于洗毛业的下列设施：
1 洗毛设施；
2 碳化设施。
二十一 用于化纤制造业的下列设施：
1 湿法纺纱设施；
2 棉毛纤维及未精炼纤维的药液处理设施；
3 原料回收设施。
二十一之二 用于一般木材加工业及木屑制造业的湿法剥皮机。
二十一之三 用于胶合板制造业的粘接机清洗设施。
二十一之四 用于刨花板制造业的下列设施：
1 湿法剥皮机；
2 粘接机清洗设施。
二十二 用于木材药品处理业的下列设施：
1 湿法剥皮机；
2 药液浸泡设施。
二十三 用于纸浆、纸张及纸加工品制造业的下列设施：
1 原料浸泡设施；
2 湿法剥皮机；
3 碎木机；
4 蒸煮设施；
5 蒸煮废液浓缩设施；
6 碎屑清洗设施及纸浆清洗设施；
7 漂白设施；
8 抄纸设施（包括抄造设施）；
9 玻璃纸制膜设施；
10 湿法纤维板定型设施；
11 废气清洁设施。
二十三之二 用于报纸业、出版业、印刷业或制版业的下列设施：

1 自动胶片显影冲洗设施；

2 自动感光膜印刷版成像冲洗设施。

二十四 用于化肥制造业的下列设施：

1 过滤设施；

2 分离设施；

3 水洗式粉碎设施；

4 废气清洗设施；

5 湿法除尘设施。

二十五 删除。

二十六 用于无机颜料制造业的下列设施：

1 清洗设施；

2 过滤设施；

3 镉类无机颜料生产设施中的离心分离机；

4 群青生产设施中的水洗式分类设施；

5 废气清洗设施。

二十七 用于前项所列事业以外的无机化工产品制造业的下列设施：

1 过滤设施；

2 离心分离机；

3 硫酸生产设施中的亚硫酸气体冷却清洗设施；

4 活性炭及二硫化碳生产设施中的清洗设施；

5 二氧化硅生产设施中的盐酸回收设施；

6 氢氰酸生产设施中的反应设施；

7 制碘设施中的吸附设施及沉淀设施；

8 海水氧化镁生产设施中的沉淀设施；

9 钡化合物生产设施中的水洗式分类设施；

10 废气清洗设施；

11 湿法除尘设施。

二十八 用于电石法乙炔诱导物制造业的下列设施：

1 湿法乙炔气体发生装置；

2 乙酸酯生产设施中的清洗设施及蒸馏设施；

3 聚乙烯醇生产设施中的甲醇蒸馏设施；

4 丙烯酸酯生产设施中的蒸馏设施；

5 氯乙烯单体清洗设施；

6 氯丁二烯单体清洗设施。

二十九 用于煤焦油产品制造业的下列设施：

1 苯类硫酸清洗设施；

2 静置分离器；

3 苯酚钠硫酸分解设施。

三十 用于发酵工业（第五项、第十项及第十三项所列事业除外）的下列设施：

1 原料处理设施；

2 蒸馏设施；

3 离心分离机；

4 过滤设施。

三十一 用于甲烷诱导物制造业的下列设施：

1 甲醇及四氯化碳生产设施中的蒸馏设施；

2 甲醛生产设施中的精炼设施；

3 氟隆气生产设施中的清洗设施及过滤设施。

三十二 用于有机颜料及合成染料制造业的下列设施：

1 过滤设施；

2 颜料及染色色淀生产设施中的水洗设施；

3 离心分离机；

4 废气清洗设施。

三十三 用于合成树脂制造业的下列设施：

1 缩合反应设施；

2 水洗设施；

3 离心分离机；

4 静置分离器；

5 氟树脂生产设施中的气体冷却清洗设施及蒸馏设施；

6 聚丙烯生产设施中的溶剂蒸馏设施；

7 中压法及低压法聚乙烯生产设施中的溶剂回收设施；

8 采用聚丁烯的酸或碱的处理设施；

9 废气清洗设施；

10 湿法除尘设施。

三十四 用于合成橡胶制造业的下列设施：

1 过滤设施；

2 脱水设施；

3 水洗设施；

4 乳胶浓缩设施；

5 丁苯橡胶、丁腈橡胶及聚丁二烯橡胶生产设施中的静置分离器。

三十五 用于有机橡胶药品制造业的下列设施：

1 蒸馏设施；

2 分离设施；

3 废气清洗设施。

三十六 用于合成洗涤剂制造业的下列设施：

1 废酸分离设施；

2 废气清洗设施；

3 湿法除尘设施。

三十七 用于前六项所列事业以外的石油化学工业（指通过石油或石油副产气体中碳氢化合物的分解、分离等化学处理，生产碳氢化合物以及碳氢化合物诱导物的制造业，第五十一项所列事业除外）的下列设施：

1 清洗设施；

2 分离设施；

3 过滤设施；

4 丙烯腈生产设施中的速冻设施及蒸馏设施；

5 乙醛、丙酮、己内酰胺、对苯二甲酸或甲苯二胺生产设施中的蒸馏设施；

6 烷基苯生产设施中采用酸或碱的处理设施；

7 异丙醇生产设施中的蒸馏设施及硫酸浓缩设施；

8 环氧乙烷及乙二醇生产设施中的蒸馏设施及浓缩设施；

9 2- 乙基己醇及异丁醇生产设施中的缩合反应设施及蒸馏设施；

10 环己酮生产设施中采用酸或碱的处理设施；

11 亚苄基二异氰酸酯及邻苯二甲酸酐生产设施中的气体冷却清洗设施；

12 正链烷烃生产设施中采用酸或碱的处理设施及甲醇蒸馏设施；

13 环氧丙烷或丙二醇的皂化器；

14 甲基乙基酮生产设施中的水蒸气冷凝设施；

15 甲基丙烯酸甲酯生产设施中的反应设施及甲醇回收设施；

16 废气清洗设施。

三十八 用于肥皂制造业的下列设施：

1 原料精炼设施；

2 盐析设施。

三十八之二 用于表面活性剂制造业的反应设施（仅限产生 1,4- 二氧六环的设施，无清洗装置的除外）。

三十九 用于淬火油制造业的下列设施：

1 脱氧设施；

2 除臭设施。

四十 用于脂肪酸制造业的蒸馏设施。

四十一 用于香料制造业的下列设施：

1 清洗设施；

2 提炼设施。

四十二 用于明胶及动物胶制造业的下列设施：

1 原料处理设施；

2 石灰浸泡设施；

3 清洗设施。

四十三 用于照片感光材料制造业的感光剂清洗设施。

四十四 用于天然树脂产品制造业的下列设施：

1 原料处理设施；

2 脱水设施。

四十五 用于木材化工业的糠醛蒸馏设施。

四十六 第二十八项至前项所列事业以外的、用于有机化工产品制造业的下列设施：

1 水洗设施；

2 过滤设施；

3 联氨生产设施中的浓缩设施；

4 废气清洗设施。

四十七 用于药品制造业的下列设施：

1 动物原料处理设施；

2 过滤设施；

3 分离设施；

4 混合设施（仅限对含有第二条各项所列物质的物品进行混合的设施，以下同）；

5 废气清洗设施。

四十八 用于火药制造业的清洗设施。

四十九 用于农药制造业的混合设施。

五十 用于含第二条各项所列物质的试剂制造业的试剂制造设施。

五十一 用于石油加工业（包括润滑油再生业）的下列设施：

1 脱盐设施；

2 原油常压蒸馏设施；

3 脱硫设施；

4 挥发油、煤油或轻油的清洗设施；

5 润滑油清洗设施。

五十一之二 用于汽车轮胎或汽车内胎制造业、橡胶软管制造业、工业用橡胶产品制造业（防震橡胶制造业除外）、再生轮胎制造业及橡胶板制造业的直接加硫设施。

五十一之三 用于医疗卫生橡胶产品制造业、橡胶手套制造业、橡胶线制造业及橡皮带制造业的乳胶成形机清洗设施。

五十二 用于皮革制造业的下列设施：

1 清洗设施；

2 石灰浸泡设施；

3 丹宁浸泡设施；

4 铬浴设施；

5 染色设施。

五十三 用于玻璃及玻璃产品制造业的下列设施：

1 研磨清洗设施；

2 废气清洗设施。

五十四 用于水泥产品制造业的下列设施：

1 抄造设施；

2 成形机；

3 水养护设施（包括蒸汽养护设施）。

五十五 用于预拌混凝土制造业的进料量斗装置。

五十六 用于有机沙质墙壁材料制造业的混合设施。

五十七 用于人造石墨电极制造业的定型设施。

五十八 用于窑业原料（包括釉原料）加工业的下列设施：

1 水洗式粉碎设施；

2 水洗式分类设施；

3 酸处理设施；

4 脱水设施。

五十九 用于碎石业的下列设施：

1 水洗式粉碎设施；

2 水洗式分类设施。

六十 用于砂石开采业的水洗式分类设施。

六十一 用于钢铁业的下列设施：

1 焦油及液化气分离设施；

2 气体冷却清洗设施；

3 轧钢设施；

4 淬火设施；

5 湿法除尘设施。

六十二 用于有色金属制造业的下列设施：

1 还原槽；

2 电解设施（熔融盐电解设施除外）；

3 淬火设施；

4 汞加工设施；

5 废气清洗设施；

6 湿法除尘设施。

六十三 用于金属产品制造业及机械器具制造业（包括武器制造业）的下列设施：

1 淬火设施；

2 电解式清洗设施；

3 镉电极或铅电极生成设施；

4 汞加工设施；

5 废气清洗设施。

六十三之二 用于空瓶批发业的自动洗瓶设施。

六十三之三 燃煤火力发电设施中的废气清洗设施。

六十四 用于供气业及焦炭制造业的下列设施：

1 焦油及液化气分离设施；

2 气体冷却清洗设施（包括脱硫化氢设施）。

六十四之二　自来水设施（指《自来水法》（1957 年法律第 177 号）第三条第八款所规定的设施）、工业用水管道设施（指《工业用水管道事业法》（1958 年法律第 84 号）第二条第六款所规定的设施）以及私营工业用水管道（指该法第二十一条正文所规定的管道）设施中的下列净水设施（净水能力不足每日 10 000 立方米的业务场所相关设施除外）：

1 沉淀设施；

2 过滤设施。

六十五　采用酸或碱的表面处理设施。

六十六　电镀设施。

六十六之二　环氧乙烷或 1,4- 二氧六环的混合设施（属上述各项设施的除外）。

六十六之三　用于旅馆业（指《旅馆业法》（1948 年法律第 138 号）第二条正文所规定的（寄宿营业除外）旅馆业）的下列设施：

1 厨房设施；

2 洗衣设施；

3 沐浴设施。

六十六之四　共用厨房（指《学校供餐法》（1954 年法律第 160 号）第六条所规定的设施，以下同）设置的厨房设施（供业务使用部分的总使用面积（以下称"总使用面积"）不足 500 平方米的业务场所相关设施除外）。

六十六之五　用于便当外卖店或便当制造业的厨房设施（总使用面积不足 360 平方米的业务场所相关厨房设施除外）。

六十六之六　餐饮店（下一项及第六十六项之八所列店铺除外）设置的厨房设施（总使用面积不足 420 平方米的业务场所相关厨房设施除外）。

六十六之七　荞麦面馆、乌冬面馆、寿司店、咖啡馆等不提供常规主食的餐饮店（下一项所列店铺除外）设置的厨房设施（总使用面积不足 630 平方米的业务场所相关厨房设施除外）。

六十六之八　日式餐馆、酒吧、歌舞厅、夜总会以及在其他类似餐饮店安装设备接待顾客、或供顾客跳舞的店铺设置的厨房设施（总使用面积不足 1 500 平方米的业务场所相关厨房设施除外）。

六十七 用于洗衣业的清洗设施。

六十八 用于照片冲印业的自动胶片显影冲洗设施。

六十八之二 病床数量超过 300 的医院（指《医疗法》（1948 年法律第 205 号）第一条之五正文所规定的医院，以下同）设置的下列设施：

1 厨房设施；

2 清洗设施；

3 沐浴设施。

六十九 用于屠宰业或死亡兽畜处理业的分割设施。

六十九之二 中央批发市场（指《批发市场法》（1971 年法律第 35 号）第二条第三款所规定的市场）设置的下列设施（仅限水产品相关设施）：

1 批发处；

2 中间批发处。

六十九之三 地方批发市场（指《批发市场法》第二条第四款所规定的市场（《批发市场法施行令》（1971 年政令第 221 号）第二条第二项规定的市场除外）设置的下列设施（仅限水产品相关设施，总面积不足 1 000 平方米的业务场所相关设施除外））：

1 批发处；

2 中间批发处。

七十 废油处理设施（指《关于防止海洋污染及海上灾害的法律》（1970 年法律第 136 号）第三条第十四项所规定的设施）。

七十之二 用于汽车拆卸维修事业（指《道路运输车辆法》（1951 年法律第 185 号）第七十七条所规定的事业，以下同）的洗车设施（室内作业场所总面积不足 800 平方米的业务场所洗车设施以及下一项所列洗车设施除外）。

七十一 自动洗车设施。

七十一之二 从事科学技术（只涉及人文科学的除外）相关研究、试验、检查及专业教育的环境省令规定业务场所设置的、供其业务使用的下列设施：

1 清洗设施；

2 淬火设施。

七十一之三　属于一般废弃物处理设施（指《关于废弃物处理及清扫的法律》（1970 年法律第 137 号）第八条正文所规定的设施）的焚烧设施。

七十一之四　产业废弃物处理设施（指《关于废弃物处理及清扫的法律》第十五条正文所规定的设施）中的下列设施：

1 国家或地方政府、产业废弃物处理企业（指从事《关于废弃物处理及清扫的法律》第二条第四款所规定的产业废弃物处置事业的企业（根据该法第十四条第六款但书规定，无须取得该款正文之许可的企业以及根据该法第十四条之四第六款但书[①]规定，无须取得该款正文之许可的企业除外））设置的、《关于废弃物处理及清扫的法律施行令》（1971 年政令第 300 号）第七条第一项、第三项至第六项、第八项及第十一项所列设施。

2《关于废弃物处理及清扫的法律施行令》第七条第十二项至第十三项所列设施。

七十一之五　采用三氯乙烯、四氯乙烯或二氯甲烷的清洗设施（属上述各项设施的除外）。

七十一之六　三氯乙烯、四氯乙烯或二氯甲烷的蒸馏设施（属上述各项设施的除外）。

七十二　粪便处理设施（按照《建筑标准法施行令》第三十二条正文表格规定的计算方法，算出的处理覆盖人数不足 500 人的化粪池除外）。

七十三　下水道终端处理设施。

七十四　特定业务场所排水（排放至公共水域的除外）的处理设施（前两项所列设施除外）。

附表二（略）

① “但书”指法律条文中“但”或“但是”以下的部分，用以指出该条文的例外或限制（编译者注）。

附表三（与第五条相关）

一 附表一第一项所列设施中，用于矿业（煤矿业、石油及可燃性天然气矿业除外）的 1 和 3 的设施。

二 附表一第一项所列设施中，用于煤矿业的 2 和 3 的设施。

三 附表一第一项所列设施中，用于洗煤业的 2 的设施。

四 附表一第一项之二至第四项所列设施。

五 附表一第五项所列设施中，用于味噌酱制造业的 2 和 3 的设施。

六 附表一第五项所列设施中，用于谷氨酸钠制造业的 4、5、6 的设施。

七 用于甜菜制糖业的附表一第七项所列设施。

八 附表一第八项所列设施。

九 附表一第十项所列设施中，用于清酒制造业的 1、2、4 的设施。

十 附表一第十项所列设施中，用于蒸馏酿酒业的 1、2、6 的设施。

十一 附表一第十一项所列设施中，用于动物类饲料制造业的 1、2、3、4 的设施。

十二 附表一第十三项所列设施。

十三 用于淀粉制造业的附表一第十四项所列设施。

十四 附表一第十七项所列设施。

十五 附表一第十九项所列设施中，用于麻纺业的 3 的设施。

十六 附表一第十九项所列设施中，用于染色整理业的 4、5、6、7、8 的设施。

十七 附表一第二十项所列设施。

十八 附表一第二十三项所列设施中，用于纸浆制造业之 2、3、4、5、6、7、8 的设施。

十九 附表一第二十三项所列设施中，用于造纸业的 1、8 的设施。

二十 附表一第二十三项所列设施中，用于湿法纤维板制造业的 3、6、8、10 的设施。

二十一 附表一第二十四项所列设施中，用于磷酸肥料制造业的 1、3、4 的设施。

二十二 附表一第二十七项所列设施中的 8 的设施。

二十三 附表一第二十九项所列设施。

二十四 附表一第三十项所列设施中，用于乙醇制造业的 1、2 的设施。

二十五 附表一第三十二项所列设施。

二十六 附表一第三十五项所列设施。

二十七 附表一第四十二项所列设施。

二十八 附表一第四十四项所列设施。

二十九 附表一第五十一项所列设施中，5 的设施。

三十 附表一第五十二项所列设施。

三十一 附表一第五十八项所列设施。

三十二 附表一第六十四项以及第六十四项之二所列设施。

三十三 用于钢丝拉拔业、冷轧钢带、钢棍或镀锌钢板制造业的附表一第六十五项所列设施。

三十四 附表一第六十六项之三至第六十七项所列设施。

三十五 附表一第六十八项之二所列设施。

三十六 附表一第六十九项以及第六十九项之二所列设施。

三十七 附表一第七十一项之二以及第七十一项之三所列设施。

三十八 附表一第七十四项所列设施。

附表四（与第八条相关）

一 用于畜牧农业及服务业的下列设施：

1 猪圈设施（猪圈总面积不足 40 平方米的业务场所相关设施除外）；

2 牛棚设施（牛棚总面积不足 160 平方米的业务场所相关设施除外）；

3 马厩设施（马厩总面积不足 400 平方米的业务场所相关设施除外）。

二 用于鱼类养殖业的养殖设施。

三 共用厨房设置的厨房设施（总使用面积不足 160 平方米的业务场所相关厨房设施除外）。

四 用于便当外卖店或便当制造业的厨房设施（总使用面积不足 120 平方米的业务场所相关厨房设施除外）。

五 餐饮店（下一项及第七项所列设施除外）设置的厨房设施（总使用面积不足 140 平方米的业务场所相关厨房设施除外）。

六 荞麦面馆、乌冬面馆、寿司店、咖啡馆等不提供常规主食的餐饮店（下一项所列店铺除外）设置的厨房设施（总使用面积不足 210 平方米的业务场所相关厨房设施除外）。

七 日式餐馆、酒吧、歌舞厅、夜总会以及在其他类似餐饮店安装设备接待顾客、或供顾客跳舞的店铺设置的厨房设施（总使用面积不足 500 平方米的业务场所相关厨房设施除外）。

八 医院设置的厨房设施、清洗设施及沐浴设施。

九 地方批发市场（指《批发市场法》第二条第四款所规定的市场）设置的水产批发处和中间批发处。

十 用于汽车拆卸维修事业的洗车设施（室内作业场所总面积不足 650 平方米的业务场所洗车设施除外）。

十一 化粪池（按照《建筑标准法施行令》第三十二条正文表格规定的计算方法，算出的处理覆盖人数不足 50 人的除外）。

关于地下水水质污染的环境标准

1997 年 3 月 13 日　环境厅告示第 10 号

最终修订　2019 年 3 月 20 日　环境省告示第 54 号

现就基于《环境基本法》（1993 年法律第 91 号）第十六条规定的水质污染相关环境条件中的地下水水质污染相关环境标准做出告示如下。

根据《环境基本法》第十六条正文，关于地下水水质污染相关环境条件，为保护人体健康而希望予以维持的标准（以下称“环境标准”）及其达标时间如下：

第一　环境标准

关于环境标准，就所有地下水按另附表项目栏所列不同项目，分别规定了该表标准值栏所列的标准。

第二　地下水水质检测方法等

为调查环境标准达标情况而进行地下水水质检测时，应注意以下事项：

1 检测方法如另附表检测方法栏所示；

2 关于检测的实施，应按照另附表项目栏所列的不同项目，考虑地下水流动等情况，在认为能准确把握相应项目的地下水水质污染状况的地点进行。

第三　环境标准的达标时间

应努力在环境标准制定后立即达标并予以保持（但是，污染明显纯属自然原因的情况除外）。

第四　环境标准的重审

环境标准应适时做出以下修订：

1 随着科学判断能力的提升，修改标准值以及增加环境条件的项目等；

2 随着水质污染状况、水质污染源情况等变化，增加环境条件的项目等。

另附表

项目	标准值	检测方法
镉	0.003 mg/L 以下	日本工业规格（以下称“规格”）K0102 之 55.2、55.3 以及 55.4 所规定的方法
总氰化物	不得检出	规格 K0102 之 38.1.2（规格 K0102 之 38 备注 11 除外，以下同）及 38.2 所规定的方法、规格 K0102 之 38.1.2 及 38.5 所规定的方法以及 1971 年 12 月环境厅告示第 59 号（关于水质污染的环境标准）（以下称“公共水域告示”）附表一所列方法
铅	0.01 mg/L 以下	规格 K0102 之 54 所规定的方法
六价铬	0.05 mg/L 以下	规格 K0102 之 65.2（规格 K0102 之 65.2.7 除外）所规定的方法（但是，按照规格 K0102 之 65.2.6 的规定方法检测高盐度样本时，应进行规格 K0170—7 之 7 之 a）和 b）所规定的操作）
砷	0.01 mg/L 以下	规格 K0102 之 61.2、61.3 及 61.4 所规定的方法
总汞量	0.000 5 mg/L 以下	公共水域告示附表二所列方法
烷基汞	不得检出	公共水域告示附表三所列方法
PCB	不得检出	公共水域告示附表四所列方法
二氯甲烷	0.02 mg/L 以下	规格 K0125 之 5.1、5.2 以及 5.3.2 所规定的方法
四氯化碳	0.002 mg/L 以下	规格 K0125 之 5.1、5.2、5.3.1、5.4.1 以及 5.5 所规定的方法
氯乙烯	0.002 mg/L 以下	附表所列方法
1,2- 二氯乙烷	0.004 mg/L 以下	规格 K0125 之 5.1、5.2、5.3.1 以及 5.3.2 所规定的方法
1,1- 二氯乙烯	0.1 mg/L 以下	规格 K0125 之 5.1、5.2 以及 5.3.2 所规定的方法
1,2- 二氯乙烯	0.04 mg/L 以下	顺式异构体为规格 K0125 之 5.1、5.2 以及 5.3.2 所规定的方法，反式异构体为规格 K0125 之 5.1、5.2 以及 5.3.1 所规定的方法
1,1,1- 三氯乙烷	1 mg/L 以下	规格 K0125 之 5.1、5.2、5.3.1、5.4.1 以及 5.5 所规定的方法
1,1,2- 三氯乙烷	0.006 mg/L 以下	规格 K0125 之 5.1、5.2、5.3.1、5.4.1 以及 5.5 所规定的方法

项目	标准值	检测方法
三氯乙烯	0.01 mg/L 以下	规格 K0125 之 5.1、5.2、5.3.1、5.4.1 以及 5.5 所规定的方法
四氯乙烯	0.01 mg/L 以下	规格 K0125 之 5.1、5.2、5.3.1、5.4.1 以及 5.5 所规定的方法
1,3- 二氯丙烯	0.002 mg/L 以下	规格 K0125 之 5.1、5.2 以及 5.3.1 所规定的方法
秋兰姆	0.006 mg/L 以下	公共水域告示附表五所列方法
西玛津	0.003 mg/L 以下	公共水域告示附表六之一、二所列方法
杀草丹	0.02 mg/L 以下	公共水域告示附表六之一、二所列方法
苯	0.01 mg/L 以下	规格 K0125 之 5.1、5.2 以及 5.3.2 所规定的方法
硒	0.01 mg/L 以下	规格 K0102 之 67.2、67.3 以及 67.4 所规定的方法
硝态氮和亚硝态氮	10 mg/L 以下	硝态氮采用规格 K0102 之 43.2.1、43.2.3、43.2.5 以及 43.2.6 所规定的方法，亚硝态氮采用规格 K0102 之 43.1 所规定的方法
氟	0.8 mg/L 以下	规格 K0102 之 34.1（规格 K0102 之 34 备注 1 除外）或 34.4（检测含有大量卤化物以及卤化氢干扰物质的样品时，在大约 200 ml 水中溶入硫酸 10 ml、磷酸 60 ml 以及氯化钠 10g，将溶液与 250 ml 甘油相混合，加水至 1 000 ml，作为蒸馏试剂溶液使用，再增加规格 K0170-6 之 6 图 2 注记的铝溶液管路）所规定的方法、规格 K0102 之 34.1.1 c）（注[2]第三句及规格 K0102 之 34 备注 1 除外）所规定的方法（已确认悬浮物质及离子色谱法干扰物质不共存时，此方法可省略）以及公共水域告示附表七所列方法
硼	1 mg/L 以下	规格 K0102 之 47.1、47.3 或 47.4 规定的方法
1,4- 二氧六环	0.05 mg/L 以下	公共水域告示附表八所列方法

备注：

1 标准值为年平均值。但是，总氰化物相关标准值为最高值。

2 “不得检出”是指以检测方法栏所列方法进行检测后，其结果低于该方法的最低检出限。

3 硝态氮和亚硝态氮的浓度为：按照规格 K0102 之 43.2.1、43.2.3、43.2.5 或 43.2.6 测出的硝酸离子浓度乘以换算系数 0.225 9，与按照规格 K0102 之 43.1 测出的亚硝酸离子浓度乘以换算系数 0.304 5 的所得值相加，所得之和。

4 1,2- 二氯乙烯的浓度为：按照规格 K0125 之 5.1、5.2 或 5.3.2 测出的顺式异构体浓度与按照规格 K0125 之 5.1、5.2 或 5.3.1 测出的反式异构体浓度之和

附表

氯乙烯的检测方法
一 吹扫捕集 - 气相色谱质谱分析法
1 试剂
（1）公共水域告示附表八第二项 1（1）所示的水；
（2）公共水域告示附表八第二项 1（2）所示的甲醇；
（3）氯乙烯标准气体
含纯度 99% 以上氯乙烯的气体；
（4）氯乙烯标准原液（100 μg/ml）
将含 5 000 μg 氯乙烯的氯乙烯标准气体采入气密注射器，并溶解在管形瓶内的甲醇（事先在 65 ml 的管形瓶中装入 50 ml 甲醇，以四氟乙烯树脂膜、聚硅氧烷橡胶塞及铝皮封住瓶口，用冰水等冷却制成）中制成（注 1）（注 2）。
（5）氯乙烯标准溶液（1 μg/ml）
取 1 ml 氯乙烯标准原液，加入装有大约 50 ~ 90 ml 甲醇的总容量为 100 ml 的烧瓶中，加甲醇至 100 ml 制成。
（6）内标原液（100 μg/ml）
将含 5 000 μg 氯乙烯 -d3 的标准气体采入气密注射器，并溶解在管形瓶内的甲醇（事先在 65 ml 的管形瓶中装入 50 ml 甲醇，以四氟乙烯树脂膜、聚硅氧烷橡胶塞及铝皮封住瓶口，用冰水等冷却制成）中制成（注 1）（注 2）（注 3）。
（7）内标溶液（1 μg/ml）
取 1 ml 内标原液，加入装有大约 50 ~ 90 ml 甲醇且总容量为 100 ml 的烧瓶中，加甲醇至 100 ml 制成。
（注 1）也可使用浓度得以保证的市售分析用标准溶液等。
（注 2）使用时制备。但是，如果将制备的标准样品立即冷却，在使用冰水等进行冷却的条件下移至安瓿瓶，熔封后保存在阴凉避光处，则可以保存 1 ~ 3 个月。超过此期限的，需要确认纯度后再使用。
（注 3）氯乙烯在常温下为气态物质，分析操作中容易挥发，检测上容易受到影响，因此使用稳定同位素标记化合物（氯乙烯 -d3）作为内标物质。如有氯乙烯 -d3 之外的适当物质，也可以作为内标物质使用。
2 器具及装置
（1）公共水域告示附表八第二项 2（1）所示的试样容器；
（2）吹扫捕集装置（注 4）（注 5）
（a）公共水域告示附表八第二项 2（2）（a）所示的吹扫容器；
（b）公共水域告示附表八第二项 2（2）（b）所示的吹扫容器恒温装置；
（c）公共水域告示附表八第二项 2（2）（c）所示的捕集管；
（d）捕集管填充剂
含有聚 2,6- 二苯基 -1,4- 苯醚（粒径 177 ~ 250 μm 或 250 ~ 500 μm），并具有硅胶（粒径 250 ~ 500 μm）、活性炭（粒径 250 ~ 500 μm）或与之同等性能的物质（注 6）。

（e）捕集管
将捕集管填充剂填充至捕集管（注 7）制成（使用前，将氦气以每分钟 20～90 ml 的流量注入，同时以捕集管的再生温度加热 30～60 分钟）（注 8）
（f）公共水域告示附表八第二项 2（2）（f）所示的捕集管加热装置；
（g）公共水域告示附表八第二项 2（2）（g）所示的吹扫气；
（h）冷凝装置（注 9）；
内径 0.53 mm 的不锈钢管、内径 0.32～0.53 mm 的石英玻璃管或毛细管柱，内表面去活性处理，冷凝时可冷却至 –30℃以下，且脱附时可在 1 分钟内达到柱槽的温度，或加热至 200℃左右。
（3）气相色谱质谱分析仪（注 10）
（a）公共水域告示附表八第二项 2（3）（a）所示的气相色谱。
（b）公共水域告示附表八第二项 2（3）（b）所示的质谱分析仪。
（注 4）事先按照设备使用说明书等进行清洗，确认试验操作不受影响。
（注 5）吹扫捕集装置的最佳条件因吸附剂种类、用量等而有所不同，因此要事先保证实现充分回收的条件。关于吹扫条件，要注意不超过捕集管的转效容量。
（注 6）聚 2,6- 二苯基 -1,4- 苯醚以 TenaxTA 等名称在市场上有售。
（注 7）通常情况下，可单独使用聚 2,6- 二苯基 -1,4- 苯醚，但也可使用硅胶或活性炭，或硅胶及活性炭同时并用。在此情况下，要事先确认作为分析对象的挥发性有机化合物被定量吸附或脱附。使用硅胶时，必须进行除水操作。
（注 8）关于捕集管，每次检测其他试样时，用氦气以再生温度（大约 180～280℃）以及每分钟 20～90 ml 的流量通气 10 分钟左右。
（注 9）也称为冷冻消融装置。其位于捕集管的后部，是为了使检测峰值更加突出，使捕集管中加热脱附的挥发性有机化合物吸附带变窄的一种装置。但也有的设备不使用该装置，也具备缩短检测峰宽的功能。
（注 10）根据使用的气相色谱质谱分析仪和色谱柱设定最佳条件。例如，使用内标物质或挥发性有机化合物，按照 4 进行操作，调节至可检测出 0.5 ng 的灵敏度。
3 试样的采集和保存按照公共水域告示附表八第二项 3 的规定方法进行
4 试验操作
（1）检测试样的制备
（a）用定量移液管等将适量的试样（0.5～25 ml 范围的一定量，例如 5 ml）安静地注入吹扫容器中，注意不要起泡。加内标溶液（氯乙烯 -d3）至 0.5 μg/L 后，作为检测试样（注 11）。
（2）空白试液的制备
使用与试样等量的水，进行和（1）同样的操作，将所得液体作为空白试液（注 11）（注 12）。
（3）添加回收试液的制备
向吹扫容器内的试样中加氯乙烯标准溶液至 0.05～5 μg/L，再加内标溶液（氯乙烯 -d3）至 0.5 μg/L，将所得液体作为添加回收试液（注 11）（注 13）。

（4）分析

（a）将吹扫容器放入吹扫容器恒温装置，使试样达到一定温度（例如 40℃以下）。确认捕集管温度大致达到室温，用一定量的吹扫气体进行通气，使分析物质在气相中移动，捕集至捕集管中。

（b）加热捕集管，使分析物质产生脱附，吸附于冷凝装置（注 14）。再加热冷凝装置（注 14），将分析物质导入气相色谱质谱分析仪。

（c）气相色谱质谱分析采用选择离子检测法或同等方法，对事先设定的特有质量数进行测定，并记录其色谱。关于特有质量数，具体示例如氯乙烯为 62、64，内标（氯乙烯 -d3）为 65、67（注 15）。

（d）确认保留时间、定量质量数以及确认质量数的离子强度比，测定符合的峰面积。

（e）根据氯乙烯和内标（氯乙烯 -d3）的峰面积比以及内标（氯乙烯 -d3）添加量，采用事先按照 5 制作的标准曲线，求出氯乙烯的量。根据以下公式，计算试样中的氯乙烯浓度（注 16）。

浓度（μg/L）=（检出量（μg）- 空白试液检出量（μg））/ 样本量（L）

（注 11）根据设备的不同，以管形瓶替代吹扫容器使用。在管形瓶中制备检测试样时，将管形瓶安装在吹扫捕集装置上，按照吹扫捕集装置的使用说明书等进行操作，将部分或全部检测试样转移至吹扫容器中。

（注 12）要尽可能降低空白试验值。

（注 13）根据试样中分析物质的浓度以及试验操作条件，确定适当的浓度范围。在对实际试样进行分析之前，进行添加回收试验，确认氯乙烯的回收率为 70% ~ 120%。

（注 14）在不使用冷凝装置的情况下，此操作可以省略。

（注 15）特有质量数要设定离子强度大、实际试样不受影响的质量数。参考此处示例，选择两个最佳质量数，强度大的用于定量，另一个用于确认。

（注 16）关于氯乙烯，如果其保留时间与添加内标（氯乙烯 -d3）后的保留时间一致，相对于标准曲线制作时的保留时间，在 ±5 秒以内出现，并且定量离子和确认离子强度比在标准曲线制作时的强度比的 ±20% 以内，则视为存在于检测试样中。

5 标准曲线的制作

以甲醇稀释氯乙烯标准原液，制备成 0.25 ~ 25 μg/ml 的氯乙烯标准溶液。

按照 4（1），在与试样等量的水中加氯乙烯标准溶液至 0.05 ~ 5μ g/L，再加内标溶液（氯乙烯 -d3）至 0.5 μg / L（注 13）。

对此与试样相同，用吹扫捕集 - 气相色谱质谱分析仪进行检测。根据氯乙烯和内标（氯乙烯 -d3）含量比以及峰面积比，制作标准曲线。

二 顶空 - 气相色谱质谱分析法

1 试剂

（1）公共水域告示附表八第二项 1（1）所示的水；

（2）公共水域告示附表八第三项 1（2）所示的氯化钠；

（3）公共水域告示附表八第二项 1（2）所示的甲醇；

（4）第一项 1（3）所示的氯乙烯标准气体；

（5）第一项 1（4）所示的氯乙烯标准原液（100 μg/ml）；

（6）第一项 1（5）所示的氯乙烯标准溶液（1 μg/ml）；

（7）第一项 1（6）所示的内标原液（100 μg/ml）；
（8）第一项 1（7）所示的内标溶液（1 μg/ml）。
2 器具及装置
（1）公共水域告示附表八第二项 2（1）所示的试样容器；
（2）公共水域告示附表八第三项 2（2）所示的顶空装置；
（3）气相色谱质谱分析仪（注 17）：
（a）公共水域告示附表八第三项 2（3）（a）所示的气相色谱；
（b）公共水域告示附表八第二项 2（3）（b）所示的质谱分析仪。
（注 17）根据使用的气相色谱质谱分析仪或色谱柱设定最佳条件。例如，利用内标物质或挥发性有机化合物，参照 4 的操作，调节灵敏度，达到可定量至 0.2 μg/L 的水平。
3 试样采集与保存按照公共水域告示附表八第二项 3 的规定方法进行。
4 试验操作
（1）检测试样的制备
（a）每 10 ml 试样向管形瓶中添加氯化钠 3g（注 18）；
（b）用定量移液管等将适量的试样（10～100 ml 范围的一定量，例如 10 ml）（注 19）安静地注入管形瓶，注意不要起泡。加内标溶液（氯乙烯 - d3）至 4 μg/L 后，作为检测试样。
（c）立即盖上四氟乙烯树脂膜，用管形瓶橡胶塞封口，在上面盖上铝帽，用铝帽封闭机将管形瓶和管形瓶橡胶塞固定。
（d）对管形瓶进行振荡混合，直至氯化钠溶解，然后在设定为 25～70℃的恒温槽中静置 30～120 分钟。
（2）空白试液的制备
使用与试样等量的水，进行与（1）同样的操作，将得到的液体作为空白试液（注 20）。
（3）添加回收试液的制备
在管形瓶内的试样中添加氯乙烯标准溶液至 0.1～50 μg/L，再添加内标溶液（氯乙烯 -d3）至 4 μg/L，将得到的液体作为添加回收试液（注 19）（注 21）。
（4）分析
（a）用气密注射器（注 22）穿透管形瓶橡胶塞，采集气相的一定量，立即按照公共水域告示附表八第三项 2（3）（a）⑤的试样导入方法注入气相色谱质谱分析仪。
（b）基于质量数的测定按照第一项 4（4）（c）的方法进行。
（c）确认保留时间、定量质量数和确认质量数的离子强度比，测定符合的峰面积。
（d）试样中氯乙烯浓度的计算按照第一项 4（4）（e）的方法进行。
（注 18）添加氯化钠是为了防止因试样盐类浓度的不同而导致检测值出现变化，同时也考虑了盐析效果带来的灵敏度的提高。此外，如果试样采集量有变化，可根据采集量对氯化钠的添加量予以增减。
（注 19）采集试样和水时，要使管形瓶中的气相比例达到 15%～60%。
（注 20）要尽可能降低空白试验值。

（注 21）根据试样中分析物质的浓度和试验操作条件，确定适当的浓度范围。在对实际试样进行分析之前，进行添加回收试验，确认氯乙烯的回收率为 70% ~ 120%。

（注 22）和制作标准曲线使用同样的气密注射器。但是，如果恒温槽温度达到 30℃以上，则采集管形瓶的气相试样时，将气密注射器保温至相同温度以上。

5 标准曲线的制作

用甲醇稀释氯乙烯标准原液，制备成 1 ~ 500 μg/ml 的氯乙烯标准溶液。

按照 4（1），在与试样等量的水中加氯乙烯标准溶液至 0.1 ~ 50 μg/L，再加内标溶液（氯乙烯 - d3）至 4 μg/L（注 21）。

对此与试样相同，用顶空 - 气相色谱质谱分析仪进行检测。根据氯乙烯和内标（氯乙烯 - d3）含量比以及峰面积比，制作标准曲线。

备注：

1 第一项的方法以规格 K0125 “5.1 吹扫捕集 - 气相色谱质谱分析法” 的规定方法为基础，增加了二氯甲烷、苯等氯乙烯之外的挥发性有机化合物标准物质和必要的内标物质（氟苯、4- 溴氟苯等），通过注意氯乙烯挥发强度的试验操作，可实现同时分析。

2 第二项的方法以日本工业规格 K0125 “5.2 顶空 - 气相色谱质谱分析法” 的规定方法为基础，增加了二氯甲烷、苯等氯乙烯之外的挥发性有机化合物标准物质和必要的内标物质（氟苯、4- 溴氟苯等），通过注意氯乙烯挥发强度的试验方法，可实现同时分析（但是，与水充分混合，不易从水中挥发的 1,4- 二氧六环除外）。

3 这些检测法的最低检出限均为 0.2 μg/L。

4 为方便这些检测法的使用者，此处所示产品为通常可以买到的产品示例，并非推荐使用这些产品。也可以使用具有同等以上质量、性能的产品。

5 该检测法中的用语定义以及该检测法中没有规定的其他事项依照规格的规定

湖泊水质保护特别措施法

1984 年 7 月 27 日　法律第 61 号
最终修订　2014 年 6 月 18 日　法律第 72 号

第一章　总　则

（目的）

第一条　本法的目的在于：为保护湖泊水质而制定湖泊水质保护基本方针，同时针对急需保障水质污染相关环境标准的湖泊，制定应予实施的水质保护政策措施计划，采取特殊措施，如对污水、废液等引起水质污染的污染物排放设施实施必要管控等，从而为保障国民的健康文明生活做出贡献。

（湖泊水质保护基本方针）

第二条　国家必须制定保护湖泊水质的基本方针（以下称“湖泊水质保护基本方针”）。

2 湖泊水质保护基本方针应就以下事项做出规定：

一 关于湖泊水质保护的基本构想；

二 第四条正文的湖泊水质保护计划制定、第二十五条正文的汇入水治理地区的指定、第二十九条正文的湖滨环境保护地区的指定等指定湖泊水质保护措施相关基本事项；

三 前两项所列事项之外的湖泊水质保护相关重要事项。

3 鉴于湖泊对保障健康文明生活所发挥的重要作用，为使现在及将来的国民能享有其惠益，应充分考虑湖泊所具有的治水、水利、水产等公益机能，以结合湖泊特点及污染原因采取均衡、妥善的水质保护措施为基本理念，制定湖泊水质保护基本方针。

4 环境大臣必须制定湖泊水质保护基本方针草案，并提请内阁会议做出决定。

5 内阁会议做出基于前款规定的决定后，环境大臣必须及时公布湖泊水质保护基本方针。

6 前两款规定同样适用于湖泊水质保护基本方针的变更。

第二章　指定湖泊的水质保护相关计划等

（指定湖泊及指定地区）

第三条　环境大臣可以根据都道府县知事的申请，将《环境基本法》（1993 年法律第 91 号）第十六条正文规定的水质污染环境条件标准（第二十三条正文称“水质环境标准”）目前得不到保障，或明显有可能得不到保障，并且从该湖泊的水利用情况、水质污染变化等来看，被认为尤其需要综合采取水质保护措施的湖泊指定为指定湖泊。

2 环境大臣应将被认为与指定湖泊水质污染有关的地区指定为指定地区。

3 环境大臣拟指定指定湖泊或指定地区时，必须听取对前款地区实施管辖的都道府县知事（就指定湖泊的指定提出本条正文的申请的都道府县知事除外）的意见。

4 都道府县知事拟提出本条正文的申请或进行前款的意见陈述时，必须听取相关市町村长的意见。

5 环境大臣指定指定湖泊或指定地区必须经内阁会议做出决定。

6 环境大臣指定指定湖泊或指定地区时，必须以官方公报的形式将此事予以公示。

7 本条正文（仅限与都道府县知事申请相关的部分）及第三款至前款的规定同样适用于指定湖泊的指定变更及解除，第三款至前款的规定同样适用于指定地区的指定变更及解除。

（湖泊水质保护计划）

第四条 根据前一条规定确定指定湖泊及指定地区后，都道府县知事必须按照湖泊水质保护基本方针，针对该指定地区的该指定湖泊，制定应予实施的湖泊水质保护政策措施计划（以下称“湖泊水质保护计划”）。

2 指定地区跨两个以上都府县区域时，相关都府县知事应协商制定湖泊水质保护计划。

3 湖泊水质保护计划应就以下事项做出规定：

一 湖泊水质保护计划的计划期间；

二 湖泊水质保护相关方针；

三 下水道、粪便处理设施及净化槽建设、疏浚等有利于湖泊水质保护事业的事项；

四 湖泊水质保护管控等措施相关事项。

4 都道府县知事拟制定湖泊水质保护计划时，如认为有必要，必须事先采取召开听证会等必要措施，以反映指定地区居民的意见。

5 都道府县知事拟制定湖泊水质保护计划时，必须听取该湖泊水质保护计划中规定事业的实施者（国家除外）以及相关市町村长的意见，并与管理该指定湖泊的河流管理者（指《河流法》（1964 年法律第 167 号）第七条（包括在该法第一百条中同样适用的情况）所规定的河流管理者，以下同）以及环境大臣协商。

6 环境大臣接到前款的协商后，必须听取公害对策会议的意见。

7 都道府县知事制定湖泊水质保护计划后，必须努力及时公布该计划，并将其送交相关市町村长。

8 第二款及第四款至前款的规定同样适用于湖泊水质保护计划的变更（包括制定或变更第二十三条正文的湖泊总量削减计划、第二十六条正文的汇入水治理推进计划的情况）。

（事业的实施）

第五条 湖泊水质保护计划中的规定事业应按照关于该事业的法律

（包括基于该法律的命令）规定，由国家、地方政府及其他主体实施。

（推进完成湖泊水质保护计划）

第六条 国家及地方政府应努力采取必要措施，完成湖泊水质保护计划。

第三章 指定湖泊的水质保护相关特别措施

第一节 湖泊特定业务场所等相关措施

（管控标准的设定）

第七条 对于指定地区，都道府县知事必须根据湖泊水质保护计划，按照环境省令的规定，就设置政令规定设施之外的、《水质污染防治法》（1970 年法律第 138 号）第二条第二款规定的特定设施（包括根据第十四条规定，被视为该法第二条第三款所规定的指定地区特定设施的设施。第十五条正文、第二十四条、第二十五条正文及第四十三条亦同）（以下称“湖泊特定设施”）的、政令规定规模以上的指定地区内工厂及业务场所（以下称“湖泊特定业务场所”）向公共水域（指该法第二条正文所规定的公共水域，以下同）排放的废水（以下称“废水”）污染负荷量（指政令按每个湖泊规定的、该法第二条第二款第二项规定项目中的化学需氧量等项目所表示的污染负荷量），制定保护指定湖泊水质的管控标准。

2 本条正文的管控标准是针对湖泊特定业务场所，就该湖泊特定业务场所排放的废水污染负荷量规定的允许限度。

3 都道府县知事在制定本条正文的管控标准时，必须进行公示。变更或废除管控标准时也需如此。

（湖泊特定业务场所相关计划变更命令等特例）

第八条 都道府县知事就湖泊特定设施接到基于《水质污染防治法》

第五条正文或第七条（包括根据第十四条规定而适用这些规定的情况）规定的申报后，如认为其申报的湖泊特定设施所在的湖泊特定业务场所（包括因该湖泊特定设施的设置或结构变更而新成为湖泊特定业务场所的工厂及业务场所）排放的废水污染负荷量不符合第七条正文的管控标准，则可以在受理其申报之日起的六十天内，命令该湖泊特定业务场所的设置者改进该湖泊特定业务场所的污水及废液处理方法，或采取其他必要措施。

（遵守管控标准的义务）

第九条 湖泊特定业务场所的设置者必须遵守与该湖泊特定业务场所相关的、第七条正文的管控标准。

（湖泊特定业务场所整改命令等特例）

第十条 都道府县知事认为可能存在污染负荷量不符合第七条正文的管控标准的废水排放时，可以命令该废水所涉及的湖泊特定业务场所设置者限期改进该湖泊特定业务场所的污水及废液处理方法，或采取其他必要措施。

（承继）

第十一条 通过受让或承租、继承、合并或分割取得湖泊特定业务场所的主体，在第八条及前一条规定的适用上将承继该湖泊特定业务场所设置者的地位。

（不予适用）

第十二条 关于设置属于《矿山安全保障法》（1949 年法律第 70 号）第十三条正文的经济产业省令规定设施的湖泊特定设施的、该法第二条第二款正文规定的矿山废水排放者，以及设置属于《电力事业法》（1964 年法律第 170 号）第二条正文第十八项所规定的电力设备或《关于防止海洋污染及海上灾害的法律》（1970 年法律第 136 号）第三条第十四项所规定的废油处理设施的湖泊特定设施的工厂及业务场所废水排放者，该矿山及该湖泊特定设施将不适用于第八条规定，而应依照这些法律的相应规定。

2 都道府县知事认为本条正文规定的湖泊特定设施排放的废水导致指定湖泊水质污染，有可能危害生活环境时，可以要求具有本条正文规定的法律权限的国家行政机构长官（第四款简称“行政机构长官”）根据相当于第八条规定的《矿山安全保障法》《电力事业法》以及《关于防止海洋污染及海上灾害的法律》规定，采取相应措施。

3《水质污染防治法》第二十三条第四款规定同样适用于基于前款规定的要求。

4 都道府县知事拟根据第十条规定，就本条正文所规定的湖泊特定设施下达命令时，必须事先与行政机构长官协商。

（《水质污染防治法》的适用关系）

第十三条 关于《水质污染防治法》第二十二条正文规定对指定地区的适用，该款中的“本法”应为“本法（含《湖泊水质保护特别措施法》第七条至第十条规定）”。

（视为指定地区特定设施的相关废水排放管控等）

第十四条 在指定地区，对于排放湖泊水质上属《水质污染防治法》第二条第二款第二项规定程度的污水或废液的政令规定设施，将其视为该条第三款所规定的指定地区特定设施，适用于该法规定。在此情况下，该法第六条第二款及第十二条第三款中的“指定地区的”应为“《湖泊水质保护特别措施法》第三条第二款指定地区（在本款中，以下称‘特定地区’）的”，“成为指定地区”应为“成为特定地区”；该法第六条第二款中“已根据《湖泊水质保护特别措施法》第十四条规定（该条规定针对被视为指定地区特定设施的设施），就该设施做出因该条规定而适用的前一条正文或本款规定的申报的”应为“已根据前一条正文或本款（包括根据《濑户内海环境保护特别措施法》第十二条之二的规定，对这些规定予以适用的情况）

规定做出申报的”；该法第十三条第四款中的“第二条第二款或第三款”应为“《湖泊水质保护特别措施法》第十四条”，“第四条之二正文的地区做出规定的政令、”应为“第四条之二正文的地区做出规定的政令或”，“修订”应为“修订、该法第三条第二款指定地区的指定或变更”。

第二节 指定设施等相关措施

（设置指定设施的申报）

第十五条 拟在指定地区设置产生及向公共水域排放《水质污染防治法》第二条第二款第二项规定项目的湖泊水质污染原因物质的设施（该款规定的特定设施除外），且该设施在湖泊水质保护上属于难以通过该法第三条正文及第三款的排放标准予以管控的政令规定设施（以下称“指定设施”）时，其设置者必须根据环境省令的规定，向都道府县知事申报以下事项。但是，关于设置该指定设施，已取得基于《河流法》第二十六条正文规定的河流管理者的许可时，则不在此限：

一 姓名、名称及地址。如为法人，申报其代表人姓名；

二 指定设施的所在地；

三 指定设施的种类；

四 指定设施的结构；

五 指定设施的使用方法；

六 环境省令规定的其他事项。

2 河流管理者做出本条正文但书的许可后，应将该事宜通报都道府县知事。

（过渡措施）

第十六条 一座设施成为指定设施时，指定地区的该设施现有设置者（包括正在设置施工者。在本款中，以下亦同），以及一个地区成为指定地区时，该地区的指定设施现有设置者，必须在该设施成为指定设施或该地区成为指定地区之日起的三十天内，依照环境省令的规定，向都道府县知事申报前一条正文各项所列事项。

2 前一条正文但书及第二款规定同样适用于本条正文的情况。

(指定设施结构等变更申报)

第十七条 根据第十五条正文或前一条正文规定提出申报者（包括与第十五条第二款（包括在前一条第二款中同样适用的情况）的通报相关者。下一条正文亦同）拟变更第十五条正文第四项至第六项所列事项时，必须依照环境省令的规定，就此事向都道府县知事做出申报。

2 本条正文规定的主体变更第十五条正文第一项或第二项所列事项后，以及终止该申报相关指定设施的使用后，必须在自当天起的三十天内，就此事向都道府县知事做出申报。

3 第十五条正文但书及第二款规定同样适用于本条上述情况。

(承继)

第十八条 《水质污染防治法》第十一条正文及第二款规定同样适用于根据第十五条正文及第十六条正文规定提出申报者的地位承继。

2 根据在本条正文中同样适用的《水质污染防治法》第十一条正文及第二款规定而承继前款规定主体之地位者，必须在其承继发生之日起的三十天内，就此事向都道府县知事做出申报。但是，已根据《河流法》第三十三条第三款规定做出申报的，则不在此限。

3 第十五条第二款规定同样适用于前款但书所规定的情况。

(遵守标准的义务)

第十九条 在指定地区设置指定设施者，对于该指定设施，必须根据环境省令的规定，遵守都道府县条例规定的结构及使用方法相关标准。

(改进劝告及改进命令)

第二十条 都道府县知事认为在指定地区设置指定设施的主体未遵守

前一条的标准时，可以对其提出劝告，劝其限期改进该指定设施的结构或使用方法。

2 接到基于本条正文规定的劝告的主体不遵从其劝告，仍在使用该指定设施时，都道府县知事可以命令其限期改进该指定设施的结构或使用方法。

3 对于前一条标准适用时的指定地区指定设施现有设置者（包括正在设置施工者以及完成基于第十五条正文规定的申报等政令规定的设置手续，但尚未着手进行设置施工者）的该指定设施，自该标准适用之日起的一年内（如该设施为政令规定设施，则为三年内），本条正文及第二款规定将不适用。但是，该标准适用时，其适用的地方政府条例中已有相当于本条正文的规定，以及在该标准适用之日以后，就该设施做出第十五条正文第四项至第六项所列事项的变更（适用之日前已办理第十七条正文规定的申报等政令规定的变更手续，以及环境省令规定的细微变更除外）的，则不在此限。

4 都道府县知事针对小型企业适用本条正文及第二款的规定时，必须对该劝告或命令的内容做出特殊考虑，以避免明显妨碍其从事经营活动。

（报告及检查）

第二十一条　都道府县知事可以在施行本法的必要限度内，要求指定设施的设置者报告指定设施状况等必要事项，或派工作人员进入其设置该设施的场所，检查指定设施及其他物品。

2 根据本条正文规定而实施现场检查的工作人员，必须随身携带证明其身份的证件，并向相关人员出示。

3 基于本条正文规定的现场检查权限不得解释为为实施犯罪搜查而受认可的权限。

（同样适用的指定设施）

第二十二条　前三条规定同样适用于政令所规定的、等同于指定设施的湖泊特定设施。在此情况下，第二十条第三款中的“第十五条正文规定”

应替换为“《水质污染防治法》第五条正文规定”，“第十七条正文规定”应替换为“该法第七条规定”。

第三节　污染负荷量的总量削减等

（污染负荷量的总量削减）

第二十三条　对于因人口及产业聚集等原因，导致生活及业务活动排放的废水大量流入指定湖泊，并且被认为仅靠《水质污染防治法》第三条正文及第三款的废水排放标准以及第四条至前一条所规定的措施难以保障水质环境标准的、政令规定的指定湖泊（以下称“总量削减指定湖泊”），为防止第七条正文的政令规定项目中，出现与政令规定项目相关的水质污染，都道府县知事应针对总量削减指定湖泊相关指定地区（以下称“总量削减指定地区”），在该总量削减指定湖泊的湖泊水质保护计划中，制定以该项目表示的污染负荷量（以下简称“污染负荷量”）总量削减计划（以下称“湖泊总量削减计划”）。

2 湖泊总量削减计划应规定该总量削减指定地区的污染负荷量总量削减目标、目标年度及目标完成方法。在此情况下，关于该削减目标，应以《水质污染防治法》第四条之二第二款后半段为例予以确定。

3 都道府县知事认为存在符合本条正文规定条件的指定湖泊时，可以向环境大臣申请起草政令，确定该款的总量削减指定湖泊。

4 环境大臣拟起草制定、修订或废除规定本条正文的总量削减指定湖泊的政令时，必须听取管辖该指定湖泊相关指定地区的都道府县知事（已提出前款申请的都道府县知事除外）的意见。

5 都道府县知事拟提出第三款的申请，或进行前款的意见陈述时，必须听取相关市町村长的意见。

6 关于根据本条正文规定制定湖泊总量削减计划并据此削减污染负荷量，湖泊总量削减计划应视为《水质污染防治法》第四条之三所规定的总量削减计划，适用于该法的规定（包括根据第十四条规定而予以适用的该法规定，该法第四条之二及第四条之三的规定除外）。在此情况下，该法中的“指定地区”应为“《湖泊水质保护特别措施法》第二十三条正文所规定的总量削减指定地区”；该法第二条第六款中的“特定设施（含指定地区特定设施，以下同）”应为“特定设施（含根据《湖泊水质保护特别措施法》第十四条规定，视为指定地区特定设施的设施，以下同）”；该法第六条第三款中“在对第四条之二正文的地区做出规定的政令施行时”应为“某一地区成为《湖泊水质保护特别措施法》第二十三条正文规定的总量削减指定地区后”，“自该政令施行之日”应为“自该地区成为总量削减指定地区之日”；该法第十三条第四款中“对第四条之二正文的地区做出规定的政令、”应为“对《湖泊水质保护特别措施法》第十四条的设施做出规定的政令或”，“修订”应为“修订以及该法第三条第二款指定地区的指定或变更”；该法第十六条第三款中“指定水域”应为“《湖泊水质保护特别措施法》第二十三条正文所规定的总量削减指定湖泊”。

（指导）

第二十四条 除《水质污染防治法》第二条第二款规定的特定设施及指定设施设置者以外，如有向指定地区公共水域排放与该款第二项规定项目相关的污水、废液等湖泊水质污染原因物质的主体，都道府县知事可以对其进行必要的指导，提出建议和劝告，以完成湖泊水质保护计划。

第四节 推进汇入水的治理

（汇入水治理地区的指定）

第二十五条 为保护指定湖泊的水质，都道府县知事可以根据湖泊水质保护基本方针，在该指定湖泊的相关指定地区内，将认为为帮助改善汇入水（指除《水质污染防治法》第二条第二款规定的特定设施和指定设施排水以及该条第九款规定的生活污水以外，由指定地区内的土地流入指定湖泊的水流，以下同）水质而有必要推进实施治理（以下称“汇入水治理”）的地区指定为汇入水治理地区。

2 都道府县知事拟指定汇入水治理地区时，必须听取相关市町村长的意见。

3 都道府县知事指定汇入水治理地区后，必须将此事予以公布，并将该汇入水治理地区通知到该区域所包含的市町村。

4 前两款规定同样适用于汇入水治理地区的变更。

（汇入水治理推进计划的制定）

第二十六条 都道府县知事根据前一条规定指定汇入水治理地区后，必须在湖泊水质保护计划中确定该汇入水治理地区的汇入水治理实施推进计划（以下称“汇入水治理推进计划”）。

2 汇入水治理推进计划应就以下事项做出规定：

一 推进实施汇入水治理的方针；

二 改善汇入水水质的具体措施相关事项。

3 除前款各项所列事项以外，在汇入水治理推进计划中，还应努力确定汇入水治理的宣传教育相关事项。

（加深居民理解的措施）

第二十七条 都道府县必须努力通过宣传等活动，加深汇入水治理地区居民对汇入水治理推进计划意义的理解，争取汇入水治理地区居民对实施汇入水治理推进计划的配合。

（指导）

第二十八条 都道府县知事认为为实施汇入水治理推进计划而尤其有必要时，可以对认为明显出现汇入水污染原因物质的、汇入水治理地区内的土地所有者、管理者或占有者进行必要的指导，提出建议及劝告。

第五节 保护湖滨环境

（湖滨环境保护地区的指定）

第二十九条 都道府县知事为保护指定湖泊水质，在认为有必要对湖泊水滨地区及其毗邻水域中、植物（仅限环境省令规定的、有助于改善湖泊水质的植物，以下同）生长地区的自然环境（以下称“湖滨环境”）实施保护时，可以根据湖泊水质保护基本方针，在该指定湖泊的相关指定地区内，将该地区指定为湖滨环境保护地区。

2 都道府县知事拟指定湖滨环境保护地区时，如认为有必要，必须事先采取召开听证会等必要措施，以反映指定地区居民的意见。

3 都道府县知事拟指定湖滨环境保护地区时，必须听取相关市町村长的意见，并与管理该湖滨环境保护地区相关指定湖泊的河流管理者协商。

4 都道府县知事指定湖滨环境保护地区后，必须将此事予以公布，并将该湖滨环境保护地区通知到该区域所包含的市町村。

5 前三款规定同样适用于湖滨环境保护地区的变更。

（湖滨环境保护地区内的行为申报等）

第三十条 拟在湖滨环境保护地区内实施以下行为者，必须根据环境省令的规定，向都道府县知事申报行为种类、地点、起止时间及其他环境省令规定的事项：

一 采集或损伤植物；

二 填埋或排干水面；

三 挖掘矿物或开采土石；

四 除前三项所列行为以外，被认为有碍于湖滨环境保护的、政令规定的行为。

2 都道府县知事认为为保护指定湖泊的湖滨环境而有必要时，对于在湖滨环境保护地区内拟实施或已实施需根据本条正文规定提出申报之行为的主体，在保护该湖滨环境的必要限度内，可以禁止或限制该行为，或命令其采取必要措施。

3 对于已根据本条正文规定提出申报的主体，仅在其提出申报之日起的三十天内，才可以做出前款的处置。

4 都道府县知事接到基于本条正文规定的申报后，在需要进行实地调查，以及存在无法在前款的期限内做出第二款处置的其他合理理由的情况下，可以在该理由存在期间，延长前款的期限。在此情况下，必须在该款的期限内，将此事及延长的理由通知根据本条正文规定提出申报者。

5 根据本条正文规定提出申报者在其提出申报之日起的三十天内，不得开始实施该申报相关行为。

6 都道府县知事认为不存在影响指定湖泊的湖滨环境保护的可能性时，可以缩短前款的期限。

7 无论以上各款规定如何，国家机构及地方政府实施的行为无须提出本条正文规定的申报。在此情况下，该国家机构及地方政府拟实施需该款申报的行为时，必须事先将此事通知都道府县知事。

8 都道府县知事接到基于前款规定的通知后，在认为为保护湖滨环境保护地区的湖滨环境而有必要时，可以要求与发出该通知的国家机构或地方政府就保护湖滨环境所应采取的措施进行协商。

9 以上各款规定不适用于下列行为：

一 被认为不存在影响指定湖泊的湖滨环境保护的可能性，由环境省令做出规定的常规管理行为、简单行为及其他行为；

二 对湖滨环境保护地区实施指定，或该区域扩大时，已开始实施的行为；

三 作为突发灾害的必要应急措施而实施的行为；

四 需要基于《河流法》第二十三条、第二十四条、第二十五条、第二十六条正文或第二十七条正文（包括这些规定在该法第一百条正文中同样适用的情况）规定或该法第二十八条或第二十九条（包括这些规定在该法第一百条正文中同样适用的情况）规定的政令或都道府县条例规定的许可，以及需要根据该法第二十三条之二（包括在该法第一百条正文中同样适用的情况）的规定做出登记的行为；

五 根据基于《河流法》第二十八条、第二十九条（包括这些规定在该法第一百条正文中同样适用的情况）规定的政令，或都道府县条例的规定，被实施限制的行为。

（恢复原状命令等）

第三十一条 都道府县知事认为为保护指定湖泊的湖滨环境而有必要时，可以在其必要限度内，命令违反前一条第二款规定处置的主体或从该主体处承继发生该行为之土地相关权利的主体，限期恢复原状。明显难以恢复原状时，可以命令其采取必要的替代措施。

2 拟根据本条正文规定，命令恢复原状或采取必要的替代措施（以下称“恢复原状等”）时，在无过失的情况下，如无法确切获知该恢复原状等命令的对象，则都道府县知事可以让其承担费用，亲自实施该恢复原状等，或让其命令者、委托者进行。在此情况下，必须就以下事宜做出公告：应限期实施该恢复原状等；在此期限内如不实施该恢复原状等，则都道府县知事或其命令者、委托者将实施该恢复原状等。

3 拟根据前款规定实施恢复原状等工作的人员，必须随身携带证明其身份的证件，并在相关人员提出要求时予以出示。

（报告及检查）

第三十二条 都道府县知事在施行本法的必要限度内，对于接受第三十条第二款及前一条正文规定处置的主体，可以要求其报告该处置相关措施实施情况及其他必要事项，或让工作人员进入湖滨环境保护地区内的土地或建筑物，检查第三十条正文各项所列行为的实施情况，或调查这些行为对湖滨环境的影响。

2 本条正文所规定的工作人员必须随身携带证明其身份的证件，并在相关人员提出要求时予以出示。

3 基于本条正文规定的现场检查或现场调查权限不得解释为为实施犯罪搜查而受认可的权限。

（公害等协调委员会的裁定）

第三十三条 对都道府县知事基于第三十条第二款、第三十一条正文规定的处置不服者，其不服理由如与矿业、采石业及砂石开采业之间的协调相关，则可以向公害等协调委员会申请裁定。在此情况下，不能请求进行审查。

2《行政不服审查法》（2014 年法律第 68 号）第二十二条的规定同样适用于做出处置的行政厅出现错误，告知可以就本条正文的处置提出审查请求或再调查请求的情况。

（损失补偿）

第三十四条 对于因接受第三十条第二款规定的处置而蒙受损失者，都道府县必须补偿其通常产生的损失。

2 拟接受本条正文规定的补偿者，必须向都道府县知事提出补偿请求。

3 都道府县知事接到基于前款规定的请求时，必须对应予补偿的金额做出决定，并将其通知该请求者。

（提起诉讼）

第三十五条 对基于前一条第三款规定的决定不服者，可以在接到其通知之日起的六个月内，通过诉讼要求增加补偿金额。

2 在本条正文的诉讼中，被告为都道府县。

（国家及地方政府的责任和义务）

第三十六条 国家及地方政府必须结合本章规定的其他措施，努力保护绿地及湖泊水滨地区的其他自然环境，为指定湖泊的水质保护做出贡献。

第四章 杂 项

（建议措施）

第三十七条 为使地方政府能顺利开展基于湖泊水质保护计划的事业，国家必须努力对该地方政府提供建议等必要支持。

第三十八条 对于企业为防治指定湖泊水质污染而进行的设施建设，

国家必须努力进行资金协调，提供技术建议，或采取其他措施。

2 采取本条正文的措施时，必须对中小企业做出特殊考虑。

（相关行政机构的协助等）

第三十九条 都道府县知事认为为达到本法之目的而有必要时，可以要求相关行政机构长官及相关地方政府长官送交必要资料，提供其他协助，或就指定湖泊的水质保护陈述意见。

2 关于本法的施行，河流管理者、港湾管理者（指《港湾法》（1950 年法律第 218 号）第二条正文所规定的港湾管理者）等政令规定的指定地区内公共水域管理者认为在该公共水域的管理上有必要时，可以就指定湖泊的水质保护向都道府县知事陈述意见。

（研究的推进等）

第四十条 国家必须努力推进关于湖泊水质保护的研究及技术开发，并推广其成果。

2 国家必须努力普及湖泊水质保护的相关知识，并争取国民的配合。

（过渡措施）

第四十一条 根据本法的规定，制定、修订及废除命令时，在认为因该命令的制定、修订及废除而有必要的合理范围内，可以设定必要的过渡措施（包括关于罚则的过渡措施以及过渡措施的罚则）。

（政令规定市市长的事务处理）

第四十二条 关于根据本法规定而属于都道府县知事权限的部分事务（第三条正文（包括在该条第七款中同样适用的情况）、第四条正文、第七条正文、第二十三条正文及第三款、第二十五条正文、第二十六条正文以及第二十九条正文规定的事务除外），如指定地区全部或部分位于政令规定市区域内，则可以根据政令规定，由该市市长处理该区域的事务。

2 本条正文的政令规定市市长必须将环境省令规定的、本法施行的必要事项通知都道府县知事。

（与条例的关系）

第四十三条 本法的规定不妨碍地方政府在指定地区以条例的形式，就指定设施（包括第二十二条的政令规定设施，以下同）所涉及的《水质污染防治法》第二条第二款第二项规定项目之外的项目，或就排放该项规定项目的湖泊水质污染原因物质的、指定设施之外的设施（属于该款规定的特定设施的除外）的结构或使用方法，确定必要的管控。

第五章 罚 则

第四十四条 违反基于第八条、第十条、第三十一条正文规定的命令的，处一年以下有期徒刑或一百万日元以下罚金。

第四十五条 违反基于第二十条第二款（包括在第二十二条中同样适用的情况）、第三十条第二款规定的命令的，处五十万日元以下罚金。

第四十六条 有下列情形之一的，处三十万日元以下罚金：

一 未按照第十五条正文、第十七条正文、第三十条正文规定做出申报，或做出虚假申报的；

二 违反第三十条第五款规定，开始实施所申报的行为的；

三 未按照第三十二条正文规定做出报告，或做出虚假报告，以及拒绝、妨碍或逃避基于该款规定的检查或调查的。

第四十七条 有下列情形之一的，处二十万日元以下罚金：

一 未按照第十六条正文规定做出申报，或做出虚假申报的；

二 未按照第二十一条正文（包括在第二十二条中同样适用的情况。在本项中，以下亦同）规定做出报告，或做出虚假报告，以及拒绝、妨碍或逃避基于该款规定的检查的。

第四十八条 法人代表、法人或个人代理人、雇佣者及其他从业人员就该法人或个人业务做出违反第四十四条至前一条的行为时，除处罚行为人之外，还将对该法人或个人处以相应各条的罚金刑。

第四十九条　未按照第十七条第二款、第十八条第二款规定做出申报，或做出虚假申报的，处十万日元以下的过失罚款。

湖泊水质保护特别措施法施行令

1985 年 3 月 20 日　政令第 37 号

最终修订　2013 年 12 月 6 日　政令第 337 号

第一条　删除

(法律第七条正文的政令规定规模)

第二条　《湖泊水质保护特别措施法》（以下称“法律”）第七条正文的政令规定规模为日均废水（指《水质污染防治法》（1970 年法律第 138 号）第二条第六款所规定的废水）排放量 50 立方米。

(法律第七条正文的政令规定项目)

第二条之二　关于法律第七条正文的政令规定项目，第一项及第七项所列湖泊为化学需氧量及磷含量，第二项至第六项以及第八项至第十一项所列湖泊为化学需氧量、氮含量以及磷含量：

一 釜房大坝贮水池；

二 八郎湖（指八郎潟调节池、东部引水渠及西部引水渠）；

三 霞浦（包括北浦及常陆利根川）；

四 印旛沼；

五 手贺沼；

六 诹访湖；

七 野尻湖；

八 琵琶湖；

九 中海；

十 宍道湖；

十一 儿岛湖。

第三条及第四条 删除

(视为指定地区特定设施)

第五条 法律第十四条的政令规定设施为以下所列设施：

一 病床数量为120张以上、299张以下的医院（指《医疗法》（1948年法律第205号）第一条之五正文所规定的医院）所设置的下列设施：

1 厨房设施；

2 清洗设施；

3 沐浴设施。

二 按照《建筑标准法施行令》（1950年政令第338号）第三十二条正文表格所规定的计算方法，算出的处理覆盖人员为201人以上、500人以下的化粪池。

(指定设施)

第六条 法律第十五条正文的政令规定设施为以下所列设施：

一 用于畜牧农业或服务业的下列设施；

a 猪圈设施（仅限猪圈总面积在40平方米以上、50平方米以下的业务场所猪圈设施）。

b 牛棚设施（仅限牛棚总面积在160平方米以上、200平方米以下的业务场所牛棚设施）。

c 马厩设施（仅限马厩总面积在400平方米以上、500平方米以下的业务场所马厩设施）。

二 鲤鱼养殖设施（仅限网箱总面积在500平方米以上的鲤鱼养殖设施）。

(法律第二十条第三款中政令规定的设置手续等)

第七条 法律第二十条第三款（包括法律第二十二条中适用的情形）中，政令规定的设置手续为以下所列手续；

一 基于法律第十五条正文规定的申报（如与法律第二十二条所规定的

设施相关，则为基于《水质污染防治法》第五条规定的申报）；

二 基于《河流法》（1964 年法律第 167 号）第二十六条正文规定的设备新建许可申请；

三 基于《农田法》（1952 年法律第 229 号）第四条正文或第五条正文规定的许可申请、以及基于该法第四条正文第七项或第五条正文第六项规定的申报。

（法律第二十条第三款的政令规定设施等）

第八条 法律第二十条第三款（包括在法律第二十二条中同样适用的情况）的政令规定设施为第六条各项所列设施（如与法律第二十二条所规定的设施相关，则为第十条所规定的设施）。

（法律第二十条第三款但书中政令规定的变更手续等）

第九条 法律第二十条第三款但书（包括在法律第二十二条中同样适用的情况）中，政令规定的变更手续为以下所列手续：

一 基于法律第十七条正文规定的申报（如与法律第二十二条所规定的设施相关，则为基于《水质污染防治法》第七条规定的申报）；

二 基于《河流法》第二十六条正文规定的设备改建申请；

三 基于《农田法》第四条正文或第五条正文规定的许可申请、以及基于该法第四条正文第七项或第五条正文第六项规定的申报。

（同样适用的指定设施）

第十条 法律第二十二条的政令规定设施为《水质污染防治法施行令》（1971 年政令第 188 号）附表一“一之二”所列设施（关于《水质污染防治法》第二条第二款第二项的规定项目，适用该法第三条正文规定的环境省令（如已制定基于该条第三款规定的条例，则包含该条例）所定排放标准的废水相关业务场所设置的设施除外）。

（指定地区内的公共水域管理者）

第十一条 法律第三十九条第二款的政令规定管理者如下：

一 公共下水道管理者（指《下水道法》（1958年法律第79号）第四条正文所规定的公共下水道管理者，《水质污染防治法》第二条正文所规定的公共下水道管理者除外）及城市下水道管理者（指《下水道法》第二十七条正文所规定的城市下水道管理者）；

二 渔港管理者（指根据《渔港渔场建设法》（1950年法律第137号）第二十五条规定确定的地方政府）；

三 对《水产资源保护法》（1951年法律第313号）第十四条所规定的保护水面实施管理的都道府县知事及农林水产大臣；

四 根据《土地改良法》（1949年法律第195号），对农业用水及排水设施实施管理的国家、都道府县、市町村及土地改良区。

（政令规定市市长的事务处理）

第十二条 法律规定属都道府县知事权限的事务中，以下事务由秋田市、筑波市、千叶市、船桥市、松户市、柏市、大津市、京都市、松江市、冈山市及仓敷市市长（在本条中，以下称“政令市市长”）处理。在此情况下，法律中与本条正文前半段规定事务相关的都道府县知事相关规定，应作为关于政令市市长的规定，适用于政令市市长：

一 基于法律第八条、第十条及第二十条第二款（包括法律第二十二条中适用的情形）规定的命令相关事务；

二 基于法律第十二条第二款规定的要求相关事务；

三 基于在法律第十二条第三款中同样适用的《水质污染防治法》第二十三条第四款规定的通知受理相关事务；

四 基于法律第十二条第四款规定的协商相关事务；

五 基于法律第十五条正文、第十六条正文、第十七条正文及第二款、第十八条第二款规定的申报受理相关事务；

六 基于法律第十五条第二款（包括在法律第十六条第二款、第十七条第三款及第十八条第三款中同样适用的情况）规定的通报受理相关事务；

七　基于法律第二十条正文（包括在法律第二十二条中同样适用的情况）规定的劝告相关事务；

八　基于法律第二十一条正文（包括在法律第二十二条中同样适用的情况）规定的要求报告及现场检查相关事务；

九　基于法律第二十四条及第二十八条规定的指导、建议及劝告相关事务；

十　基于法律第三十九条正文规定的要求协助、陈述意见以及基于该条第二款规定的听取意见相关事务。

附 则（摘录）

（施行日期）

第一条　本政令自法律施行之日（1985 年 3 月 21 日）起施行。

第三部分

土壤污染

土壤污染防治法

2002 年 5 月 29 日　法律第 53 号

最终修订　2017 年 5 月 19 日　法律第 33 号

第一章　总　则

（目的）

第一条　本法的目的在于：通过规定掌握土壤特定有害物质污染状况的措施以及防止该污染带来人体健康损害的措施等，努力开展土壤污染防治，进而保护国民身体健康。

（定义）

第二条　在本法中，“特定有害物质”指由于土壤中含有该物质而有可能对人体健康带来损害的、政令规定的铅、砷、三氯乙烯及其他物质（放射性物质除外）。

2 在本法中，“土壤污染状况调查”指对第三条正文及第八款、第四条第二款及第三款、第五条中土壤特定有害物质污染状况进行的调查。

第二章　土壤污染状况调查

（已经停用的、使用有害物质的特定设施相关工厂或业务场所旧址调查）

第三条　已经停用的、使用有害物质的特定设施（指《水质污染防治法》（1970 年法律第 138 号）第二条第二款所规定的特定设施（第三款简称“特定设施”），并且在该设施中生产、使用或处理该条第二款第一项所规定的物质（仅限特定有害物质），以下同）相关工厂或业务场所旧址的土地所有者、管理者或占有者（以下称“所有者等”），曾设置使用该有害物质的该特定设施，或根据第三款规定，接到都道府县知事通知的，必须根据环境省令的规定，委托环境大臣或都道府县知事指定的主体，根据环境省令规定的方法，就该土地的土壤特定有害物质污染状况进行调查，并将调查结果报告给都道府县知事。但是，根据环境省令规定，经都道府县知事确认，认为从该土地的预定利用方法来看，不会因土壤特定有害物质污染而对人体健康造成损害的，则不受此限。

2 关于本条正文的指定，跨两个以上都道府县区域的土壤污染状况调查以及第十六条正文的调查（以下称“土壤污染状况调查等”），其实施主体由环境大臣予以指定；单个都道府县区域的土壤污染状况调查等实施主体由都道府县知事予以指定。

3 都道府县知事在接到基于《水质污染防治法》第十条规定的特定设施（仅限使用有害物质的特定设施）停用申报，以及获知使用有害物质的特定设施停用等情况下，如果在使用有害物质的该特定设施设置者之外，还存在该土地的所有者等，则应按照环境省令的规定，将使用有害物质的该特定设施已停用事宜以及环境省令规定的其他事项通知该土地所有者等。

4 本条正文规定的主体未按该正文规定做出报告，或做出虚假报告时，都道府县知事可以按照政令规定，命令该主体做出该报告，或纠正其报告内容。

5 经本条正文但书确认的主体拟变更与该确认相关的土地利用方法时，必须按照环境省令的规定，事先就此事向都道府县知事做出申报。

6 都道府县知事接到前款的申报后，如认为从变更后的该土地利用方法来看，不会因土壤特定有害物质污染而对人体健康造成损害，则应撤销该确认。

7 经本条正文但书确认的相关土地所有者等，对该确认土地实施或委托实施土地挖掘等改变土地性质状态的行为（以下称“土地性质状态变更”）时，必须事先根据环境省令的规定，就该土地性质状态变更的地点、计划开始日期以及环境省令规定的其他事项向都道府县知事进行申报。但是，以下行为不受此限：

一 环境省令规定的简单行为及其他行为；

二 作为紧急灾害事故应急措施而采取的必要行为。

8 都道府县知事接到前款规定的申报后，应根据环境省令的规定，命令该土地所有者委托本条正文中环境大臣或都道府县知事指定的主体（以下简称“指定调查机构”），采用本条正文中环境省令规定的方法，就该土地的土壤特定有害物质污染状况进行调查，并向都道府县知事报告调查结果。

（可能有土壤污染的土地性质状态变更时的调查）

第四条 关于土地性质状态变更，作为其变更对象的土地面积超过环境省令规定的规模的，实施主体必须在开始该土地性质状态变更的至少三十天前，根据环境省令的规定，就该土地性质状态变更的地点、计划开始日期以及环境省令规定的其他事项向都道府县知事进行申报。但是，以下行为将不受此限：

一 对第三条正文但书确认的土地进行土地性质状态变更；

二 环境省令规定的简单行为及其他行为；

三 作为紧急灾害事故应急措施而采取的必要行为。

2 本条正文规定的主体根据环境省令的规定，获得该土地全部所有者同意后，可以委托指定调查机构采用第三条正文中环境省令规定的方法，对该土地的土壤特定有害物质污染状况进行调查，并将调查结果和本条正文规定的土地性质状态变更申报一并提交给都道府县知事。

3 都道府县知事接到基于本条正文规定的土地性质状态变更申报后，如认为该土地作为可能受特定有害物质污染的土地，符合环境省令规定的标准，则可以根据环境省令的规定，命令该土地所有者等委托指定调查机构采用第三条正文中环境省令规定的方法，就该土地的土壤特定有害物质污染状况进行调查，并报告调查结果。但是，已根据前款规定提交该土地土壤污染状况调查结果的，则不受此限。

（调查可能因土壤污染而产生健康损害的土地）

第五条 除第三条正文及第八款、第四条第二款及第三款规定的情况外，都道府县知事认为存在可能因土壤特定有害物质污染而危害人体健康的土地，且该土地符合政令规定标准时，可以根据政令规定，命令该土地所有者等委托指定调查机构，按照第三条正文中环境省令规定的方法，就该土地的土壤特定有害物质污染状况进行调查，并报告调查结果。

2 都道府县知事拟命令开展本条正文的土壤特定有害物质污染状况调查并报告结果（以下本款中称“调查等”）时，如果在无过失的情况下无法确切获知接受调查等命令的主体，且认为如若搁置下去，将明显危害公共利益时，可以亲自进行该调查，并由应接受命令的主体承担费用。在这种情况下，必须确定相应期限，对应实施该调查等、以及逾期不实施则将亲自进行该调查一事予以事先公告。

第三章　区域的指定

第一节　需要采取措施的区域

（指定需要采取措施的区域）

第六条 都道府县知事认为土地符合以下各项中的全部情况时，应将该土地区域指定为受特定有害物质污染，为防止该污染危害人体健康，需要采取清除该污染、防止该污染扩散等措施（以下称“除污等措施”）的区域：

一 根据土壤污染状况调查结果，该土地的土壤特定有害物质污染状况不符合环境省令规定的标准；

二 土壤特定有害物质污染造成或有可能造成人体健康损害，符合政令规定的标准。

2 都道府县知事进行本条正文的指定时，必须根据环境省令的规定，将此事予以公示。

3 本条正文的指定根据前款的公示而产生效力。

4 都道府县知事认为通过除污等措施，与本条正文的指定相关的全部或部分区域（以下称“需采取措施区域”）已消除其指定事由时，应就全部或部分需采取措施区域解除本条正文的指定。

5 第二款及第三款规定同样适用于前款的解除。

（除污等计划的提交）

第七条 都道府县知事做出第六条正文的指定后，应按照环境省令的规定，在防止该污染造成人体健康损害的必要限度内，对需采取措施区域内土地所有者等指出该区域应采取的除污等措施及其原因、采取该措施的期限以及环境省令规定的其他事项，要求其制定包含以下事项的计划，并提交都道府县知事。但是，如果该土地的土壤特定有害物质污染明显由土地所有者等以外的主体造成，认为要求该行为主体（包括由于继承、合并或分割而承继该地位的主体，在本条正文及第八条中，以下亦同）采取除污等措施是恰当的，且该土地所有者等对此要求无异议，则应根据环境省令的规定，对该行为主体提出要求：

一 都道府县知事指出的除污等措施（第八条正文称“指示措施”）以及由环境省令做出规定的、确认具有同等以上效果的除污等措施中，该土地所有者等（如为本条正文但书所规定的情况，则为根据该但书规定，接到都道府县知事指示的主体）拟采取的措施（以下称“实施措施”）；

二 实施措施的计划开始时间及完成时间；

三 环境省令规定的其他事项。

2 根据本条正文规定，接到都道府县知事指示的主体拒不提交除污等计划时，都道府县知事可以命令该主体提交除污等计划。

3 提交除污等计划的主体变更本条正文各项中的事项（环境省令规定的轻微变更除外）后，必须根据环境省令的规定，向都道府县知事提交变更后的除污等计划。

4 都道府县知事接到除污等计划（如有除污等计划的变更，则为变更后的计划。在本款至第九款、第九条第一项及第十条中，以下亦同）后，如认为该除污等计划中的实施措施不符合环境省令规定的技术标准（下款简称“技术标准”），则可以在该计划提交之日起的三十天内，命令该计划提交者进行修改。

5 都道府县知事接到除污等计划后，如认为该除污等计划中的实施措施符合技术标准，则可以缩短前款规定的期限。在此情况下，必须及时将缩短后的期限通知该计划提交者。

6 除污等计划提交者在第四款规定期限（收到前款规定通知时，指该通知的期限）未满的情况下，不得采取实施措施。

7 除污等计划提交者必须按照该除污等计划，采取实施措施。

8 都道府县知事如认为除污等计划提交者未按照该除污等计划采取实施措施，可以命令其采取该实施措施。

9 除污等计划提交者采取该除污等计划的实施措施后，必须根据环境省令的规定，将此事报告都道府县知事。

10 都道府县知事拟根据本条正文规定做出指示时，如果在无过失的情况下无法确切获知接受该指示的主体，且认为如若搁置下去，将明显危害公共利益，则可以在需要采取该措施的区域内，亲自采取土地除污等措施，并由应采取措施的主体承担费用。在此情况下，必须确定相应的期限，制定除污等计划，提交都道府县知事。在此基础上，事先对以下事宜做出公告：

一 应按照该除污等计划采取实施措施；

二 在此期限内未采取该实施措施时，将亲自采取该除污等措施。

（要求支付制定除污等计划所需费用）

第八条 根据第七条正文的规定，接到都道府县知事指示的土地所有者等对该土地采取实施措施后，如果该土地的土壤特定有害物质污染由该土地所有者等以外的主体行为造成，关于该实施措施的除污等计划制定、变更以及该实施措施所花费的费用，可以在指示措施的除污等计划制定、变更以及指示措施所需要的金额范围内，要求该行为主体支付费用。但是，该行为主体已承担该指示措施或与该指示措施相关的第七条正文第一项中环境省令规定的除污等措施（在本款中，以下称“指示措施等”）的除污等计划制定、变更及指示措施等所需费用，或被视为已承担该费用的，则不受此限。

2 关于本条正文所规定的请求支付权，如果采取该实施措施，并且从获知该行为主体时起，三年内未行使该权利的，该权利将因时效而消失。自采取该实施措施时起，经过二十年时亦同。

（禁止改变需采取措施区域内的土地性质状态）

第九条 任何人不得在需采取措施区域内改变土地的性质状态。但是，以下行为不受此限：

一 根据第七条正文规定，接到都道府县知事指示的主体按照除污等计划，作为实施措施而采取的行为；

二 环境省令规定的常规管理行为、简单行为及其他行为；

三 作为紧急灾害事故应急措施而采取的必要行为。

（不予适用）

第十条 对于根据第七条正文规定，接到都道府县知事指示的主体基于除污等计划，作为实施措施而采取的行为，第三条第七款及第四条正文的规定不予适用。

第二节 改变性质状态时需要申报的区域

（改变性质状态时需申报区域的指定等）

第十一条 都道府县知事认为土地符合第六条正文第一项，不符合该条正文第二项时，应将该土地区域指定为受特定有害物质污染、拟改变该土地性质状态时必须提出申报的区域。

2 都道府县知事认为通过去除土壤特定有害物质污染，与本条正文指定相关的全部或部分区域（以下称“性质状态变更需申报区域”）已消除该条正文指定的事由时，应针对全部或部分该性质状态变更需申报区域，解除该条正文的指定。

3 第六条第二款及第三款规定同样适用于本条正文的指定及前款的解除。

4 关于全部或部分性质状态变更需申报区域，如已接受基于第六条正文规定的指定，则视为对于全部或部分该性质状态变更需申报区域，本条正文的指定已解除。在此情况下，对基于该条第二款规定的指定如已进行公示，则视为已根据在前款中同样适用的该条第二款规定，对解除进行了公示。

（性质状态变更需申报区域内的土地性质状态变更申报及计划变更命令）

第十二条 拟在性质状态变更需申报区域内改变土地性质状态的主体，必须在开始改变该土地性质状态的至少十四天前，根据环境省令的规定，就该土地性质状态变更的种类、地点、实施方法、计划开始日期及环境省令规定的其他事项，向都道府县知事做出申报。但是，以下行为不受此限：

一 以下各项全部符合的、基于土地性质状态变更实施及管理方针（仅限根据环境省令规定，都道府县知事确认符合环境省令规定标准的方针）的土地性质状态变更：

a 对土壤特定有害物质污染纯粹源于自然，或纯粹源于水面填埋造地所使用的沙土，符合环境省令规定条件的土地进行的土地性质状态变更；

b 不会对人体健康造成危害，符合环境省令规定条件的土地性质状态变更。

二 环境省令规定的常规管理行为、简单行为及其他行为；

三 被指定为性质状态变更需申报区域时已经开始的行为；

四 作为紧急灾害事故应急措施而采取的必要行为。

2 被指定为性质状态变更需申报区域时，已在该性质状态变更需申报区域内开始土地性质状态变更行为的主体必须在做出该指定之日起的十四天内，根据环境省令的规定，就此事向都道府县知事做出申报。

3 作为紧急灾害事故时的必要应急措施而在性质状态变更需申报区域内改变土地性质状态的主体，必须在改变该土地性质状态之日起的十四天内，根据环境省令的规定，就此事向都道府县知事做出申报。

4 本条正文第一项的土地性质状态变更实施者必须根据环境省令的规定，按照环境省令规定的各个期间，就该期间实施的该土地性质状态变更的种类、地点等环境省令规定的事项，向都道府县知事做出申报。

5 都道府县知事接到本条正文的申报后，如认为该申报中的土地性质状态变更实施方法不符合环境省令规定的标准，则可以在接到该申报之日起的十四天内，命令该申报者变更其申报的土地性质状态变更实施方法相关计划。

（不予适用）

第十三条 对于性质状态变更需申报区域内的土地性质状态变更，第三条第七款以及第四条正文的规定不予适用。

第三节 杂项

（申请指定）

第十四条 对于不适用第三条正文及第八款、第四条第三款及第五条正文规定的土地（已根据第四条第二款规定，提交土壤污染状况调查结果的土地除外），土地所有者等经土壤特定有害物质污染状况调查，预计该土地的土壤特定有害物质污染状况不符合第六条正文第一项的环境省令规定标准时，可以根据环境省令的规定，向都道府县知事提出申请，就该土地区域做出基于第六条正文或第十一条正文规定的指定。在此情况下，如果除提出该申请的所有者之外，该土地还存在其他所有者等，则必须事先征得所有人员的同意。

2 本条正文的申请提出者必须根据环境省令的规定，在申请书中书写与本条正文申请相关的土壤特定有害物质污染状况调查（在本条中，以下称

“与申请有关的调查”）方法、结果以及环境省令规定的其他事项，附加环境省令规定的文件后，提交给都道府县知事。

3 都道府县知事接到本条正文的申请后，如认为与申请有关的调查是公正的，并且是按照第三条正文中环境省令规定的方法进行的，则可以对该申请的土地区域做出基于第六条正文或第十一条正文规定的指定。在此情况下，与该申请有关的调查视同为土壤污染状况调查。

4 都道府县知事接到本条正文的申请后，在认为有必要时，可以要求该申请者针对与申请有关的调查，做出报告或提交资料，或让其职员亲临该申请的土地现场，检查与该申请有关的调查实施情况。

（台账）

第十五条　都道府县知事必须制作需采取措施区域的台账以及性质状态变更需申报区域的台账、根据第六条第四款规定解除该条正文指定的需采取措施区域的台账、以及根据第十一条第二款规定解除该条正文指定的性质状态变更需申报区域的台账（在本条中，以下称“台账”），并对其加以保管。

2 台账的记载事项、制作、保管等必要事项由环境省令做出规定。

3 都道府县知事接到查阅台账的要求后，在无正当理由的情况下，不可以拒绝该要求。

第四章　污染土壤清运管控

第一节　污染土壤清运时的措施

（污染土壤清运时的申报及计划变更命令）

第十六条　拟将需采取措施区域以及性质状态变更需申报区域（以下称“需采取措施区域等”）内的土壤（经指定调查机构按环境省令规定的方法进行调查，都道府县知事认为特定有害物质的污染状况符合第六条正文第一项中环境省令规定标准的除外，以下称“污染土壤”）运出该需采取措施区域等的主体（受其委托，仅从事该污染土壤搬运的主体除外）必须在开始清运该污染土壤的至少十四天前，根据环境省令的规定，向都道府县知事申报以下事项。但是，作为紧急灾害事故的必要应急措施而实施清运，以及为污染土壤试验研究而实施清运的，则不受此限：

一 该污染土壤的特定有害物质污染状况；

二 该污染土壤的体积；

三 该污染土壤的搬运方法；

四 该污染土壤的搬运者姓名或名称；

五 处理该污染土壤时，申报该污染土壤处理者的姓名或名称；

六 处理该污染土壤时，申报该污染土壤的处理设施所在地；

七 该污染土壤用于第十八条正文第二项规定的土地性质状态变更时，申报进行该土地性质状态变更的性质状态变更需申报区域所在地；

八 该污染土壤用于第十八条正文第二项规定的土地性质状态变更时，申报进行该土地性质状态变更的需采取措施区域等所在地；

九 开始清运该污染土壤的预定日期；

十 环境省令规定的其他事项。

2 根据本条正文规定做出申报的主体拟变更其申报事项时，必须在开始其所申报行为的至少十四天前，根据环境省令的规定，就此事向都道府县知事做出申报。

3 作为紧急灾害事故的必要应急措施而将污染土壤运出该需采取措施区域等的主体，必须在该污染土壤清运之日起的十四天内，根据环境省令的规定，就此事向都道府县知事做出申报。

4 都道府县知事接到本条正文或第二款的申报后，在认为有下列情形之一时，可以在接到该申报之日起的十四天内，命令该申报者采取相应各项所规定的措施：

一 搬运方法违反了第十七条中环境省令规定的污染土壤搬运标准的：改变该污染土壤的搬运方法；

二 违反第十八条正文规定，未将该污染土壤的处理委托给获第二十二条正文许可的主体（以下称“污染土壤处理企业”）的：将该污染土壤的处理委托给污染土壤处理企业。

（搬运标准）

第十七条 在需采取措施区域等之外搬运污染土壤的主体必须按照环境省令规定的污染土壤搬运标准，搬运该污染土壤。但是，作为紧急灾害事故的必要应急措施而实施该搬运的，则不受此限。

（污染土壤的委托处理）

第十八条 将污染土壤运出需采取措施区域等的主体（受其委托，仅对该污染土壤实施搬运的主体除外）必须委托污染土壤处理企业对该污染土壤实施处理。但是，以下情况不受此限：

一 将污染土壤运出该需采取措施区域等的主体即为污染土壤处理企业，自行处理该污染土壤的；

二 为将自然等原因造成的性质状态变更需申报区域内的自然等来源的土壤，自行用于或让他人用于以下各项全部符合的、自然等原因造成的性质状态变更需申报区域内的土地性质状态变更而实施清运的：

a 根据环境省令规定的标准，作为土壤运出地和接收地的上述两处性质状态变更需申报区域的土壤特定有害物质污染状况相同；

b 根据环境省令规定的标准，作为土壤运出地和接收地的上述两处性质状态变更需申报区域的土地地质条件相同。

三 在根据一次土壤污染状况调查结果指定的多个需采取措施区域等之间，为将一处需采取措施区域运出的污染土壤用于其他需采取措施区域内的土地性质状态变更，或将一处性质状态变更需申报区域运出的污染土壤自行用于或让他人用于其他性质状态变更需申报区域内的土地性质状态变更而实施清运的；

四 作为紧急灾害事故的必要应急措施而实施该清运的；

五 为将污染土壤用于试验研究而实施该清运的。

2 本条正文第二项的“自然等原因造成的性质状态变更需申报区域”，是指经土壤污染状况调查，确认该土地的土壤特定有害物质污染纯粹源于自然，或纯粹源于水面填埋造地所使用的沙土，符合环境省令规定条件的性质状态变更需申报区域中的土地区域，该项中“自然等来源的土壤”指该区域内的污染土壤。

3 本条正文的规定同样适用于为采取紧急灾害事故的必要应急措施而将污染土壤运出该需采取措施区域的主体。但是，实施该清运的主体即为污染土壤处理企业，且自行处理该污染土壤的，则不受此限。

（命令采取措施）

第十九条 对于有下列情形之一的情况，都道府县知事认为为防止污染土壤中特定有害物质污染扩散而有必要时，可以确定相应的期限，命令相应各项规定的主体为妥善搬运和处理该污染土壤而采取措施，或采取其他必要措施：

一 违反第十七条规定，搬运该污染土壤的，由实施该搬运的主体采取措施；

二 违反第十八条正文（包括在该条第三款中同样适用的情况）规定，未将该污染土壤的处理委托给污染土壤处理企业的，由将该污染土壤运出该需采取措施区域的主体（受其委托，仅对该污染土壤实施搬运的主体除外）采取措施。

（管理单）

第二十条 将污染土壤运出该需采取措施区域等的主体委托他人搬运和处理该污染土壤时，必须按照环境省令的规定，在移交其委托的污染土壤的同时，向受委托搬运该污染土壤的主体（该委托仅涉及污染土壤处理时，则为受委托实施处理的主体）交付管理单。该管理单上应记载其委托的污染土壤中特定有害物质污染状况、体积、受委托的搬运或处理者姓名或名称以及环境省令规定的其他事项。但是，作为紧急灾害事故的必要应急措施而实施清运以及为将污染土壤用于试验研究而实施清运的，则不受此限。

2 对于作为紧急灾害事故的必要应急措施而将污染土壤运出该需采取措施区域的主体，本条正文的规定同样适用。

3 接受污染土壤搬运委托的主体（以下称“受托搬运者”）在该搬运结束后，必须在根据本条正文（包含在前款中同样适用的情况。本款及下款中，以下亦同）规定而交付的管理单上记录环境省令规定的事项，并在环境省令规定的期限内，将该管理单复印件送交给根据本条正文规定而交付管理单的主体（在本条中，以下称“管理单交付者”）。在此情况下，如有该污染土壤的受托处理主体，则必须将管理单移交给该受托处理主体。

4 接受污染土壤处理委托的主体（以下称“受托处理者”）在该处理结束后，必须在根据本条正文规定而交付的管理单以及根据前款后半部分规定而移交的管理单上记载环境省令规定的事项，并在环境省令规定的期限内，将该管理单复印件送交给做出该处理委托的管理单交付者。在此情况下，如果该管理单是根据该款后半部分规定而移交的管理单，则还必须将该管理单复印件送交给该移交者。

5 管理单交付者接到基于前两款规定而送交的管理单复印件后，必须通过该管理单复印件确认该搬运及处理已结束，并从该送交之日起，在环境省令规定的期限内保存该管理单复印件。

6 管理单交付者未在环境省令规定的期限内接到基于第三款及第四款规定的管理单复印件，或接到的管理单复印件上未记载这些规定中的事项，或接到有虚假记载的管理单复印件时，必须迅速掌握与该委托有关的污染土壤搬运及处理情况，并就其结果向都道府县知事做出申报。

7 受托搬运者根据第三款前半部分规定送交管理单复印件后（根据该款后半部分规定，移交管理单的除外），必须从该管理单送交之日起，在环境省令规定的期限内，保存该管理单；受托搬运者根据第四款后半部分规定，接到送交的管理单复印件后，必须从接到该管理单复印件之日起，在环境省令规定的期限内，保存该管理单复印件。

8 受托处理者根据第四款前半部分规定，送交管理单复印件后，必须从送交之日起，在环境省令规定的期限内，保存该管理单。

9 本条上述规定同样适用于让他人将污染土壤用于第十八条正文第二项或第三项规定的土地性质状态变更。在此情况下，本条正文中“该委托仅涉及污染土壤处理时，则为受委托实施处理的主体”替换为“未委托搬运时，则为将该污染土壤用于土地性质状态变更的主体”，“受委托的搬运或处理者”替换为“受委托的搬运者或用于土地性质状态变更者的”，第三款中“受托处理主体”替换为“用于土地性质状态变更的主体”，第四款中“接受污染土壤处理委托的主体（以下称‘受托处理者’）”替换为“将污染土壤用于土地性质状态变更的主体（以下称‘土壤使用者’）”，“处理结束”替换为“土地性质状态变更完成”，“做出该处理委托的”替换为“让其用于土地性质状态变更的”，第五款中“搬运及处理已结束”替换为“搬运已结束，土地性质状态变更已完成”，第六款中“与该委托有关的污染土壤搬运及处理”替换为“搬运及土地性质状态变更”，前款中“受托处理者”替换为“土壤使用者”。

（禁止交付虚假管理单等行为）

第二十一条 任何人不得在未接受污染土壤搬运委托的情况下，就第二十条第三款（包括在该条第九款中同样适用的情况）规定事项做出虚假记载并交付管理单。

2 任何人不得在未接受污染土壤处理委托以及未将污染土壤用于土地性质状态变更的情况下，就第二十条第四款（包括在该条第九款中同样适用的情况）规定事项做出虚假记载并交付管理单。

3 受托搬运者、受托处理者或将污染土壤用于第十八条正文第二项或第三项规定的土地性质状态变更者不得在污染土壤委托搬运或处理未完成、或未将污染土壤用于土地性质状态变更的情况下，进行第二十条第三款及第四款（包括这些规定在该条第九款中同样适用的情况）的送交。

第二节　污染土壤处理行业

（污染土壤处理行业）

第二十二条　拟从事污染土壤处理行业（在该需采取措施区域等内部实施处理的除外）的主体，其用于污染土壤处理业务的每座设施（以下称“污染土壤处理设施”）必须按照环境省令的规定，分别接受管辖该污染土壤处理设施所在地的都道府县知事的许可。

2 拟接受本条正文许可的主体必须按照环境省令的规定，提交记有以下事项的申请书：

一 姓名或名称以及地址。如为法人，书写法人代表姓名；

二 污染土壤处理设施的设置地点；

三 污染土壤处理设施的种类、结构及处理能力；

四 污染土壤处理设施所处理的污染土壤的特定有害物质污染状况；

五 环境省令规定的其他事项。

3 都道府县知事仅在认为本条正文的许可申请符合以下标准时，才可以做出本条正文的许可：

一 污染土壤处理设施及申请者的能力足以切实持续开展该业务，符合环境省令规定的标准；

二 申请者不符合以下任何一种情况：

a 违反本法或基于本法的处置，被处以刑罚，自其执行结束或确定不予执行之日起不满两年的；

b 根据第二十五条规定，许可被撤销，自其撤销之日起不满两年的；

c 属于《关于防止暴力团伙成员不正当行为的法律（1991 年法律第 77 号）》第二条第六项规定的暴力团伙成员，或自其脱离该项规定的暴力团伙之日起不满五年的（g 中称“暴力团伙成员等”）；

d 关于营业活动，不具有与成年人相同行为能力的未成年人，其法定代理人符合 a、b、c 中任意一项的；

e 作为法人，其董事或政令规定的雇佣人员中，有符合 a、b、c 中任意一项的；

f 作为个人，政令规定的其雇佣人员中，有符合 a、b、c 中任意一项的；

g 暴力团伙成员等掌控其业务活动的。

4 关于本条正文的许可，如未进行五年一次的更新，过期则失去效力。

5 第二款及第三款规定同样适用于前款的更新。

6 污染土壤处理企业必须按照环境省令规定的污染土壤处理标准，进行污染土壤的处理。

7 污染土壤处理企业不得将污染土壤的处理委托给他人。

8 污染土壤处理企业必须根据环境省令的规定，按照与该许可相关的每一座污染土壤处理设施，就该污染土壤处理设施实施的污染土壤处理，记录环境省令规定的事项，并将其备存于该污染土壤处理设施（难以备存于该污染土壤处理设施的，备存于离该污染土壤处理企业最近的事务所），在与该污染土壤处理有利害关系的人员提出要求时，必须供其查阅。

9 污染土壤处理企业在其设置的、与该许可有关的污染土壤处理设施发生破损及其他事故，该污染土壤处理设施处理的污染土壤或该处理伴生的污水或气体出现飞散、流出、地下渗透或散发时，必须立即就此事向都道府县知事做出申报。

（变更的许可）

第二十三条 污染土壤处理企业拟变更与该许可相关的、第二十二条第二款第三项及第四项的事项时，必须按照环境省令的规定，取得都道府县知事的许可。但是，如果该变更为环境省令规定的轻微变更，则不受此限。

2 第二十二条第三款规定同样适用于本条正文的许可。

3 污染土壤处理企业在进行本条正文但书中环境省令规定的轻微变更后，或进行第二十二条第二款第一项所示事项及环境省令规定的其他事项的变更后，必须按照环境省令的规定，及时就此事向都道府县知事做出申报。

4 污染土壤处理企业拟停止或废止部分或全部污染土壤处理业务，以及重启已停止的该污染土壤处理业务时，必须按照环境省令的规定，事先就此事向都道府县知事做出申报。

(整改命令)

第二十四条 都道府县知事认为污染土壤处理企业实施的污染土壤处理不符合基于第二十二条第六款中环境省令规定的污染土壤处理标准时，可以确定相应期限，命令该污染土壤处理企业改变该污染土壤的处理方法，或采取其他必要措施。

(许可的撤销)

第二十五条 都道府县知事在污染土壤处理企业存在下列情形之一时，可以撤销其许可，或命令其在不超过一年的期限内，停止全部或部分业务：

一 已符合第二十二条第三款第二项 a 或 c ~ g 中任意一项时；

二 污染土壤处理设施及处理主体的能力已不符合第二十二条第三款第一项中环境省令规定的标准时；

三 违反本章规定或基于该规定的命令时；

四 通过不正当手段，获得第二十二条正文的许可（包括该条第四款的许可更新）或第二十三条正文的变更许可时。

(禁止借用名义)

第二十六条 污染土壤处理企业不得用自己的名义，让他人以经营为目的从事污染土壤处理。

(撤销许可等情况下采取措施的义务)

第二十七条 污染土壤处理业务被废止，或按照第二十五条规定，许可被撤销的污染土壤处理企业必须按照环境省令的规定，防止曾用于该废止业务的污染土壤处理设施或被撤销许可的污染土壤处理设施发生特定有害物质污染扩散，或采取其他必要措施。

2 都道府县知事认为本条正文规定的污染土壤处理设施带来的特定有害物质污染对人体健康造成了损害，或可能造成损害时，可以确定相应的期限，命令曾将该污染土壤处理设施用于污染土壤处理业务的主体清除该污染，防止该污染扩散，或采取其他必要措施。

（转让及受让）

第二十七条之二 污染土壤处理企业转让该污染土壤处理业务，转让人及受让人就其转让及受让得到都道府县知事批准时，受让人将承继转让人的污染土壤处理企业的地位。

2 第二十二条第三款规定同样适用于本条正文的批准。

（合并及分割）

第二十七条之三 污染土壤处理企业出现法人合并（污染土壤处理企业法人与非污染土壤处理企业法人合并，污染土壤处理企业法人得以延续的情况除外）或分割时（仅限该污染土壤处理业务被全部承继的情况），该合并或分割获道府县知事批准后，合并后得以延续的法人或因合并而成立的法人、因分割而承继其全部污染土壤处理业务的法人将承继污染土壤处理企业的地位。

2 第二十二条第三款规定同样适用于本条正文的批准。

（继承）

第二十七条之四 污染土壤处理企业的企业主死亡后，继承人（有两名以上继承人的，如已经全部继承人同意，选定承继该污染土壤处理业务的继承人，则为该继承人。在本条正文、第二款以及第四款中，以下亦同）拟继续从事该污染土壤处理业务的，该继承人必须在被继承人死亡后的六十天内，向都道府县知事提出申请，接受其审批。

2 继承人申请本条正文的审批后，自被继承人死亡之日至获批之日或接到不予批准的通知之日，被继承人获得的第二十二条正文的许可，视为其继承人获得的许可。

3 第二十二条第三款（第二项 e 部分除外）规定同样适用于本条正文的审批。

4 获本条正文审批通过的继承人将承继被继承人的污染土壤处理企业主的地位。

（国家等进行的污染土壤处理的特例）

第二十七条之五 关于第二十二条正文规定对国家及地方政府（包括基于《港湾法》（1950 年法律第 218 号）第四条正文规定的港务局）（在本条中，以下称“国家等”）开展污染土壤处理业务的法律适用，由该国家等与都道府县知事进行协商，协商一致后，即视为获得基于第二十二条正文规定的许可。在此情况下，关于适用本法规定时的技术性替换以及与适用本法规定相关的其他必要事项，由政令做出规定。

（对环境省令的委托）

第二十八条 除本节规定的事项以外，关于污染土壤处理业务的其他必要事项由环境省令做出规定。

第五章 调查机构的指定

（指定申请）

第二十九条 第三条正文的指定将按照环境省令的规定，在拟开展土壤污染状况调查等活动的主体提出申请后进行。

（不合格条款）

第三十条 有下列情形之一的，不能接受第三条正文的指定：

一 违反本法或基于本法的处置，被处以刑罚，从其执行结束或确定不予执行之日起不满两年的；

二 根据第四十二条规定撤销指定，自其撤销之日起不满两年的；

三 作为法人，从事该业务的董事中有符合前两项中任意一项的。

（指定的标准）

第三十一条 环境大臣及都道府县知事仅在认为第三条正文的指定申请符合以下各项时，才可以做出该指定：

一 具有足以切实、顺利地开展土壤污染状况调查等业务的经营基础及技术能力，符合环境省令规定的标准；

二 如为法人，其董事或根据法人种类而由环境省令规定的成员结构不致于影响土壤污染状况调查等活动的公正实施；

三 除前一项规定的情况外，不存在导致土壤污染状况调查等活动有失公正的担忧，符合环境省令规定的标准。

（指定的更新）

第三十二条 关于第三条正文的指定，如未进行五年一次的更新，过期即失去效力。

2 第二十九条至第三十一条规定同样适用于本条正文的指定更新。

（配置技术管理员）

第三十三条 指定调查机构必须针对开展土壤污染状况调查等活动的土地，选拔任命符合环境省令规定标准的人员，负责该土壤污染状况调查等活动的技术管理（第三十四条称“技术管理员”）。

（技术管理员的职责）

第三十四条 指定调查机构开展土壤污染状况调查等活动时，必须请技术管理员监督从事该土壤污染状况调查等活动的其他人员。但是，技术管理员以外的人员不从事该土壤污染情况调查等活动时，则不受此限。

（变更的申报）

第三十五条　指定调查机构拟变更土壤污染状况调查等实施单位名称、所在地及环境省令规定的其他事项时，必须按照环境省令的规定，及时就此事向做出该指定的环境大臣或都道府县知事（在本章中，以下称“环境大臣等”）做出申报。

（土壤污染状况调查等义务）

第三十六条　指定调查机构接到开展土壤污染状况调查等要求时，必须及时开展土壤污染状况调查等工作（有正当理由的情况除外）。

2 指定调查机构必须按照第三条正文及第十六条正文中环境省令规定的方法，公正地开展土壤污染状况调查等工作。

3 在本条上述规定的情况下，与该指定有关的指定调查机构未进行该土壤污染状况调查等工作，或其方法不当时，环境大臣等可以命令该指定调查机构开展该土壤污染状况调查等工作，或改进其方法。

（业务规章）

第三十七条　指定调查机构必须制定土壤污染状况调查等业务规章（本条第二款称“业务规章”），并在土壤污染状况调查等业务开始前申报给环境大臣等。拟变更业务规章时亦同。

2 业务规章所应确定的事项由环境省令做出规定。

（账簿的配备）

第三十八条　指定调查机构必须按照环境省令的规定，配备记有环境省令规定的、土壤污染状况调查等业务事项的账簿，并对此加以保存。

（适合性指令）

第三十九条　环境大臣等认为与该指定有关的指定调查机构已不符合第三十一条各项中的某一项时，可以命令该指定调查机构采取必要措施，以达到这些规定的要求。

（业务废止的申报）

第四十条 指定调查机构废止土壤污染状况调查等业务后，必须按照环境省令的规定，及时就此事向环境大臣等做出申报。

（指定的失效）

第四十一条 指定调查机构废止土壤污染状况调查等业务后，第三条正文的指定即失去效力。

（指定的撤销）

第四十二条 相关指定调查机构有下列情形之一时，环境大臣等可以撤销第三条正文的指定：

一 已符合第三十条第一项及第三项时；

二 违反第三十三条、第三十五条、第三十七条正文及第三十八条规定时；

三 违反基于第三十六条第三款及第三十九条规定的命令时；

四 通过不正当手段，获得第三条正文的指定时。

（公示）

第四十三条 出现以下情况时，环境大臣等必须对相关事宜予以公示：

一 做出第三条正文的指定时；

二 根据第三十二条正文规定，第三条正文的指定失去效力，或根据第四十二条规定，撤销第三条正文的指定时；

三 接到基于第三十五条（与该条中环境省令规定事项的变更有关的除外）或第四十条规定的申报时。

第六章　指定支持法人

（指定）

第四十四条　环境大臣可以根据其申请，将认为能切实妥善开展第四十五条规定业务（以下称“支持业务”）的一般社团法人或一般财团法人指定为开展支持业务的全国唯一机构。

2 受本条正文指定的机构（以下称“指定支持法人”）拟变更其名称、地址或事务所所在地时，必须事先就此事向环境大臣做出申报。

（业务）

第四十五条　指定支持法人应开展以下业务：

一　针对向制定或变更需采取措施区域内土地除污等计划，并依据该计划采取实施措施的主体提供补助的地方政府，按照政令规定，交付补助金；

二　就以下事项回应咨询及商谈，并提出必要的建议：

a 土壤污染状况调查；

b 需采取措施区域等范围内的土地除污等计划制定、变更以及基于该计划采取的实施措施；

c 性质状态变更需申报区域内土地性质状态的改变。

三　为妥善、顺利推进第二项 a～c 所列事项的实施，针对土壤特定有害物质污染对人体健康的影响，普及相关知识，增进国民的了解；

四　开展前三项所示业务的附带业务。

（基金）

第四十六条　指定支持法人应设立支持业务基金（第四十七条简称“基金”），以充当基于该条规定而接受的补助金以及支持业务所需资金为条件，以相当于政府以外主体捐赠金额总额度的金额来充当该基金。

（对基金提供补助金）

第四十七条 政府可以在预算范围内，向指定支持法人提供充当基金的资金补助。

（事业计划）

第四十八条 指定支持法人必须按照环境省令的规定，在每个事业年度就支持业务制作事业计划书及收支预算书，并得到环境大臣的认可。拟对此加以变更时亦同。

2 指定支持法人必须按照环境省令的规定，在每个事业年度结束后，就支持业务制作事业报告书和收支决算书，并提交给环境大臣。

（独立经营）

第四十九条 指定支持法人必须将支持业务的经营与其他经营相区分，设置独立核算账户进行管理。

（保密义务）

第五十条 指定支持法人的董事或职员以及曾经任职的人员不得泄露在第四十五条第一项或第二项业务、该条第四项业务（仅限该条第一项及第二项业务的附带业务）上获知的秘密。

（监督命令）

第五十一条 环境大臣在执行本章规定的必要限度内，可以在支持业务的监督上向指定支持法人下达必要的命令。

（指定的撤销）

第五十二条 环境大臣在指定支持法人有下列情形之一时，可以撤销第四十四条正文的指定：

一 被认为不能切实妥善开展支持业务时；

二 违反本章规定以及基于该规定的命令或处置时；
三 通过不正当手段，获得第四十四条正文的指定时。

（公示）

第五十三条 在以下情况下，环境大臣必须就此事做出公示：
一 做出第四十四条正文的指定时；
二 接到基于第四十四条第二款规定的申报时；
三 根据第五十二条规定，撤销第四十四条正文的指定时。

第七章 杂 项

（报告及检查）

第五十四条 环境大臣及都道府县知事在实施本法的必要限度内，可以要求土壤污染状况调查涉及的土地或需采取措施区域等范围内土地的所有者等，以及在需采取措施区域等范围内采取土地除污等措施或改变土地性质状态、或已采取土地除污等措施、已改变土地性质状态的主体，就该土地状况、该除污等措施或土地性质状态变更实施情况等必要事项做出报告，或派工作人员进入该土地，就该土地状况或该除污等措施、土地性质状态变更实施情况进行检查。

2 本条正文中环境大臣收取报告以及工作人员现场检查应在认为为防止土壤特定有害物质污染造成人体健康损害而有紧急需要的情况下进行。

3 都道府县知事在实施本法的必要限度内，可以要求已将污染土壤运出该需采取措施区域的主体以及已对污染土壤实施搬运的主体，对污染土壤的搬运或处理情况做出必要报告，或派工作人员进入上述主体的事务所、该污染土壤装卸地点等场所、用于搬运污染土壤的汽车等车辆或船舶（在本款中，以下称“汽车等”），就该污染土壤状况、汽车等或账簿、文件等物品进行检查。

4 都道府县知事在实施本法的必要限度内，可以要求污染土壤处理企业以及原污染土壤处理企业对其业务做出必要报告，或派工作人员进入污染土壤处理企业或原污染土壤处理企业的事务所、污染土壤处理设施等业务场所，对设备、账簿、文件等物品进行检查。

5 环境大臣及都道府县知事在实施本法的必要限度内，可以要求与其指定有关的指定调查机构就其业务或经营状况做出必要报告，或派工作人员进入其事务所，对业务状况或账簿、文件等物品进行检查。

6 环境大臣在实施本法的必要限度内，可以要求指定支持法人就其业务或经营状况做出必要报告，或派工作人员进入其事务所，就业务状况或账簿、文件等物品进行检查。

7 根据本条正文或第三款至前款规定，实施现场检查的人员必须携带表明其身份的证件，并出示给相关人员。

8 本条正文或第三款至第六款的现场检查权限不得解释为为实施犯罪搜查而受认可的权限。

（协商）

第五十五条 都道府县知事拟根据第三条第四款或第八款、第四条第三款、第五条正文、第七条第二款、第四款或第八款、第十二条第五款规定，对公共设施管理者根据其权属依法实施管理的政令规定土地发出命令时，必须事先与该设施管理者协商。

（要求提交资料）

第五十六条 环境大臣认为为实现本法的目的而有必要时，可以要求相关地方政府长官提交必要资料，并进行说明。

2 都道府县知事认为为实现本法的目的而有必要时，可以要求相关行政机构长官及相关地方政府长官送交必要资料及配合其他工作，或就掌握土壤特定有害物质污染状况及防止该污染损害人体健康而陈述意见。

（环境大臣的指示）

第五十七条 环境大臣认为为防止土壤特定有害物质污染对人体健康造成损害而有紧急需要时，可以对都道府县知事及第六十四条的政令规定市（含特别区）市长就以下事务做出必要指示：

一 第三条正文但书的确认相关事务；

二 第三条第四款及第八款、第四条第三款、第五条正文、第七条第二款、第四款及第八款、第十二条第五款、第十六条第四款、第十九条、第二十四条、第二十五条及第二十七条第二款的命令相关事务；

三 第三条第六款的撤销确认相关事务；

四 第五条第二款的调查相关事务；

五 第六条正文的指定相关事务；

六 第六条第二款的公示相关事务；

七 第六条第四款的解除指定相关事务；

八 第七条正文的要求相关事务；

九 第七条第十款的除污等措施相关事务；

十 第十二条正文第一项的确认相关事务；

十一 第五十六条第二款的要求配合或陈述意见相关事务。

（国家的支持）

第五十八条 国家为防止土壤特定有害物质污染对人体健康造成损害，应努力就土壤污染状况调查或需采取措施区域内土地除污等措施的实施提供必要的资金斡旋、技术建议等支持。

2 采取本条正文的措施时，必须对中小企业主做出特殊考虑。

（推进研究等）

第五十九条 国家应努力推进关于除污等措施的技术研究以及防止土壤特定有害物质污染对人体健康造成损害等研究，并对其成果加以推广。

（增进国民了解）

第六十条 国家及地方政府应通过宣传教育等活动，努力加深国民对土壤特定有害物质污染造成人体健康影响的了解。

2 国家及地方政府为尽到本条正文的职责，应努力培养必要的人才。

（都道府县知事的土壤污染信息收集、整理、保存及提供等）

第六十一条 都道府县知事应针对该都道府县区域内的土地，围绕其土壤特定有害物质污染状况及可能对人体健康造成的损害，开展信息收集、整理、保存和正确提供等工作。

2 对于拟设置公园等公共设施或学校、批发市场等公益性设施或与之相当的设施的主体，都道府县知事应努力使其掌握情况，了解拟设置该设施的土地是否符合第四条第三款的环境省令规定标准。

（使用有害物质的特定设施设置者协助开展土壤污染状况调查）

第六十一条之二 使用有害物质的特定设施设置者对于实施该土地土壤污染状况调查的指定调查机构，应根据其要求，努力提供使用有害物质的该特定设施中制造、使用及处理过的特定有害物质种类等信息。

（过渡措施）

第六十二条 根据本法规定而制定、修订及废除命令时，在认为因该命令制定、修订及废除而有必要的合理范围内，可以设定必要的过渡措施（包括与罚则有关的过渡措施）。

（权限的委托）

第六十三条 本法所规定的环境大臣的权限可以根据环境省令的规定，委托给地方环境事务所所长。

(政令规定市市长的事务处理)

第六十四条 根据本法规定而属于都道府县知事权限的部分事务可以根据政令的规定，由政令规定市（含特别区）市长处理。

第八章 罚 则

第六十五条 有下列情形之一的，处一年以下徒刑或一百万日元以下罚金：

一 违反基于第三条第四款或第八款、第四条第三款、第五条正文、第七条第二款、第四款或第八款、第十二条第五款、第十六条第四款、第十九条、第二十四条、第二十五条或第二十七条第二款规定的命令的；

二 违反第七条第六款或第九条规定的；

三 违反第二十二条正文规定，从事污染土壤处理行业的；

四 违反第二十三条正文规定，开展污染土壤处理业务的；

五 通过不正当手段，获得第二十二条正文的许可（含该条第四款的许可更新）或第二十三条正文的变更许可的；

六 违反第二十六条规定，让他人以经营为目的从事污染土壤处理的。

第六十六条 有下列情形之一的，处三个月以下徒刑或三十万日元以下罚金：

一 未做出基于第三条第五款或第七款、第二十三条第三款或第四款规定的申报，或做出虚假申报的；

二 违反第四条正文或第十二条正文规定，未做出申报或做出虚假申报后改变土地性质状态的；

三 违反第十六条正文或第二款规定，未做出申报或做出虚假申报后实施该条正文或第二款规定的清运的；

四 违反第十七条规定，实施污染土壤搬运的；

五 违反第十八条正文（包括在该条第三款中同样适用的情况）或第二十二条第七款规定，将污染土壤的处理委托给他人的；

六 违反第二十条正文（包括在该条第二款（包括在该条第九款中同样适用的情况）及第九款中同样适用的情况）规定，未交付管理单，或未记载该条正文规定的事项，或做出虚假记载后交付管理单的；

七 违反第二十条第三款前半部分或第四款（包含在该条第九款中适用的情况）规定，未送交管理单复印件，或未记载这些规定中的规定事项，或做出虚假记载后送交管理单复印件的；

八 违反第二十条第三款后半部分（包含在该条第九款中同样适用的情况）规定，未移交管理单的；

九 违反第二十条第五款、第七款或第八款（包括在该条第九款中同样适用的情况）规定，未保存管理单或其复印件的；

十 违反第二十一条正文或第二款规定，做出虚假记载后交付管理单的；

十一 违反第二十一条第三款规定而实施送交的。

第六十七条 有下列情形之一的，处三十万日元以下罚金：

一 未按照第十二条第四款规定做出申报，或做出虚假申报的；

二 违反第二十二条第八款规定，未做出记录，或做出虚假记录，或未备存记录的；

三 违反第五十条规定的；

四 未根据第五十四条正文或第三款至第六款规定做出报告，或做出虚假报告，以及拒绝、妨碍或逃避基于这些规定的检查的。

第六十八条 法人代表、法人或个人代理人、雇佣人员及其他从业人员就该法人或个人业务做出违反前三条（第六十七条第三项除外）的行为时，除处罚行为人之外，还将对该法人或个人分别处以该条的罚金刑。

第六十九条 有下列情形之一的，处二十万日元以下的过失罚款：

一 未按照第七条第九款规定做出报告，或做出虚假报告的；

二 未按照第十二条第二款或第三款、第十六条第三款、第二十条第六款（包括在该条第九款中同样适用的情况）以及第四十条规定做出申报，或做出虚假申报的。

附 则（摘录）

本法自公布之日起，在不超过九个月的范围内，自政令规定之日起施行。

土壤污染防治法施行令

2002 年 11 月 13 日　政令第 336 号

最终修订　2018 年 9 月 28 日　政令第 283 号

(特定有害物质)

第一条 《土壤污染防治法》(以下称“法律”)第二条正文的政令规定物质为以下物质:

一 镉及其化合物;

二 六价铬化合物;

三 氯乙烯(别名“聚氯乙烯树脂”);

四 2-氯-4,6-双(乙胺基)-1,3,5-三嗪(别名“西玛津”或“CAT”);

五 氰化物;

六 S-4-氯苄基 N,N-二乙基硫代氨基甲酸对氯苄酯(别名“禾草丹”或“杀草丹”);

七 四氯化碳;

八 1,2-二氯乙烷;

九 1,1-二氯乙烯(别名“偏二氯乙烯”);

十 顺-1,2-二氯乙烯;

十一 1,3-氯丙烯(别名“D-D”);

十二 二氯甲烷(别名“甲基氯”);

十三 汞及其化合物;

十四 硒及其化合物;

十五 四氯乙烯;

十六 二硫化四甲基秋兰姆(别名“秋兰姆”或“福美双”);

十七 1,1,1-三氯乙烷;

十八 1,1,2-三氯乙烷;

十九 三氯乙烯；

二十 铅及其化合物；

二十一 砷及其化合物；

二十二 氟及其化合物；

二十三 苯；

二十四 硼及其化合物；

二十五 多氯联苯（别名“PCB”）；

二十六 有机磷化合物（仅限0,0-二乙基-0-（4-硝基苯基）硫代磷酸酯（别名“对硫磷”）、0,0-二甲基-0-（4-硝基苯基）硫代磷酸酯（别名“甲基对硫磷”）、甲基1059、0,0-二甲基-0-{2-（乙硫基）乙基}硫逐磷酸酯（别名“甲基内吸磷”）以及0-乙基-0-对硝基苯基硫逐磷酸酯（别名“EPN”））。

（报告土壤污染状况调查结果或修改报告内容的命令）

第二条 关于法律第三条第四款规定的命令，应确定相应的执行期限，以书面的形式进行。

（作为土壤污染状况调查对象土地的标准）

第三条 法律第五条正文中的政令规定标准为以下各项全部符合：

一 有下列情形之一：

a 该土地的土壤特定有害物质（指法律第二条正文规定的特定有害物质，以下同）污染状况明显不符合环境省令规定的标准，由于该土壤的特定有害物质污染，确认目前已引起超过环境省令规定限度的地下水水质污染，或毫无疑问会引起这样的污染，且该土地或其周边土地的地下水利用情况及其他情况符合环境省令规定的条件；

b 该土地的土壤特定有害物质污染状况可能不符合a的环境省令规定标准，由于该土壤的特定有害物质污染，确认目前已引起超过a的环境省令规定限度的地下水水质污染，且该土地或其周边土地的地下水利用情况及其他情况符合 a 的环境省令规定条件；

c 确认该土地的土壤特定有害物质污染状况不符合或可能不符合环境省令规定的标准，且该土地为人员可以进入的土地（工厂或业务场所用地中，除该工厂或业务场所工作人员及其他相关人员，其他人员无法进入的土地除外。第五条第一项 b 中亦同）。

二 不符合以下各项：

a 未采取符合法律第七条第四款技术标准的除污等措施（指法律第六条正文规定的除污等措施，以下同）；

b 该土地为《矿山安全保障法》（1949 年法律第 70 号）第二条第二款正文规定的矿山（在本项中，以下称“矿山”）或该款但书规定的附属设施用地以及矿业权失效后 5 年以内的矿山旧址。

（土壤污染状况调查命令）

第四条 法律第五条正文规定的命令应记载以下事项，以书面的形式进行：

一 法律第五条正文规定的、作为调查对象的土地范围及特定有害物质种类；

二 应根据法律第五条正文规定做出报告的期限。

2 关于本条正文第一项中的土地范围及特定有害物质种类，应考虑该土地或其周边土地的土壤、该土地或其周边土地的地下水中特定有害物质污染状况等，在防止人体健康损害的必要限度内予以确定。

（需采取措施区域的指定标准）

第五条 法律第六条正文第二项的政令规定标准为以下各项全部符合：

一 有下列情形之一：

a 土地的土壤特定有害物质污染状况不符合第三条第一项 a 的环境省令规定标准，且该土地或其周边土地的地下水利用等情况符合该项 a 的环境省令规定条件；

b 土地的土壤特定有害物质污染状况不符合第三条第一项 c 的环境省令规定标准，且该土地为人员可以进入的土地。

二 未采取符合法律第七条第四款规定技术标准的除污等措施。

（法律第二十二条第三款第二项 e 及 f 中政令规定的雇佣人员）

第六条 法律第二十二条第三款第二项 e（包括在法律第二十七条之二第二款及第二十七条之三第二款中同样适用的情况）及 f（包括在法律第二十七条之二第二款、第二十七条之三第二款及第二十七条之四第三款中同样适用的情况）中的政令规定雇佣人员为申请者的雇佣人员，应为以下主体的代表人：

一 总店或分店（如为非商业主体，则为主要事务所或从属事务所）；

二 除前项主体以外，拥有可持续展开业务的设施，并有权签订污染土壤（指法律第十六条正文所规定的污染土壤）处理业务合同的业务场所。

（国家等实施污染土壤处理的技术性替换）

第七条 法律第二十七条之五所规定的技术性替换如下表所示：

法律规定中的替换条款	应替换字句	替换为以下字句
第二十二条第九款、第二十三条第三款及第四款	做出申报	做出通知
第二十四条	可以确定相应期限，命令该污染土壤处理企业改变该污染土壤的处理方法，或采取其他必要措施	可以要求该污染土壤处理企业就确定相应期限，改变该污染土壤的处理方法，或采取其他必要措施进行协商
第二十五条	可以撤销其许可，或确定不超过一年的期限，命令其停止全部或部分业务	可以要求就撤销其许可，或确定不超过一年的期限，停止其全部或部分业务进行协商
第二十七条第二款	可以确定相应的期限，命令曾将该污染土壤处理设施用于污染土壤处理业务的主体清除该污染，防止该污染扩散，或采取其他必要措施	可以要求曾将该污染土壤处理设施用于污染土壤处理业务的主体，就确定相应期限，清除该污染，防止该污染扩散，或采取其他必要措施进行协商

（补助金的交付）

第八条 法律第四十五条第一项的补助金交付对象应为：向接到指示，须按照法律第七条正文规定，制定除污等计划提交地方政府长官，且符合环境大臣规定的负担能力标准的主体（与该指示相关的土壤污染肇事者除外）提供补助，以推进该指示相关除污等措施顺利实施的地方政府（仅限该地方政府长官发出指示，要求制定该除污等计划，并提交该地方政府长官的情况）。

2 环境大臣拟确定本条正文的标准时，必须和财务大臣协商。

（公用设施管理者管理的土地）

第九条 法律第五十五条中的政令规定土地为以下土地：

一 根据《砂防法》（1897 年法律第 29 号）第二条规定而受指定的土地；

二《渔港渔场建设法》（1950 年法律第 137 号）第三条第二项 c 中的渔港设施用地；

三《港湾法》（1950 年法律第 218 号）第二条第五款第十一项所示的港湾设施用地；

四 根据《森林法》（1951 年法律第 249 号）第二十五条正文或第二款或第二十五条之二正文或第二款规定，被指定为防护林的森林或根据该法第四十一条正文或第三款规定，被指定为防护设施区域的土地；

五 根据《道路法》（1952 年法律第 180 号）第十八条正文规定而确定或变更的道路区域内的土地；

六《城市公园法》（1956 年法律第 79 号）第二条正文规定的城市公园区域内的土地或该法第三十三条第四款规定的公园规划区域内的土地；

七《海岸法》（1956 年法律第 101 号）第二条第二款规定的一般公共海岸区域内的土地或根据该法第三条正文或第二款规定而受指定的海岸保护区域内的土地；

八 根据《汽车高速国道法》（1957 年法律第 79 号）第七条正文规定

而确定或变更的汽车高速国道区域内的土地；

九 根据《滑坡等防治法》（1958 年法律第 30 号）第三条正文规定而受指定的滑坡防治区域内的土地或根据该法第四条正文规定而受指定的煤矿废渣堆防崩溃区域内的土地；

十《河流法》（1964 年法律第 167 号）第六条正文规定的河流区域内的土地、根据该法第五十四条正文规定而受指定的河流保护区域内的土地、根据该法第五十六条正文规定而受指定的河流规划用地、根据该法第五十八条之三正文规定而受指定的河流保护立体区域内的土地或根据该法第五十八条之五正文规定而受指定的河流规划立体区域内的土地；

十一 根据《关于防止陡坡垮塌事故的法律》（1969 年法律第 57 号）第三条正文规定而受指定的陡坡垮塌危险区域内的土地；

十二 根据《关于海啸防灾地区建设的法律》（2011 年法律第 123 号）第二十一条正文规定而受指定的海啸防护设施区域内的土地。

（政令规定市市长的事务处理）

第十条 法律规定属于都道府县知事权限的事务中，以下之外的事务应由《地方自治法》（1947 年法律第 67 号）第二百五十二条之十九正文规定的指定城市市长、该法第二百五十二条之二十二正文规定的核心市市长以及市川市、松户市、市原市、町田市、藤泽市、德岛市市长（在本条中，以下称“指定城市市长等”）处理。在此情况下，法律前半部分规定的事务中，对都道府县知事的规定应作为对指定城市市长等的规定，适用于指定城市市长等：

一 法律第三条正文的指定相关事务；

二 法律第三十二条正文的指定更新相关事务；

三 基于法律第三十五条、第三十七条正文及第四十条规定的申报受理相关事务；

四 基于法律第三十六条第三款及第三十九条规定的命令相关事务；

五 法律第四十二条的撤销指定相关事务；

六 法律第四十三条的公示相关事务；

七 法律第五十四条第五款的做出报告及现场检查相关事务。

附 则（摘录）

（施行日期）

第一条 本政令自法律施行之日（2003 年 2 月 15 日）起施行。

关于农业用地土壤污染防治的法律

1970 年 12 月 25 日　法律第 139 号
最终修订　2011 年 8 月 30 日　法律第 105 号

（目的）

第一条　本法的目的在于：采取必要措施，防止和清除农业用地的土壤特定有害物质污染，实现与该污染有关的农业用地合理利用，以防止生产出可能损害人体健康的农畜产品，避免影响农作物等生长发育，进而为增进国民健康、保护生活环境做出贡献。

（定义）

第二条　在本法中，“农业用地”是指用于耕种、主要供家畜放牧或供家畜养殖业采割饲草的土地。

2 在本法中，“农作物等”是指农作物以及除农作物以外的饲料植物。

3 在本法中，“特定有害物质”是指因农业用地土壤中含有该物质而生产出可能损害人体健康的农畜产品，或可能阻碍农作物等生长发育的政令规定物质（放射性物质除外），如镉等。

（农业用地土壤污染治理地区的指定）

第三条　都道府县知事对于该都道府县区域内的某一地区，如果从该地区内农业用地土壤及该农业用地上生长的农作物等含有的特定有害物质种类、含量等来看，认为利用该农业用地将导致生产出可能损害人体健康的农畜产品，或阻碍该农业用地上的农作物等生长发育，或认为明显存在上述可能性，且符合政令规定的条件，则可以将该地区指定为农业用地土壤污染治理地区（以下称“治理地区”）。

2 环境大臣拟制定、修订和废除本条正文的政令时，必须听取中央环境审议会的意见。

3 都道府县知事拟指定治理地区时，必须听取根据《环境基本法》（1993 年法律第 91 号）第四十三条规定而设置的审议会等合议制机构以及相关市町村长的意见。

4 都道府县知事指定治理地区后，必须及时按照环境省令规定，就此事做出公告，同时报告环境大臣，并通知相关市町村长。

5 市町村长可以要求都道府县知事将符合本条正文中政令规定条件的、其市町村区域内的某一地区指定为治理地区。

（治理地区的区域变更）

第四条 都道府县知事在作为治理地区指定条件的事实发生改变而有必要时，可以变更其指定的治理地区区域，或解除其指定。

2 第三条第三款及第四款规定同样适用于基于本条正文规定而对治理地区区域进行变更或解除治理地区的指定。

（农业用地土壤污染治理计划）

第五条 都道府县知事指定治理地区后，对于该治理地区，为防治或清除该区域内的农业用地土壤特定有害物质污染，合理利用与该污染有关的农业用地（以下称“污染农业用地”），必须及时制定农业用地土壤污染治理计划（以下称“治理计划”）。

2 治理计划应按照农林水产省令、环境省令的规定，确定以下事项：

一 针对治理地区区域内的农业用地，考虑其土壤特定有害物质污染程度等因素而确定的利用上的分类以及各相应类别的农业用地基本利用方针；

二 与治理地区区域内农业用地有关的以下工程必要事项：

a 为防治农业用地土壤特定有害物质污染而新建、管理或改建灌溉排水等设施；

b 为清除农业用地土壤特定有害物质污染而更换土壤或实施其他工程；

c 为合理利用污染农业用地而变更土地类别或实施其他工程。

三 与治理地区区域内农业用地土壤特定有害物质污染状况调查检测有关的事项。

3 与前款第二项事项有关的治理计划必须是考虑该工程的农业用地土壤特定有害物质污染程度、工程所需费用、工程效果、紧迫程度等因素后，认为是为实现本条正文所规定的目的而必需的、恰当的计划。

4 都道府县知事拟制定治理计划时，必须与农林水产大臣及环境大臣协商，征得其同意。

5 都道府县知事拟进行前款的协商时，必须听取根据《环境基本法》第四十三条规定而设置的审议会等合议制机构以及相关市町村长的意见。

6 都道府县知事制定治理计划以后，必须及时对其概要做出公告，并通知相关市町村长。

（治理计划的变更）

第六条 都道府县知事在治理地区区域出现变更、治理地区区域内农业用地土壤特定有害物质污染状况发生变化等必要情况下，可以变更治理计划。

2 第五条第三款至第六款规定同样适用于基于本条正文规定的治理计划变更（农林水产省令、环境省令所规定的轻微变更除外）。

（都道府县知事为设定排水等标准而采取措施）

第七条 都道府县知事指定治理地区或变更其区域后，经综合考虑该治理地区区域内农业用地土壤特定有害物质污染程度、该治理地区相关治理计划内容等因素，在认为为防止生产出损害人体健康的农畜产品，或为防止阻碍农作物等生长发育而有必要时，应根据《水质污染防治法》（1970年法律第138号）第三条第三款或《大气污染防治法》（1968年法律第97号）第四条正文规定，采取必要措施，制定向公共用水区域（该公共用水区域的水流入该农业用地）排放废水的排水标准，或针对该治理地区全部或部分区域制定烟尘排放设施的烟尘排放标准，或变更根据上述规定而制定的排水或排放标准。

（特别地区的指定）

第八条 在治理地区区域内农业用地当中，从该土壤及该农业用地中生长的农作物等含有的特定有害物质种类、含量等来看，存在认为该农业用地利用将导致生产出可能损害人体健康的农畜产品的农业用地时，都道府县知事可以确定该农业用地不宜种植的农作物或除该农业用地上生长的农作物之外、不宜用作家畜饲料的植物（以下统称“指定农作物等”）范围，并将该农业用地区域指定为特别地区。

2 都道府县知事根据本条正文规定指定特别地区后，必须按照环境省令规定，及时就此事做出公告，同时报告环境大臣，并通知相关市町村长。

3 市町村长可以要求都道府县知事将其市町村区域内符合本条正文规定的农业用地指定为特别地区。

（特别地区的区域变更）

第九条 都道府县知事在作为特别地区指定条件的事实发生改变而有必要时，可以变更其指定的特别地区的区域或该区域的指定农作物等范围，或解除该特别地区的指定。

2 第八条第二款规定同样适用于基于本条正文规定的特别地区区域或指定农作物等范围变更以及特别地区的指定解除。

（对农作物种植等提出劝告）

第十条 如有在特别地区区域内农业用地上种植或拟种植该农业用地指定农作物等，或将该农业用地上生长的该指定农作物等用作或拟用作家畜饲料的主体，都道府县知事可以劝其不要在该农业用地上种植该指定农作物等，或不要将该农业用地上生长的该指定农作物等用作家畜饲料。

（要求采取农业用地土壤污染防治措施）

第十一条 环境大臣认为为防止农业用地的土壤受工厂、业务场所排水、烟尘等含有的特定有害物质污染而尤其有必要时，应要求相关行政机构长官，或劝告相关地方政府长官依照《矿山安全保障法》（1949 年法律第 70 号）等法规规定，为防止该污染而采取必要措施。

（日常监控）

第十一条之二 都道府县知事必须对农业用地的土壤特定有害物质污染状况进行日常监控。

2 都道府县知事必须向环境大臣报告本条正文的日常监控结果。

（农业用地的土壤污染调查检测）

第十二条 都道府县知事应就该都道府县区域内的农业用地土壤特定有害物质污染状况实施调查检测，并公布其结果。

（现场调查）

第十三条 农林水产大臣或环境大臣、都道府县知事为调查检测农业用地土壤特定有害物质污染状况而有必要时，可以在其必要限度内，派工作人员进入农业用地现场，对土壤或农作物等实施调查检测，或为调查检测而无偿采集所需最小限度的土壤或农作物等。

2 拟根据本条正文规定进入现场的工作人员必须携带显示其身份的证件，在相关人员提出要求时予以出示。

（相关行政机构等提供合作）

第十四条 农林水产大臣或环境大臣认为为实现本法的目的而有必要时，可以要求相关行政机构长官或相关地方政府长官提供必要的资料或信息，进行意见陈述，或提供其他合作。

2 都道府县知事认为为实现本法的目的而有必要时，可以要求相关行政机构长官或相关地方政府长官在提供必要资料等方面给予合作，或就农业用地的土壤特定有害物质污染防治陈述意见。

（国家的指示）

第十四条之二 环境大臣认为为防止农业用地的土壤特定有害物质污染导致生产出可能损害人体健康的农畜产品而有紧急需要时，可以就以下事务对都道府县知事做出必要的指示：

一 基于第三条正文及第八条正文规定的指定相关事务；

二 基于第四条正文及第九条正文规定的变更及解除相关事务；

三 基于第七条规定的措施相关事务。

2 农林水产大臣或环境大臣认为为防止农业用地的土壤特定有害物质污染导致生产出可能损害人体健康的农畜产品而有紧急需要时，可以就以下事务对都道府县知事做出必要的指示：

一 基于第十条规定的劝告相关事务；

二 根据第十四条第二款规定要求合作或陈述意见相关事务。

（国家及都道府县的支持）

第十五条 国家及都道府县应为完成治理计划而努力提供必要的帮助、指导及其他支持。

（推进研究）

第十六条 国家及都道府县应努力推进针对农业用地土壤特定有害物质污染防治技术及该污染对农作物等产生影响的研究，并推广研究成果。

（权限的委托）

第十六条之二 本法所规定的农林水产大臣的权限可以根据农林水产省令的规定，委托给地方农政局局长。

2 本法所规定的环境大臣的权限可以根据环境省令的规定，委托给地方环境事务所所长。

（事务的划分）

第十六条之三 根据第十一条之二的规定而应由都道府县处理的事务为《地方自治法》（1947 年法律第 67 号）第二条第九款第一项所规定的第一项法定受托事务。

（罚则）

第十七条 拒绝、妨碍或逃避基于第十三条正文规定的调查检测或采集的，处三万日元以下罚金。

2 法人代表、法人或个人代理人、雇佣人员及其他从业人员就该法人或个人业务做出本条正文的违法行为时，除处罚行为人之外，还将对该法人或个人处以本条正文的刑罚。

附 则（摘录）

（施行日期）

本法自公布之日起，在不超过六个月的范围内，自政令规定之日起施行。

关于农业用地土壤污染防治的法律施行令

1971 年 6 月 24 日　政令第 204 号
最终修订　2010 年 6 月 16 日　政令第 148 号

（特定有害物质）

第一条　《关于农业用地土壤污染防治的法律》（以下称“法律”）第二条第三款的政令规定物质为以下物质：

一　镉及其化合物；

二　铜及其化合物；

三　砷及其化合物。

（农业用地土壤污染治理地区的指定条件）

第二条　法律第三条正文的政令规定条件如下所示：

一　确认该地区内农业用地生产的大米中，镉含量超过每公斤大米 0.4 mg；

二　为第一项所示地区的附近地区，符合以下 a 和 b 的条件，并且从该地区内农业用地生产的大米镉含量以及与该项所示地区的距离、位置条件等方面来看，确认该农业用地生产的大米镉含量明显可能超过每公斤大米 0.4 mg；

a 该地区内的农业用地土壤镉含量在第一项所示地区内农业用地土壤镉含量的同等程度以上；

b 该地区内农业用地的土壤性质状态与第一项所示地区内的农业用地土壤性质状态大致相同。

三　确认该地区内的农业用地（仅限水田）土壤中，铜含量超过每公斤土壤 125 mg；

四　确认该地区内的农业用地（仅限水田，在本项中，以下亦同）土壤中砷含量超过每公斤土壤 15 mg（如该地区存在自然条件上的特殊情况，确认依照该数值将不利于该地区农业用地中的农作物生长发育，则依照都道府县知事在每公斤土壤 10 mg ~ 20 mg 范围内规定的其他数值）。

2 为判定是否符合本条正文各项条件而进行镉、铜及砷含量检测时，其检测方法由环境省令做出规定。

3 都道府县知事确定本条正文第四项中的其他数值后，必须及时将该数值报告环境大臣。

附　则

本政令自公布之日起施行。

关于土壤污染的环境标准

1991 年 8 月 23 日　环境厅告示第 46 号

最终修订　2019 年 3 月 20 日　环境省告示第 48 号

现就基于《公害对策基本法》（1967 年法律第 132 号）第九条规定的土壤污染环境标准做出告示如下。

关于《环境基本法》（1993 年法律第 91 号）第十六条正文所述的土壤污染相关环境条件，为保护人体健康、保护生活环境而希望予以维持的标准（以下称“环境标准”）及达标时间如下：

第一　环境标准

1. 另附表项目栏所对应的各项环境标准如该表环境条件栏所示。

2. “1”中所述环境标准，是针对另附表项目栏的各个项目，在确认能准确把握该项目土壤污染状况的地点，采用该表检测方法栏所示的方法，分别检测后得到的检测值。

3. 对于确认明显纯属自然原因的污染地点以及为利用或处置另附表项目栏所示项目的相关物质，目前对该物质予以集中存放的设施（例如，原材料堆放处、废弃物填埋场地等），其土壤不适用“1”中所述环境标准。

第二　环境标准的达标时间

对于不符合环境标准的土壤，应根据污染的程度、范围、影响形态等，尽可能迅速做出努力，达到并维持该标准。

并且，在预计无法尽快达到环境标准的情况下，应为防止土壤污染造成环境影响而采取必要措施。

另附表

项目	环境条件	检测方法
镉	每1 L检测溶液低于0.01 mg，且在农业用地中，每1 kg大米低于0.4 mg	在环境条件中，与检测溶液中浓度有关的，依照日本工业规格K0102（以下称“规格”）55所规定的方法；与农业用地有关的，依照1971年6月农林省令第47号所规定的方法
总氰化物	检测溶液中不得检出	规格38所规定的方法（规格38.1.1及38备注11所规定的方法除外）或1971年12月环境厅告示第59号附表1所示方法
有机磷	检测溶液中不得检出	1974年9月环境厅告示第64号附表1所示的方法或规格31.1所示方法中、除气相色谱法以外的方法（如为甲基内吸磷，则为1974年9月环境厅告示第64号附表2所示的方法）
铅	每1 L检测溶液低于0.01 mg	规格54所规定的方法
六价铬	每1 L检测溶液低于0.05 mg	规格65.2（规格65.2.7除外）所规定的方法（但是，按照规格65.2.6所规定的方法进行高盐分浓度的试样检测时，应进行日本工业规格K0170-7之7a）或b）的规定操作）
砷	每1 L检测溶液低于0.01 mg，且农业用地（仅限水田）中每1 kg土壤低于15 mg	在环境条件中，与检测溶液中浓度有关的，按照规格61所规定的方法；与农业用地有关的，按照1975年4月总理府令第31号所规定的方法
总汞量	每1 L检测溶液低于0.000 5 mg	1971年12月环境厅告示第59号附表2所示的方法
烷基汞	检测溶液中不得检出	1971年12月环境厅告示第59号附表3以及1974年9月环境厅告示第64号附表3所示的方法
PCB	检测溶液中不得检出	1971年12月环境厅告示第59号附表4所示的方法
铜	农业用地（仅限水田）中每1 kg土壤低于125 mg	1972年10月总理府令第66号所规定的方法
二氯甲烷	每1 L检测溶液低于0.02 mg	日本工业规格K0125之5.1、5.2、5.3.2所规定的方法

项目	环境条件	检测方法
四氯化碳	每 1 L 检测溶液低于 0.002 mg	日本工业规格 K0125 之 5.1、5.2、5.3.1、5.4.1 以及 5.5 所规定的方法
氯乙烯	每 1 L 检测溶液低于 0.002 mg	1997 年 3 月环境厅告示第 10 号附表所示方法
1,2- 二氯乙烷	每 1 L 检测溶液低于 0.004 mg	日本工业规格 K0125 之 5.1、5.2、5.3.1 以及 5.3.2 所规定的方法
1,1- 二氯乙烯	每 1 L 检测溶液低于 0.1 mg	日本工业规格 K0125 之 5.1、5.2 以及 5.3.2 所规定的方法
顺 -1,2- 二氯乙烯	每 1 L 检测溶液低于 0.04 mg	顺式异构体为日本工业规格 K0125 之 5.1、5.2 及 5.3.2 所规定的方法；反式异构体为日本工业规格 K0125 之 5.1、5.2 以及 5.3.1 所规定的方法
1,1,1- 三氯乙烷	每 1 L 检测溶液低于 1 mg	日本工业规格 K0125 之 5.1、5.2、5.3.1、5.4.1 以及 5.5 所规定的方法
1,1,2- 三氯乙烷	每 1 L 检测溶液低于 0.006 mg	日本工业规格 K0125 之 5.1、5.2、5.3.1、5.4.1 以及 5.5 所规定的方法
三氯乙烯	每 1 L 检测溶液低于 0.03 mg	日本工业规格 K0125 之 5.1、5.2、5.3.1、5.4.1 以及 5.5 所规定的方法
四氯乙烯	每 1 L 检测溶液低于 0.01 mg	日本工业规格 K0125 之 5.1、5.2、5.3.1、5.4.1 以及 5.5 所规定的方法
1,3- 二氯丙烯	每 1 L 检测溶液低于 0.002 mg	日本工业规格 K0125 之 5.1、5.2 以及 5.3.1 所规定的方法
秋兰姆	每 1 L 检测溶液低于 0.006 mg	1971 年 12 月环境厅告示第 59 号附表 5 所示的方法
西玛津	每 1 L 检测溶液低于 0.003 mg	1971 年 12 月环境厅告示第 59 号附表 6 第一或第二所示的方法
杀草丹	每 1 L 检测溶液低于 0.02 mg	1971 年 12 月环境厅告示第 59 号附表 6 第一或第二所示的方法
苯	每 1 L 检测溶液低于 0.01 mg	日本工业规格 K0125 之 5.1、5.2 以及 5.3.2 所规定的方法
硒	每 1 L 检测溶液低于 0.01 mg	规格 67.2、67.3 以及 67.4 所规定的方法

项目	环境条件	检测方法
氟	每 1 L 检测溶液低于 0.8 mg	规格 34.1（规格 34 备注 1 除外）或 34.4（检测含有大量卤化物以及卤化氢干扰物质的样品时，在大约 200 ml 水中溶入硫酸 10 ml、磷酸 60 ml 以及氯化钠 10 g，将溶液与 250 ml 甘油相混合，加水至 1000 ml，作为蒸馏试剂溶液使用，再增加日本工业规格 K0170-6 之 6 图 2 注记的铝溶液管路）所规定的方法、规格 34.1.1c)（注(2) 第三句及规格 34 备注 1 除外）所规定的方法（已确认悬浮物质及离子色谱法干扰物质不共存时，此方法可省略）以及 1971 年 12 月环境厅告示第 59 号附表 7 所示的方法
硼	每 1 L 检测溶液低于 1 mg	规格 47.1、47.3 以及 47.4 所规定的方法
1,4- 二氧六环	每 1 L 检测溶液低于 0.05 mg	1971 年 12 月环境厅告示第 59 号附表八所示方法

备注：
1 环境条件中，与检测溶液中浓度有关的，应依照附表所示的方法配制检测溶液，并用其进行检测。
2 镉、铅、六价铬、砷、总汞量、硒、氟以及硼的环境条件中，如为检测溶液中浓度相关数值，则在污染土壤远离地下水水面，并保持原状的情况下，若该地下水中的上述物质浓度分别未超出每 1 L 地下水 0.01 mg、0.01 mg、0.05 mg、0.01 mg、0.000 5 mg、0.01 mg、0.8 mg 以及 1 mg，则其标准应分别为每 1 L 检测溶液 0.03 mg、0.03 mg、0.15 mg、0.03 mg、0.001 5 mg、0.03 mg、2.4 mg 以及 3 mg。
3 “检测溶液中不得检出”是指按照检测方法栏所示的方法实施检测后，其结果低于该方法的最低检出限。
4 有机磷是指对硫磷、甲基对硫磷、甲基内吸磷以及 EPN。
5 1,2- 二氯乙烯的浓度为：按照日本工业规格 K0125 之 5.1、5.2 或 5.3.2 测出的顺式异构体浓度与按照日本工业规格 K0125 之 5.1、5.2 或 5.3.1 测出的反式异构体浓度之和

附表

检测溶液应采用以下方法制作：

1 镉、总氰化物、铅、六价铬、砷、总汞量、烷基汞、PCB 以及硒采用以下方法：

（1）采集后的土壤处理

将采集的土壤装入玻璃容器或不吸附检测对象物质的容器。采集土壤后立即进行测试。如不能立即测试，则避光保存，并尽快进行测试。

（2）试样的制作

将采集的土壤在不超过 30℃的温度下风干，去除中小型砾石、木片等，将土块、土壤团聚体大致打碎（注 1）后，通过网眼大小为 2 mm 的非金属筛，将得到的土壤充分混合。

（3）液体试样的配制

将试样（单位 g）与溶剂（水（指日本工业规格 K0557 所规定的 A3 或 A4 的水，以下同））（单位 ml）按重量体积比 10% 的比例混合，并使该混合液达到 500 ml 以上。

（4）析出

将调配的液体试样在常温（大约 20℃）常压（大约 1 个大气压）状态下用振荡器（事先将振荡次数调节为每分钟大约 200 次，振荡幅度在 4 cm 以上、5 cm 以下）连续水平振荡 6 小时。振荡容器的容积应为溶剂体积的两倍左右。

（5）检测溶液的制作

将通过（1）至（4）的操作得到的液体试样静置 10 ~ 30 分钟后，以每分钟大约 3 000 转的速度进行 20 分钟的离心分离，然后将上层清液用孔径 0.45 μm、直径 90 mm 的膜滤器全部过滤（注 2），取过滤液，正确计取定量分析所需要的量，将其作为检测溶液。

（注 1）不要对土壤颗粒进行揉搓等过度粉碎处理。

（注 2）过滤时间在 30 分钟以内的，不更换滤纸。超过 30 分钟的，大致每 30 分钟更换一次滤纸。

2 二氯甲烷、四氯化碳、氯乙烯、1,2- 二氯乙烷、1,1- 二氯乙烯、顺 -1,2- 二氯乙烯、1,1,1- 三氯乙烷、1,1,2- 三氯乙烷、三氯乙烯、四氯乙烯、1,3- 二氯丙烯、苯以及 1,4- 二氧六环采用以下方法：

（1）采集后的土壤处理

这些物质具有很强的挥发性，因此采集的土壤要不留空隙地装在可密闭玻璃容器或不吸附检测对象物质的容器中。采集土壤后立即进行测试。如不能立即测试，则将其保存在 4℃以下的阴凉避光处，并尽快进行测试。其中，与 1,3- 二氯丙烯有关的土壤应冷冻保存。

（2）试样的制作

从采集的土壤中去除粒径大致超过 5 mm 的中小型砾石、木片等。

（3）液体试样的配制

将试样（单位 g）和溶剂（水）（单位 ml）按重量体积比 10% 的比例取入事先装入搅拌器的螺纹口锥形瓶中（注 1）（注 2），迅速加塞密封。这时，要使混合液达到 500 ml 以上，并使混合液在螺纹口锥形瓶中留下的顶部空间尽可能小。

（4）析出
使配制的液体试样保持常温（大约 20℃）常压（大约 1 个大气压），用磁力搅拌器连续搅拌 4 小时（注 3）。
（5）检测溶液的配制
将通过（1）至（4）的操作得到的液体试样静置 10～30 分钟后，将上层清液提取至有塞试管中，正确计取定量分析所需要的量，将其作为检测溶液（注 4）。
（注 1）在所用螺纹口锥形瓶中装入所用的搅拌器进行质量测定。将其灌满水，加塞密闭后测定其质量。根据前后的质量差求取螺纹口锥形瓶的空隙容量（单位 ml）。测定一次空隙容量后，如使用同一容器及同一搅拌器，则无须每次测定，从第二次开始即可采用该空隙容量。
（注 2）也可以测定每 1 g 试样的体积（ml），根据（注 1）求得的空隙容量，调节不留顶部空间的加水量。
（注 3）调节磁力搅拌器，使试样与水可均匀混合搅拌，并注意不要使液体试样发热
（注 4）从上层清液提取到检测的操作过程中，注意不要使检测对象物质出现损耗。
3 有机磷、秋兰姆、西玛津及杀草丹采用以下方法：
（1）采集后的土壤处理
采集后的土壤装入玻璃容器或不吸附检测对象物质的容器中。采集土壤后立即进行测试。如不能立即测试，则冷冻保存，并尽快进行测试。
（2）试样的制作
将采集的土壤在不超过 30℃的温度下风干，去除中小型砾石、木片等，将土块、土壤团聚体大致打碎（注 1）后，通过网眼大小为 2 mm 的非金属筛，将得到的土壤充分混合。
（3）液体试样的配制
将试样（单位 g）与溶剂（水）（单位 ml）按重量体积比 10% 的比例混合，并使该混合液达到 1 000 ml 以上。
（4）析出
将调配的液体试样在常温（大约 20℃）常压（大约 1 个大气压）状态下用振荡器（事先将振荡次数调节为每分钟大约 200 次，振荡幅度在 4 cm 以上、5 cm 以下）连续水平振荡 6 小时。振荡容器的容积应为溶剂体积的两倍左右。
（5）检测溶液的配制
将通过（1）至（4）的操作得到的液体试样静置 10～30 分钟后，以每分钟大约 3 000 转的速度进行 20 分钟的离心分离，然后将上层清液用孔径 0.45 μm、直径 90 mm 的膜滤器全部过滤（注 2），取过滤液，正确计取定量分析所需要的量，将其作为检测溶液。
（注 1）不要对土壤颗粒进行揉搓等过度粉碎处理。
（注 2）过滤时间在 30 分钟以内的，不更换滤纸。超过 30 分钟的，大致每 30 分钟更换一次滤纸。
4 氟以及硼采用以下方法：
（1）采集后的土壤处理
采集后的土壤装入聚乙烯容器或检测物质不吸附、不析出的容器中。采集土壤后立即进行测试。如不能立即测试，则避光保存，并尽快进行测试。

（2）试样的制作
将采集的土壤在不超过 30℃的温度下风干，去除中小型砾石、木片等，将土块、土壤团聚体大致打碎（注 1）后，通过网眼大小为 2 mm 的非金属筛，将得到的土壤充分混合。
（3）液体试样的配制
将试样（单位 g）与溶剂（水）（单位 ml）按重量体积比 10% 的比例混合，并使该混合液达到 500 ml 以上。
（4）析出
将调配的液体试样在常温（大致 20℃）常压（大致 1 个大气压）状态下用振荡器（事先将振荡次数调节为每分钟大约 200 次，振荡幅度为 4 cm 以上、5 cm 以下）连续水平振荡 6 小时。振荡容器使用聚乙烯容器或检测物质不吸附、不析出的容器，容积应为溶剂体积的两倍左右。
（5）检测溶液的配制
将通过（1）至（4）的操作得到的液体试样静置 10 ~ 30 分钟后，以每分钟大约 3 000 转的速度进行 20 分钟的离心分离，然后将上层清液用孔径 0.45 μm、直径 90 mm 的膜滤器全部过滤（注 2），取过滤液，正确计取定量分析所需要的量，将其作为检测溶液。
（注 1）不要对土壤进行揉搓等过度粉碎处理。
（注 2）过滤时间在 30 分钟以内的，不更换滤纸。超过 30 分钟的，大致每 30 分钟更换一次滤纸

第四部分

大气污染与恶臭

大气污染防治法

1968 年 6 月 10 日　法律第 97 号
最终修订　2015 年 6 月 19 日　法律第 41 号

第一章　总　则

（目的）

第一条　本法的目的在于：对工厂及业务场所因业务活动及建筑物拆解等产生的烟尘、挥发性有机化合物、粉尘等实施排放管控，为切实保障《关于汞的水俣公约》（以下称“公约”）的顺利实施而对工厂及业务场所业务活动产生的汞等实施排放管控，推进开展有害大气污染物治理，确定机动车尾气排放允许限值。通过上述措施，保护国民健康及生活环境免受大气污染侵害，并在大气污染造成人体健康损害的情况下，认定企业的损害赔偿责任，保护受害人的利益。

（定义等）

第二条　本法所称“烟尘”，是指以下各项所列物质：

一 燃料等物质燃烧产生的硫氧化物；

二 燃料等物质燃烧，或以电为热源时产生的烟尘；

三　因物质燃烧、合成、分解及其他处理（机械处理除外）而产生的镉、氯、氟化氢、铅等可能对人体健康或生活环境造成危害的政令规定物质（第一项所示物质除外）。

2 本法所称“烟尘产生设施”，是指工厂或业务场所设置的产生及排放烟尘的设施中，其排放烟尘造成大气污染的政令规定设施。

3 本法所称“烟尘处理设施”，是指对烟尘产生设施的烟尘实施处理的设施及其附属设施。

4 本法所称“挥发性有机化合物”，是指以气体状态排放或飞散至大气中的有机化合物（悬浮颗粒物以及不导致产生氧化剂的政令规定物质除外）。

5 本法所称“挥发性有机化合物排放设施”，是指工厂或业务场所设置的排放挥发性有机化合物的设施中，该设施排放的挥发性有机化合物造成大气污染，并且由于挥发性有机化合物排放量较多，尤其需要对其实施管控的政令规定设施。

6 制定前款的政令时，应充分考虑促进企业自主努力，控制挥发性有机化合物的排放及飞散。

7 本法所称“粉尘”，是指物体粉碎、分拣等机械处理或堆积所产生或飞散的物质。

8 本法所称“特定粉尘”，是指粉尘中的石棉等可能危害人体健康的政令规定物质。“一般粉尘”是指特定粉尘之外的粉尘。

9 本法所称“一般粉尘产生设施”，是指工厂或业务场所设置的、导致一般粉尘产生、排放或飞散的设施中，其排放或飞散的一般粉尘造成大气污染的政令规定设施。

10 本法所称“特定粉尘产生设施”，是指工厂或业务场所设置的、导致特定粉尘产生、排放或飞散的设施中，其排放或飞散的特定粉尘造成大气污染的政令规定设施。

11 本法所称“特定粉尘排放等作业”，是指对使用导致喷涂石棉等特定粉尘产生或飞散的、政令规定建筑材料（以下称“特定建筑材料”）的建筑物等构造物（以下简称“建筑”）实施的拆解、改造或修缮作业中，其作业场所排放或飞散的特定粉尘造成大气污染的政令规定作业。

12 本法所称“汞等”，是指汞及其化合物。

13 本法所称“汞排放设施”，是指工厂或业务场所设置的、向大气中排放汞等物质的设施中，根据公约规定，需对其实施管控的政令规定设施。

14 本法所称“排放口”，是指为向大气中排放烟尘产生设施的烟尘或挥发性有机化合物排放设施的挥发性有机化合物、汞排放设施的汞等物质而设置的烟囱等设施开口部位。

15 本法所称“有害大气污染物”，是指持续吸入则可能对人体健康造成损害的大气污染原因物质（烟尘（仅限本条正文第一项及第三项所列物质）、特定粉尘及汞等物质除外）。

16 本法所称“机动车尾气”，是指机动车（由环境省令做出规定的、《道路运输车辆法》（1951 年法律第 185 号）第二条第二款规定的机动车以及该条第三款规定的动力自行车，以下同）运行产生的一氧化碳、碳氢化合物、铅等可能危害人体健康及生活环境的政令规定物质。

第二章　烟尘排放管控

（排放标准）

第三条　烟尘排放标准由环境省令针对烟尘产生设施的烟尘做出规定。

2 关于本条正文所述排放标准，第二条正文第一项的硫氧化物（以下简称“硫氧化物”）执行以下第一项，该条正文第二项的烟尘（以下简称“烟尘”）执行以下第二项，该条正文第三项规定物质（以下称“有害物质”）执行以下第三项及第四项所示允许限值：

一　针对与硫氧化物有关的烟尘产生设施产生并从排放口排放至大气中的硫氧化物的量，按照政令规定的地区划分，根据排放口高度（指按照环境省令规定方法加以修正的高度，以下同）确定的允许限值；

二　针对与灰尘有关的烟尘产生设施产生并从排放口排放至大气中的排放物中的灰尘含量，按照设施种类及规模规定的允许限值；

三　针对与有害物质（第四项的特定有害物质除外）有关的烟尘产生设施产生并从排放口排放至大气中的排放物中有害物质含量，按照有害物质种类及设施种类规定的允许限值；

四　针对与环境大臣指定的、燃料等物质燃烧产生有害物质（以下称“特定有害物质”）有关的烟尘产生设施产生并从排放口排放至大气中的特定有害物质的量，按照特定有害物质种类，根据排放口高度规定的允许限值。

3 环境大臣认为在设施集中地区（指与硫氧化物、灰尘或特定有害物质有关的烟尘产生设施集中设置的地区）的全部或部分区域，该烟尘产生设施产生并排放至大气中的这些物质导致或可能导致超过政令规定限值的大气污染时，可以发布环境省令，针对该全部或部分区域，就该区域新建的该烟尘产生设施，规定应替代本条正文排放标准（已根据第四条正文规定制定排放标准的，则为该排放标准）而予以适用的特殊排放标准。

4 第二款（该款第三项除外）规定同样适用于前款的排放标准。

5 环境大臣拟根据本条正文规定制定硫氧化物排放标准，或根据第三款规定制定排放标准时，必须听取相关都道府县知事的意见。拟变更或废止该标准时亦同。

第四条 都道府县确认其辖区内存在某个区域，从该区域的自然、社会条件判断，依靠与灰尘及有害物质相关的第三条正文及第三款排放标准不足以充分保护人体健康及生活环境时，可以根据政令规定制定条例，针对该区域烟尘产生设施产生的这些物质，规定应替代该条正文排放标准予以适用的、允许限值比该标准更为严格的排放标准。

2 本条正文所述的条例中，必须同时明确该区域的范围。

3 都道府县根据本条正文规定制定排放标准时，必须事先由该都道府县知事通知环境大臣。

（有关排放标准的劝告）

第五条 环境大臣认为为防治大气污染而尤其有必要时，可以向都道府县提出劝告，劝其按照第四条正文规定制定排放标准，或修改按照该规定制定的排放标准。

（总量控制标准）

第五条之二 对于工厂及业务场所集中地区，如确认仅依靠第三条正文或第三款以及第四条正文的排放标准将难以保证达到《环境基本法》（1993 年第 91 号）第十六条正文规定的大气污染环境条件标准（第五条之三正文第三项称“大气环境标准”），且该地区属于政令按硫氧化物等政令规定烟尘（以下称“指定烟尘”）确定的地区（以下称“指定地区”），则都道府县知事必须针对其按照环境省令规定标准确定的、一定规模以上的该指定地区的该指定烟尘排放工厂或业务场所（以下称“特定工厂”）产生的该指定烟尘，制定指定烟尘总量削减计划，并以此为基础，按照环境省令的规定，制定总量控制标准。

2 都道府县知事认为有必要时，可以将该指定地区划分为多个区域，并针对这些区域，分别制定本条正文的总量控制标准。

3 对于有新建烟尘产生设施的特定工厂（包括在工厂或业务场所设置烟尘产生设施或改变其结构等，从而成为新的特定工厂的情况）以及新建的特定工厂，都道府县知事可以根据本条正文的指定烟尘总量削减计划，按照环境省令的规定，分别制定应替代本条正文总量控制标准予以适用的特殊总量控制标准。

4 本条正文及第三款的总量控制标准是针对每座特定工厂，就该特定工厂设置的所有烟尘产生设施产生并经排放口排向大气中的该指定烟尘总量而规定的允许限值。

5 如有某地区确认符合本条正文的政令确定地区条件，则都道府县知事可以向环境大臣提出申请，要求拟定政令，将其确定为本条正文所述的地区。

6 对于确定本条正文所述地区的政令，环境大臣拟制定或修改、废止该政令时，必须听取相关都道府县知事的意见。

7 都道府县知事制定本条正文及第三款的总量控制标准时，必须进行公示。变更或废止该总量控制标准时亦同。

（指定烟尘总量削减计划）

第五条之三 第五条之二正文中的指定烟尘总量削减计划应以该指定

地区的以下第一项总量降至第三项总量为目标，考虑第二项总量在第一项总量中所占的比例、工厂及业务场所规模、工厂及业务场所原料及燃料使用计划、特定工厂之外的指定烟尘产生源的指定烟尘排放状况变化等情况，根据政令规定，确定第四项至第六项所列事项。在此情况下，根据该指定地区的大气污染状况及工厂、业务场所分布情况，为完成计划，如需将该指定地区划分为多个区域，则第一项至第三项的总量应为所划分的每个区域的指定烟尘总量：

一 该指定地区业务活动及其他人为活动产生并排向大气中的该指定烟尘总量；

二 该指定地区所有特定工厂设置的烟尘产生设施产生并经排放口排向大气中的该指定烟尘总量；

三 针对该指定地区业务活动及其他人为活动产生并排向大气中的该指定烟尘，按照大气环境标准，根据环境省令规定，计算确定的总量；

四 第二项总量的目标削减量（制定作为中期目标的目标削减量时，包含该目标削减量）；

五 完成计划的期限；

六 完成计划的方法途径。

2 都道府县知事拟制定第五条之二正文的指定烟尘总量削减计划时，必须听取根据《环境基本法》第四十三条规定而设置的审议会等合议制机构以及相关市町村长的意见。

3 都道府县知事拟制定第五条之二正文的指定烟尘总量削减计划时，对于本条正文第四项及第五项相关部分，必须事先与环境大臣协商。

4 都道府县知事拟制定第五条之二正文的指定烟尘总量削减计划时，必须尽力公布本条正文各项所示事项。

5 都道府县知事在该指定地区大气污染状况发生变化等情况下，必要时可以修改第五条之二正文中的指定烟尘总量削减计划。

6 第二款至第四款规定同样适用于基于前款规定的总量削减计划修改。

(设置烟尘产生设施的申报)

第六条 向大气中排放烟尘者拟设置烟尘产生设施时，必须根据环境省令规定，向都道府县知事申报以下事项：

一 姓名或名称、地址。如为法人，则申报法人代表姓名；

二 工厂或业务场所名称、所在地；

三 烟尘产生设施的种类；

四 烟尘产生设施的结构；

五 烟尘产生设施的使用方法；

六 烟尘的处理方法。

2 基于本条正文规定的申报必须附加相关文件，文件应记载烟尘产生设施产生并经排放口排向大气中的硫氧化物或特定有害物质的量（以下称“烟尘量”）、烟尘产生设施产生并经排放口排向大气中的排放物中烟尘或有害物质（特定有害物质除外）含量（以下称“烟尘浓度”）以及烟尘排放方式等环境省令规定的事项。

(过渡措施)

第七条 一座设施成为烟尘产生设施时，向大气中排放烟尘的该设施现有设置者（包括正在设置施工者）必须在该设施成为烟尘产生设施之日起的三十天内，按照环境省令的规定，向都道府县知事申报第六条正文各项所列事项。

2 第六条第二款规定同样适用于基于本条正文规定的申报。

(变更烟尘产生设施结构的申报)

第八条 基于第六条正文及第七条正文规定的申报者拟变更其申报的第六条正文第四项至第六项事项时，必须按照环境省令的规定，就此事向都道府县知事做出申报。

2 第六条第二款规定同样适用于基于本条正文规定的申报。

（修改计划的命令）

第九条 都道府县知事接到基于第六条正文或第八条正文规定的申报后，如认为其申报的烟尘产生设施的烟尘量或烟尘浓度不符合该烟尘产生设施的排放标准（指第三条正文的排放标准（如已根据该条第三款或第四条正文规定，制定了排放标准，则包括该排放标准）。在本章中，以下称“排放标准”），则可以在受理其申报之日起的六十天内，命令该申报者修改其申报的烟尘产生设施的结构、使用方法或烟尘处理方法相关计划（包括废止根据第八条正文规定申报的计划）以及废止根据第六条正文规定申报的烟尘产生设施设置计划。

第九条之二 都道府县知事接到基于第六条正文或第八条正文规定的申报后，对于其申报的设有烟尘产生设施的特定工厂（包括在工厂或业务场所设置该烟尘产生设施或改变其结构等，从而成为新的特定工厂的情况。在本条中，以下亦同），如认为该特定工厂设置的所有烟尘产生设施的该指定烟尘总量不符合总量控制标准，则可以在受理其申报之日起的六十天内，命令该特定工厂的设置者改进该特定工厂的指定烟尘处理方法，改变使用的燃料，或采取其他必要措施。

（实施限制）

第十条 根据第六条正文以及第八条正文规定提出申报者，在其申报受理之日起的六十天内，不得设置其申报的烟尘产生设施，或变更其申报的烟尘产生设施的结构、使用方法或烟尘处理方法。

2 都道府县知事认为基于第六条正文或第八条正文规定的申报事项内容得当时，可以缩短本条正文规定的期限。

（姓名变更等申报）

第十一条 根据第六条正文或第七条正文规定提出申报者，其申报的第六条正文第一项或第二项事项出现变更，或其申报的烟尘产生设施已停用时，必须自当天起，在三十天内向都道府县知事做出申报。

（承继）

第十二条　根据第六条正文或第七条正文规定提出申报者转让或出租其申报的烟尘产生设施时，受让者或承租方将承继该烟尘产生设施申报者的地位。

2 根据第六条正文或第七条正文规定提出申报者出现继承、合并或分割（仅限承继其申报的烟尘产生设施的情况）时，继承人、合并后得以延续的法人或合并后成立的法人、分割后承继该烟尘产生设施的法人将承继该申报者的地位。

3 承继者根据本条上述规定，承继根据第六条正文或第七条正文规定提出申报者的地位后，必须自承继之日起的三十天内，就此事向都道府县知事做出申报。

4 对于工厂或业务场所设置的所有烟尘产生设施，根据本条正文或第二款规定承继申报者地位的主体，在第九条之二、第十四条第三款、第十五条之二正文或第二款规定的适用上将承继工厂或业务场所设置者的地位。

（烟尘排放限制）

第十三条　将烟尘产生设施的烟尘排放至大气中的主体（以下称“烟尘排放者”），不得排放烟尘量及烟尘浓度不符合该烟尘产生设施排放口排放标准的烟尘。

2 一座设施成为烟尘产生设施时，对于该设施现有设置者（包括正在设置施工者）向大气中排放的该设施产生的烟尘，在该设施成为烟尘产生设施之日起的六个月内（该设施如为政令规定设施，则为一年内），本条正文的规定将不适用。但是，适用于该主体的地方政府条例中如有相当于本条正文的规定，则不受此限。

（指定烟尘的排放限制）

第十三条之二 特定工厂设置的烟尘产生设施的指定烟尘排放者，其经该特定工厂设置的所有烟尘产生设施排放口向大气中排放的该指定烟尘的总量必须符合总量控制标准。

2 对于因第二条第二款的政令修订、确定第五条之二正文所述地区的政令修订以及该条正文中都道府县知事规定规模变更而成为新的特定工厂的工厂或业务场所，其设置的烟尘产生设施的指定烟尘排放者在该工厂或业务场所成为特定工厂之日起的六个月内，不适用于本条正文的规定。

（整改命令）

第十四条 都道府县知事认为烟尘排放者可能持续排放烟尘量及烟尘浓度不符合排放口排放标准的烟尘时，可以命令该排放者限期整改该烟尘产生设施的结构或使用方法，或整改该烟尘产生设施的烟尘处理方法，或临时停用该烟尘产生设施。

2 第十三条第二款规定同样适用于基于本条正文规定的命令。

3 都道府县知事认为可能持续排放不符合总量控制标准的指定烟尘时，可以命令与该指定烟尘相关的特定工厂设置者限期整改该特定工厂的指定烟尘处理方法，改变使用的燃料，或采取其他必要措施。

4 对于因第二条第二款的政令修订、确定第五条之二正文所述地区的政令修订以及该条正文中都道府县知事规定规模变更而成为新的特定工厂的工厂或业务场所，在该工厂或业务场所成为特定工厂之日起的六个月内，前款的规定将不适用。

（随季节采取的燃料使用措施）

第十五条 对于政令规定的、燃料使用量随季节而有明显变化的硫氧化物烟尘产生设施密集地区，在硫氧化物导致或可能导致严重大气污染的情况下，都道府县知事如认为该地区硫氧化物烟尘产生设施的大气中硫氧化物排放者使用了不符合该烟尘产生设施燃料使用标准的燃料，则可以对其提出劝告，劝其限期遵守燃料使用标准。

2 相关主体接到基于本条正文规定的劝告而不听从该劝告时，都道府县知事可以命令其限期遵守该燃料使用标准。

3 本条正文的燃料使用标准应由都道府县知事根据环境省令规定的燃料种类，依据环境大臣确定的标准，按照本条正文中政令规定的各个地区做出规定。

4 环境大臣拟制定、修订或废止本条正文的政令时，必须听取相关都道府县知事的意见。

5 都道府县知事根据第三款规定制定燃料使用标准时，必须进行公示。变更或废止该燃料使用标准时亦同。

（指定地区的燃料使用措施）

第十五条之二 都道府县知事认为在硫氧化物相关指定地区，特定工厂之外的工厂或业务场所的燃料使用不符合燃料使用标准时，可以对该工厂或业务场所设置者提出劝告，劝其限期遵守燃料使用标准。

2 相关主体接到基于本条正文规定的劝告而不听从该劝告时，都道府县知事可以命令其限期遵守该燃料使用标准。

3 本条正文的燃料使用标准是针对设有硫氧化物烟尘产生设施的特定工厂之外的工厂和业务场所设置的标准，应由都道府县知事根据环境省令规定的燃料种类，依据环境大臣确定的指定烟尘总量削减标准，按照与硫氧化物相关的各个指定地区做出规定。

4 都道府县知事认为有必要时，可以将该指定地区划分为多个区域，针对每个区域分别制定本条正文的燃料使用标准。

5 第十五条第五款规定同样适用于本条正文的燃料使用标准。

（烟尘量的测定）

第十六条 烟尘排放者必须按照环境省令规定，测定该烟尘产生设施的烟尘量或烟尘浓度，并记录和保存测定结果。

(发生事故时的措施)

第十七条 设有烟尘产生设施以及在工厂或业务场所中设有相关设施，该设施（烟尘产生设施除外，以下称“特定设施”）产生的物质属于政令规定的、因物质合成、分解等化学处理而生成的可能危害人体健康或生活环境的物质（以下称“特定物质”）时，其设置者在烟尘产生设施或特定设施发生故障、破损及其他事故，导致烟尘或特定物质向大气中大量排放的情况下，必须立即采取事故应急措施，并努力迅速进行事故善后复原。

2 在本条正文的情况下，本条正文规定的主体必须立即向都道府县知事报告该事故情况。但是，已根据《石油联合企业等灾害防止法》（1975 年法律第 84 号）第二十三条正文规定做出报告的，则不受此限。

3 发生本条正文规定的事故后，都道府县知事认为发生该事故的工厂或业务场所周边区域的人员遭受或可能遭受健康损害时，可以命令与该事故相关的本条正文规定主体采取必要措施，防止事故扩大或再次发生。

(企业的责任与义务)

第十七条之二 企业除采取本章规定的烟尘排放管控等措施外，还必须掌握其业务活动产生烟尘的大气中排放状况，同时采取必要措施，控制该烟尘排放。

第二章之二 挥发性有机化合物的排放管控

(采取措施的方针)

第十七条之三 必须使本章所规定的挥发性有机化合物排放管控与企业自主开展的挥发性有机化合物排放及飞散管控工作适当结合，本着力争有效控制挥发性有机化合物排放及飞散的宗旨，采取挥发性有机化合物排放及飞散管控等措施。

（排放标准）

第十七条之四 挥发性有机化合物排放标准应针对经挥发性有机化合物排放设施排放口排放至大气中的排放物中挥发性有机化合物含量（以下称“挥发性有机化合物浓度”），根据设施种类及不同规模，由环境省令规定其允许限值。

（设置挥发性有机化合物排放设施的申报）

第十七条之五 大气中挥发性有机化合物排放者拟设置挥发性有机化合物排放设施时，必须按照环境省令的规定，向都道府县知事申报以下事项：

一 姓名、名称及地址。如为法人，则申报法人代表姓名；

二 工厂或业务场所名称及所在地；

三 挥发性有机化合物排放设施的种类；

四 挥发性有机化合物排放设施的结构；

五 挥发性有机化合物排放设施的使用方法；

六 挥发性有机化合物的处理方法。

2 基于本条正文规定的申报必须附加相关文件，文件应记载挥发性有机化合物浓度、挥发性有机化合物排放方式等环境省令规定的事项。

（过渡措施）

第十七条之六 一座设施成为挥发性有机化合物排放设施时，向大气中排放挥发性有机化合物的该设施现有设置者（包括正在设置施工者）必须按照环境省令的规定，在该设施成为挥发性有机化合物排放设施之日起的三十天内，向都道府县知事申报第十七条之五正文各项所示事项。

2 第十七条之五第二款规定同样适用于基于本条正文规定的申报。

（变更挥发性有机化合物排放设施结构的申报）

第十七条之七 根据第十七条之五正文、第十七条之六正文规定做出申报的主体拟变更其申报的第十七条之五正文第四项至第六项事项时，必须根据环境省令的规定，就此事向都道府县知事做出申报。

2 第十七条之五第二款规定同样适用于基于本条正文规定的申报。

(修改计划的命令)

第十七条之八 都道府县知事接到基于第十七条之五正文或第十七条之七正文规定的申报后，如认为其申报的挥发性有机化合物排放设施的挥发性有机化合物浓度不符合该挥发性有机化合物排放设施的排放标准（指第十七条之四的排放标准。在本章中，以下称“排放标准”），则可以在受理其申报之日起的六十天内，命令该申报者修改其申报的挥发性有机化合物排放设施的结构、使用方法或挥发性有机化合物处理方法相关计划（包括废止基于第十七条之七正文规定的申报计划），或命令其废止根据第十七条之五正文规定做出申报的挥发性有机化合物排放设施设置计划。

(实施限制)

第十七条之九 根据第十七条之五正文以及第十七条之七正文规定提出申报者，在其申报受理之日起的六十天内，不得设置其申报的挥发性有机化合物排放设施，不得变更其申报的挥发性有机化合物排放设施结构、使用方法或挥发性有机化合物处理方法。

(遵守排放标准的义务)

第十七条之十 经挥发性有机化合物排放设施向大气中排放挥发性有机化合物的主体（以下称“挥发性有机化合物排放者”），必须遵守其挥发性有机化合物排放设施的排放标准。

(整改命令)

第十七条之十一 对于挥发性有机化合物排放者排放的挥发性有机化合物，都道府县知事认为其排放口的挥发性有机化合物浓度不符合排放标准时，可以命令该挥发性有机化合物排放者限期整改该挥发性有机化合物排放设施结构、使用方法或该挥发性有机化合物排放设施的挥发性有机化合物处理方法，或命令其暂停使用该挥发性有机化合物排放设施。

（测定挥发性有机化合物浓度）

第十七条之十二 挥发性有机化合物排放者必须按照环境省令的规定，测定该挥发性有机化合物排放设施的挥发性有机化合物浓度，并记录其结果。

（同样适用）

第十七条之十三 第十条第二款规定同样适用于根据第十七条之九的规定而实施限制。

2 第十一条及第十二条规定同样适用于根据第十七条之五正文、第十七条之六正文规定而提出申报的主体。

3 第十三条第二款规定同样适用于根据第十七条之十一的规定发出的命令。

（企业的责任与义务）

第十七条之十四 企业必须掌握其业务活动导致的大气中挥发性有机化合物排放及飞散状况，同时采取必要措施，控制其排放和飞散。

（国民的努力）

第十七条之十五 全体国民均必须努力控制其日常生活导致的大气中挥发性有机化合物排放及飞散，同时在购买商品时，通过选购挥发性有机化合物用量较少的产品等，努力促进控制挥发性有机化合物排放及飞散。

第二章之三　粉尘管控

（设置一般粉尘产生设施的申报）

第十八条 拟设置一般粉尘产生设施的主体必须按照环境省令的规定，

向都道府县知事申报以下事项：

一 姓名、名称及地址。如为法人，申报法人代表的姓名；

二 工厂或业务场所名称及所在地；

三 一般粉尘产生设施的种类；

四 一般粉尘产生设施的结构；

五 一般粉尘产生设施的使用及管理方法。

2 基于本条正文规定的申报必须附加一般粉尘产生设施布局图等环境省令规定的文件。

3 根据本条正文或第十八条之二正文规定提出申报者，拟变更其申报的本条正文第四项及第五项事项时，必须按照环境省令的规定，就此事向都道府县知事做出申报。

(过渡措施)

第十八条之二 一座设施成为一般粉尘产生设施时，该设施现有设置者（包括正在设置施工者）必须按照环境省令的规定，在该设施成为一般粉尘产生设施之日起的三十天内，向都道府县知事申报第十八条正文各项所示事项。

2 第十八条第二款规定同样适用于基于本条正文规定的申报。

(遵守标准的义务)

第十八条之三 一般粉尘产生设施的设置者对于该一般粉尘产生设施，必须遵守环境省令规定的结构、使用及管理标准。

(达标命令)

第十八条之四 都道府县知事认为一般粉尘产生设施的设置者未遵守第十八条之三的标准时，可以命令该设置者在规定期限内，使该一般粉尘产生设施达到该条的标准，或命令其暂停使用该一般粉尘产生设施。

（场地边界标准）

第十八条之五 关于与特定粉尘产生设施邻近土地之间的场地边界管控标准（以下称“场地边界标准”），应针对设置特定粉尘产生设施的工厂或业务场所因业务活动而产生和飞散，并经工厂或业务场所排放至大气中的特定粉尘，按照特定粉尘的种类，由环境省令分别设定工厂或业务场所场地边界的大气中浓度允许限值。

（设置特定粉尘产生设施的申报）

第十八条之六 向大气中排放或飞散特定粉尘的主体拟设置特定粉尘产生设施时，必须按照环境省令的规定，向都道府县知事申报以下事项：

一 姓名、名称及地址。如为法人，则申报法人代表姓名；

二 工厂或业务场所名称及所在地；

三 特定粉尘产生设施的种类；

四 特定粉尘产生设施的结构；

五 特定粉尘产生设施的使用方法；

六 特定粉尘处理及防止飞散的方法。

2 基于本条正文规定的申报必须随附特定粉尘产生设施布局图以及记载特定粉尘排放方式等环境省令规定事项的文件。

3 根据本条正文及第十八条之七正文规定提出申报者拟变更其申报的本条正文第四项至第六项事项时，必须按照环境省令的规定，就此事向都道府县知事做出申报。

4 第二款规定同样适用于基于本条正文规定的申报。

（过渡措施）

第十八条之七 一座设施成为特定粉尘产生设施时，向大气中排放或飞散特定粉尘的该设施现有设置者（包括正在设施施工者）必须按照环境省令的规定，在该设施成为特定粉尘产生设施之日起的三十天内，向都道府县知事申报第十八条之六正文各项所示事项。

2 第十八条之六第二款规定同样适用于基于本条正文规定的申报。

（修改计划的命令）

第十八条之八 都道府县知事接到基于第十八条之六正文或第三款规定的申报后，如认为其申报的设置特定粉尘产生设施的工厂或业务场所场地边界处的大气中特定粉尘浓度不符合场地边界标准，则可以在受理其申报之日起的六十天内，命令该申报者修改其申报的特定粉尘产生设施的结构、使用方法、特定粉尘处理方法或飞散防止方法相关计划（包括废止基于第十八条之六正文或第三款规定的申报计划），或命令其废止根据该条正文规定申报的特定粉尘产生设施设置计划。

（实施限制）

第十八条之九 根据第十八条之六正文或该条第三款规定提出申报者，在其申报受理之日起的六十天内，不得设置其申报的特定粉尘产生设施，不得变更其申报的特定粉尘产生设施的结构、使用方法、特定粉尘处理方法或飞散防止方法。

（遵守场地边界标准的义务）

第十八条之十 经工厂或业务场所向大气中排放设有特定粉尘产生设施的工厂或业务场所因业务活动而产生或飞散的特定粉尘的主体（以下称“特定粉尘排放者”），必须遵守场地边界标准。

（整改命令）

第十八条之十一 都道府县知事认为特定粉尘排放者排放或飞散的特定粉尘大气中浓度在该工厂或业务场所场地边界处不符合场地边界标准时，可以命令该特定粉尘排放者限期整改该特定粉尘产生设施的结构、使用方法、特定粉尘处理方法或飞散防止方法，或命令其暂停使用该特定粉尘产生设施。

（特定粉尘浓度的测定）

第十八条之十二 特定粉尘排放者必须按照环境省令的规定，测定其工厂或业务场所场地边界处的大气中特定粉尘浓度，并记录其结果。

（同样适用）

第十八条之十三 第十条第二款规定同样适用于根据第十八条之九的规定所实施的限制。

2 第十一条及第十二条规定同样适用于根据第十八条正文、第十八条之二正文、第十八条之六正文、第十八条之七正文规定而提出申报者。

3 第十三条第二款规定同样适用于根据第十八条之四、第十八条之十一的规定而发出的命令。

（作业标准）

第十八条之十四 特定粉尘排放等作业管控标准（以下称“作业标准”）应由环境省令按照特定粉尘的种类以及特定粉尘排放等作业种类，分别设定特定粉尘排放等作业方法相关标准。

（特定粉尘排放等作业的申报）

第十八条之十五 包含特定粉尘排放等作业的建设施工（以下称“特定施工”）委托者（指发出建设施工（从别处承揽的建设施工除外）委托订单的主体，以下同）以及不签署委托承包合同，自行开展特定施工的主体（第二款称“特定施工委托者等”），必须根据环境省令的规定，在特定粉尘排放等作业开始日期的至少十四天前，向都道府县知事申报以下事项。但是，因灾害等非常事态，需要紧急开展特定粉尘排放等作业时，则不受此限：

一 姓名、名称及地址，如为法人，申报法人代表姓名；

二 特定施工的施工者姓名、名称及地址，如为法人，申报法人代表姓名；

三 特定施工的地点；

四 特定粉尘排放等作业种类；

五 特定粉尘排放等作业实施时间；

六 作为特定粉尘排放等作业对象的建筑部分的特定建筑材料种类、使用部位及使用面积；

七 特定粉尘排放等作业方法。

2 在本条正文但书的情况下，含有该特定粉尘排放等作业的特定施工委托者必须迅速向都道府县知事申报本条正文各项所示的事项。

3 基于本条上述规定的申报必须随附作为该特定粉尘排放等作业对象的建筑布局图以及记载环境省令规定事项的文件。

（修改计划的命令）

第十八条之十六 都道府县知事接到基于第十八条之十五正文规定的申报后，如认为其申报的特定粉尘排放等作业方法不符合作业标准，则可以在受理其申报之日起的十四天内，命令该申报者修改其申报的特定粉尘排放等作业方法相关计划。

（拆解等施工的调查及说明）

第十八条之十七 包含建筑拆解、改造、维修作业的建设施工（环境省令规定的、明显不属于特定施工的建设施工除外。以下称“拆解等施工”）的承包者（承包对方从别处承揽的拆解等施工的除外，第二款及第二十六条正文亦同），必须调查该拆解等施工是否属于特定施工，同时根据环境省令的规定，就调查结果向该拆解等施工的委托者提交记有环境省令规定事项的书面材料并进行说明。在此情况下，如该拆解等施工属于特定施工，则必须书面记录第十八条之十五正文第四项至第七项所列事项以及环境省令规定的其他事项，并就上述事项进行说明。

2 在本条正文前半部分的情况下，拆解等施工委托者应适当承担该拆解等施工承包者开展本条正文规定调查时所需要的费用，或就该调查采取其他必要措施，以协助调查的开展。

3 不签署委托承包合同而自行开展拆解等施工的主体（第二十六条正文称“自主施工者”），必须调查该拆解等施工是否属于特定施工。

4 已按照本条正文及前款规定完成调查的主体，在实施该调查涉及的拆解等施工时，必须根据环境省令的规定，以公众容易看见的形式，将该调查结果及环境省令规定的其他事项张贴在该拆解等施工场所。

（遵守作业标准的义务）

第十八条之十八 特定施工的施工者对于该特定施工的特定粉尘排放等作业，必须遵守其作业标准。

（命令遵守作业标准）

第十八条之十九 都道府县知事认为特定施工的施工者在该特定施工的特定粉尘排放等作业上未遵守作业标准时，可以命令该施工者在规定期限内遵守该特定粉尘排放等作业的作业标准，或命令其暂停该特定粉尘排放等作业。

（委托者的注意事项）

第十八条之二十 特定施工的委托者应注意不要在施工方法、工期、施工费等特定施工委托承包合同相关事项中对特定施工的施工者提出可能妨碍其遵守作业标准的条件。

第二章之四　汞等排放管控

（采取措施的方针）

第十八条之二十一 为推进公约切实得到顺利实施，必须使本章规定的汞等排放管控与企业自主开展的汞等排放控制活动适当结合，以有效控制大气中汞等排放为宗旨，采取大气中汞等排放控制措施及其他相关措施。

（排放标准）

第十八条之二十二 汞等排放标准应考虑大气中汞等减排技术水平及经济效益，本着尽可能减排的原则，针对汞排放设施排放口向大气中排放的排放物中的汞等含量（以下称“汞浓度”），按照设施种类及规模，由环境省令分别规定其允许限值。

（设置汞排放设施的申报）

第十八条之二十三 向大气中排放汞等物质的排放者拟设置汞排放设施时，必须按照环境省令的规定，向都道府县知事申报以下事项：

一 姓名、名称及地址，如为法人，则申报法人代表姓名；

二 工厂或业务场所名称及所在地；

三 汞排放设施的种类；

四 汞排放设施的结构；

五 汞排放设施的使用方法；

六 汞等处理方法。

2 基于本条正文规定的申报必须随附相关文件，文件应记载汞浓度、向大气中排放汞等物质的方式以及环境省令规定的其他事项。

（过渡措施）

第十八条之二十四 一座设施成为汞排放设施时，向大气中排放汞等物质的该设施现有设置者（包括正在设置施工者）必须在该设施成为汞排放设施之日起的三十天内，根据环境省令规定，向都道府县知事申报第十八条之二十三正文各项所列事项。

2 第十八条之二十三第二款规定同样适用于基于本条正文规定的申报。

（变更汞排放设施结构的申报）

第十八条之二十五 第十八条之二十三正文或第十八条之二十四正文规定的申报者，在其申报的第十八条之二十三正文第四项至第六项事项出现变更时，必须按照环境省令规定，就此事向都道府县知事做出申报。

2 第十八条之二十三第二款规定同样适用于基于本条正文规定的申报。

（修改计划的命令）

第十八条之二十六 都道府县知事接到基于第十八条之二十三正文或第十八条之二十五正文规定的申报后，如认为其申报的汞排放设施的汞浓度不符合针对该汞排放设施的第十八条之二十二的排放标准（在本章中，以下称“排放标准”），则可以在受理其申报之日起的六十天内，命令该申报者修改其申报的汞排放设施结构、使用方法或汞等处理方法相关计划（包括废止基于第十八条之二十五正文规定的申报计划），或废止基于第十八条之二十三正文规定的汞排放设施设置计划。

（实施限制）

第十八条之二十七 根据第十八条之二十三正文以及第十八条之二十五正文规定提出申报者，在其申报受理之日起的六十天内，不得设置其申报的汞排放设施，不得改变其申报的汞排放设施的结构、使用方法或汞等处理方法。

（遵守排放标准的义务）

第十八条之二十八 通过汞排放设施向大气中排放汞等物质的主体（以下称“汞排放者”）必须遵守其汞排放设施的排放标准。

（整改劝告及整改命令）

第十八条之二十九 都道府县知事认为汞排放者持续向大气中排放汞等物质，其排放口汞浓度不符合排放标准时，可以对该汞排放者提出劝告，劝其限期整改该汞排放设施的结构、使用方法或汞等处理方法，或劝其暂停使用该汞排放设施，或为减少大气中汞等排放而采取其他措施。

2 相关主体接到基于本条正文规定的劝告而不听从时，都道府县知事可以命令其在规定期限内采取劝告所提出的措施。

（汞浓度的测定）

第十八条之三十 汞排放者必须根据环境省令规定，测定该汞排放设施的汞浓度，并对测定结果予以记录和保存。

（同样适用）

第十八条之三十一 第十条第二款规定同样适用于根据第十八条之二十七的规定所采取的实施限制。

2 第十一条及第十二条规定同样适用于根据第十八条之二十三正文或第十八条之二十四正文规定提出申报者。

3 第十三条第二款规定同样适用于基于第十八条之二十九正文规定的劝告以及基于该条第二款规定的命令。

（需减排设施的设置者自主努力）

第十八条之三十二 对于工厂或业务场所设置的向大气中排放汞等物质的设施（汞排放设施除外），如果其汞等排放量相当高，属于政令认为应控制其排放并对其做出规定的设施（在本条中，以下称“需减排设施”），则其设置者必须针对该需减排设施的大气中汞等排放，单独或共同制定应予遵守的标准，测定汞浓度并记录和保存测定结果，或采取其他必要措施控制大气中汞等排放，并公布该措施实施情况及其评价。

（企业的责任和义务）

第十八条之三十三 除第十八条之三十二的规定外，企业还必须掌握其业务活动所造成的大气中汞等排放状况，为控制该排放而采取必要措施，同时配合国家采取的大气中汞等排放控制措施。

（国家的措施）

第十八条之三十四 国家必须掌握和公布本国大气中汞等排放状况，收集整理大气中汞等减排技术信息，推广减排技术成果，或为大气中汞等减排而努力采取其他措施。

（地方政府的措施）

第十八条之三十五 地方政府为促进企业采取必要措施控制大气中汞等排放，必须尽力为其提供必要信息，同时还应面向居民，普及关于控制大气中汞等排放的知识。

第二章之五　推进治理有害大气污染物

（采取措施的方针）

第十八条之三十六 对于有害大气污染物造成的大气污染，必须在丰富的科学知识基础上，本着对未来人体健康损害防患于未然的宗旨，采取防治等措施。

（企业的责任和义务）

第十八条之三十七 企业必须掌握其业务活动排放或飞散至大气中的有害大气污染物状况，同时为控制该排放或飞散而采取必要措施。

（国家的措施）

第十八条之三十八 国家应与地方政府合作，为掌握有害大气污染物造成的大气污染状况而努力开展调查，并丰富有害大气污染物对人体健康影响的科学知识。

2 国家应根据本条正文的调查实施情况及该条正文中的科学知识丰富程度，按每一种有害大气污染物分别评价大气污染对人体健康造成损害的可能性，并定期公布其成果。

3 国家为促进企业采取第十八条之三十七的措施以及帮助推进第十八条之三十九的地方政府措施，应尽力收集整理控制有害大气污染物排放或飞散的技术信息，并促进技术成果的推广普及。

（地方政府的措施）

第十八条之三十九 地方政府必须为掌握该区域有害大气污染物造成的大气污染状况而努力开展调查。

2 地方政府为促进企业采取第十七条之三十七的措施，必须尽力对其提供必要信息，并面向地区居民，努力普及有害大气污染物造成的大气污染的防治知识。

（国民的努力）

第十八条之四十 全体国民均必须努力控制其日常生活向大气中排放或飞散的有害大气污染物。

第三章 机动车尾气的允许限值

（允许限值）

第十九条 环境大臣必须规定机动车在一定条件下运行时产生，并排向大气中的排放物中所含有的机动车尾气的排放量允许限值。

2 为防治机动车尾气引起的大气污染，国土交通大臣依据《道路运输车辆法》发布命令，对机动车尾气排放管控相关必要事项做出规定时，必须考虑确保低于本条正文的允许限值以及有助于确保低于第十九条之二正文的允许限值。

3 环境大臣必须规定特定特殊机动车（指《关于特定特殊机动车尾气管控的法律》（2005 年法律第 51 号）第二条正文所规定的特定特殊机动车）在一定条件下使用时产生，并排向大气中的排放物中所含有的特定特殊机动车尾气（指该条第三款所规定的特定特殊机动车尾气。本条第四款亦同）

的排放量允许限值。

4 为防治特定特殊机动车尾气引起的大气污染，《关于特定特殊机动车尾气管控的法律》第五条所规定的主管大臣在制定该条的技术标准时，必须考虑确保低于前款的允许限值。

第十九条之二 环境大臣制定第十九条正文的允许限值时，如认为有必要防治机动车尾气引起的大气污染，则必须规定机动车燃料性质状态的允许限值或机动车燃料中物质含量的允许限值。

2 为防治机动车尾气引起的大气污染，经济产业大臣依据《关于保障挥发油等品质的法律》（1976 年法律第 88 号）发布命令，对机动车燃料管控相关必要事项做出规定时，必须考虑确保低于本条正文的允许限值。

（机动车尾气浓度的测定）

第二十条 对于因交叉路口等造成交通拥堵，进而由机动车尾气引起或可能引起严重大气污染的部分道路及其周边区域，都道府县知事应测定其大气中机动车尾气浓度。

（基于测定结果的要求）

第二十一条 都道府县知事实施第二十条的测定后，如认为机动车尾气对部分道路及其周边区域造成的大气污染超过了环境省令规定的限度，则应要求都道府县公安委员会按照《道路交通法》（1960 年法律第 105 号）的规定采取措施。

2 环境大臣拟制定本条正文的环境省令时，必须事先与国家公安委员会协商。

3 除依据本条正文规定提出要求外，都道府县知事实施第二十条的测定后，在认为尤其有必要时，可以就该道路部分结构改进等有助于降低机动车尾气浓度的事项，向道路管理者或相关行政机构长官陈述意见。

（国民的努力）

第二十一条之二 全体国民在驾驶或使用机动车以及利用交通工具时，均必须努力控制机动车尾气的排放。

第四章 大气污染状况的监控

（日常监控）

第二十二条 都道府县知事必须根据环境省令的规定，对大气污染（放射性物质造成的大气污染除外。第二十四条正文亦同）状况进行日常监控。

2 都道府县知事必须根据环境省令的规定，向环境大臣报告本条正文的日常监控结果。

3 环境大臣必须根据环境省令的规定，对放射性物质（仅限环境省令规定的放射性物质。第二十四条第二款亦同）造成的大气污染状况进行日常监控。

（应急措施）

第二十三条 因大气污染严重而出现可能对人体健康或生活环境造成损害的事态，且该事态属于政令规定的事态时，都道府县知事必须将该事态告知公众，同时针对可能导致该大气污染进一步恶化的烟尘排放者、挥发性有机化合物排放或飞散者、机动车使用或驾驶者，要求其配合削减烟尘排放量、挥发性有机化合物排放量或飞散量，或自主实施机动车限行。

2 因气象状况影响而导致大气污染急剧恶化，出现可能对人体健康或生活环境产生重大损害的事态，且该事态属于政令规定的事态，其原因在于烟尘及挥发性有机化合物时，都道府县知事应根据环境省令的规定，命令烟尘排放者及挥发性有机化合物排放者采取削减烟尘排放量或烟尘浓度及挥发性有机化合物浓度、限制烟尘产生设施及挥发性有机化合物排放设施使用等必要措施，如该事态源于机动车尾气，则应要求都道府县公安委员会依照《道路交通法》的规定，采取相应措施。

（公布）

第二十四条 都道府县知事必须根据环境省令规定，公布该都道府县区域的大气污染状况。

2 环境大臣必须根据环境省令规定，公布放射性物质造成的大气污染状况。

第四章之二 损害赔偿

（无过失责任）

第二十五条 工厂或业务场所的业务活动所伴生的健康损害物质（指烟尘、特定物质或粉尘，仅可能产生生活环境损害的政令规定物质除外。在本章中，以下亦同）向大气中排放（包括飞散。在本章中，以下亦同），进而对人的生命或身体造成损害时，该排放企业有责任对由此而造成的损害进行赔偿。

2 一种物质成为新的健康损害物质时，本条正文的规定适用于该物质成为健康损害物质之日以后，其排放所造成的损害。

第二十五条之二 第二十五条正文规定的损害由多个企业向大气中排放健康损害物质造成，该损害的赔偿责任适用于《民法》（1896 年法律第 89 号）第 719 条正文规定时，如认定某企业对于该损害的发生，其责任程度明显轻微，则法院在裁定其损害赔偿金额时，可对此予以酌情考虑。

（赔偿的酌情考虑）

第二十五条之三 受自然灾害等不可抗力影响而造成第二十五条正文规定的损害时，法院在裁定损害赔偿责任及金额时可对此予以酌情考虑。

（过期失效）

第二十五条之四 对于第二十五条正文规定的损害赔偿，自受害人或其法定代理人获知损害及赔偿责任人时起，三年内未行使索赔权的，该权利即因过期而失去效力。自损害产生之时起，经过二十年时亦同。

（矿业法的适用）

第二十五条之五 对于第二十五条正文规定的损害赔偿责任，如适用于《矿业法》（1950 年法律第 289 号），则依照该法的规定。

（不予适用）

第二十五条之六 本章规定不适用于从事企业业务的人员因工作而出现的负伤、疾病和死亡。

第五章 杂 项

（报告及检查）

第二十六条 环境大臣及都道府县知事在施行本法的必要限度内，可以根据政令规定，要求烟尘产生设施设置者、工厂或业务场所中特定设施设置者、挥发性有机化合物排放设施设置者、一般粉尘产生设施设置者、特定粉尘排放者、拆解等施工委托者或承包者、自主施工者、特定施工的施工者或汞排放设施设置者，报告烟尘产生设施情况、特定设施的事故情况、挥发性有机化合物排放设施情况、一般粉尘产生设施情况、特定粉尘产生施设情况、实施拆解等施工的建筑情况、特定粉尘排放等作业情况、汞排放设施情况等必要事项，或派其工作人员进入烟尘产生设施设置者、工厂或业务场所中特定设施设置者、挥发性有机化合物排放设施设置者、一般粉尘产生设施设置者或特定粉尘排放者的工厂或业务场所、实施拆解等施工的建筑、拆解等施工现场或汞排放设施设置者的工厂或业务场所，对烟尘产生设施、烟尘处理设施、特定设施、挥发性有机化合物排放设施、一般粉尘产生设施、特定粉尘产生设施、实施拆解等施工的建筑、汞排放设施以及其他物品进行检查。

2 环境大臣根据本条正文规定收取报告或派工作人员进行现场检查应在确认为防止大气污染造成人体健康或生活环境损害而有紧急需要的情况下进行。

3 根据本条正文规定实施现场检查的人员必须携带显示其身份的证件，并对相关人员出示。

4 基于本条正文规定的现场检查权限不得解释为为实施犯罪搜查而受认可的权限。

（不予适用）

第二十七条 对于《电力事业法》（1964 年法律第 170 号）第二条正文第十八项规定的电力设备、《燃气事业法》（1954 年法律第 51 号）第二条第十三款规定的燃气设备或《矿山安全保障法》（1949 年法律第 70 号）第十三条正文中经济产业省令规定的烟尘产生设施、特定设施、挥发性有机化合物排放设施、一般粉尘产生设施、特定粉尘产生设施及汞排放设施（以下称“烟尘产生设施等”）产生或飞散的烟尘、特定物质、挥发性有机化合物、一般粉尘、特定粉尘及汞等（以下称“烟尘等”），其排放及飞散者不适用于第六条至第十条（如为该条第二款，则包括在第十七条之十三正文、第十八条之十三正文以及第十八条之三十一正文中同样适用的情况）、第十一条及第十二条（包括这些规定在第十七条之十三第二款、第十八条之十三第二款以及第十八条之三十一第二款中同样适用的情况）、第十七条第二款及第三款、第十七条之五至第十七条之九、第十八条、第十八条之二、第十八条之六至第十八条之九以及第十八条之二十三至第十八条之二十七的规定，而应依照《电力事业法》《燃气事业法》以及《矿山安全保障法》的相应规定。

2 根据本条正文规定的法律而具有相应权限的国家行政机构长官（在本条中，以下简称“行政机构长官”），在接到依据相当于第六条、第八条、第十一条或第十二条第三款（包括这些规定在第十七条之十三第二款、第十八条之十三第二款以及第十八条之三十一第二款中同样适用的情况）、第十七条之五、第十七条之七、第十八条、第十八条之六、第十八条之二十三以及第十八条之二十五的规定的《电力事业法》《燃气事业法》或《矿山安全保障法》的规定，就本条正文所规定的烟尘产生设施等提出的许可或认可申请及申报后，应将其许可或认可申请及申报事项中、基于这些规定的申报事项通知管辖该烟尘产生设施等所在地的都道府县知事。

3 都道府县知事认为本条正文规定的烟尘产生设施等产生或飞散的烟尘等引起大气污染，可能对人体健康或生活环境造成损害时，可以要求行政机构长官根据相当于第九条、第九条之二、第十七条之八、第十八条之八以及第十八条之二十六的规定的、《电力事业法》《燃气事业法》或《矿山安全保障法》的规定，采取相应措施。

4 行政机构长官接到基于前款规定的要求后，应将所采取的措施通知该都道府县知事。

5 对于本条正文规定的烟尘产生设施等，都道府县知事拟根据第十四条正文或第三款、第十七条之十一、第十八条之四或第十八条之十一的规定发出命令，或根据第十八条之二十九正文规定提出劝告，或根据该条第二款规定发出命令时，必须事先与行政机构长官协商。

（要求提交资料）

第二十八条 环境大臣认为为达到本法的目的而有必要时，可以要求相关地方政府长官提交必要资料，并进行说明。

2 都道府县知事认为为达到本法的目的而有必要时，可以要求相关行政机构长官或相关地方政府长官，针对烟尘产生设施、挥发性有机化合物排放设施、一般粉尘产生设施、特定粉尘产生设施、特定粉尘排放等作业或汞排放设施状况等，送交相关资料或提供其他合作，或就防治烟尘、挥发性有机化合物、粉尘或汞等造成的大气污染而陈述意见。

（环境大臣的指示）

第二十八条之二 环境大臣认为为防止大气污染对人体健康造成损害而有紧急需要时，可以就以下事务向都道府县知事或第三十一条正文中的政令规定市（包括特别区）市长发出指示：

一 基于第九条、第九条之二、第十四条正文及第三款、第十五条第二款、第十五条之二第二款、第十七条第三款、第十七条之八、第十七条之十一、第十八条之四、第十八条之八、第十八条之十一、第十八条之十六、第十八条之十九、第十八条之二十六、第十八条之二十九第二款以及第二十三条第二款规定的命令相关事务；

二 基于第十五条正文、第十五条之二正文及第十八条之二十九正文规定的提出劝告相关事务；

三 基于第二十一条正文、第二十三条第二款及第二十七条第三款规定的提出要求相关事务；

四 基于第二十一条第三款规定的陈述意见相关事务；

五 基于第二十三条正文规定的告知公众及要求配合相关事务；

六 基于第二十八条第二款规定的要求合作及陈述意见相关事务。

（国家的支持）

第二十九条 国家为防止工厂或业务场所业务活动、建筑拆解等产生烟尘、挥发性有机化合物、特定粉尘或汞等排放，并造成大气污染，应努力为设施建设及改善筹措必要的资金，提供技术建议，或提供其他支持。

（研究的推进）

第三十条 国家应努力推进烟尘、特定物质、挥发性有机化合物、汞等以及机动车尾气处理技术研究、大气污染对人体健康及生活环境影响的研究、关于大气污染防治的其他研究及国际合作，并推广普及研究成果。

(过渡措施)

第三十条之二 根据本法规定而制定、修订或废止命令时，在认为因该命令制定、修订或废止而有必要的合理范围内，可以设定必要的过渡措施（包括与罚则相关的过渡措施）。

(权限的委托)

第三十条之三 本法所规定的环境大臣的权限，可以根据环境省令的规定，委托给地方环境事务所所长。

(政令规定市市长的事务处理)

第三十一条 根据本法规定而属于都道府县知事权限的部分事务，可以根据政令规定，由政令规定市（包括特别区。以下同）的市长处理。

2 本条正文的政令规定市市长必须将环境省令做出规定的、施行本法的必要事项通知都道府县知事。

(事务划分)

第三十一条之二 根据本法规定而划归都道府县处理的事务中，基于第五条之二正文规定的处理事务（与指定烟尘总量削减计划编制相关的事务除外）以及基于第五条之二第二款及第三款、第十五条第三款、第十五条之二第三款及第四款、第二十二条正文及第二款规定的处理事务为《地方自治法》（1947 年法律第 67 号）第二条第九款第一项所规定的第一项法定受托事务。

(与条例的关系)

第三十二条 本法的规定不妨碍地方政府就以下情况制定条例，确定必要的管控措施：

一 以烟尘产生设施为对象，就其产生的非烟尘物质在大气中的排放实施管控；

二 除烟尘产生设施以外，以产生或排放烟尘的其他设施为对象，就其产生的烟尘在大气中的排放实施管控；

三 以挥发性有机化合物排放设施为对象，就其非挥发性有机化合物在大气中的排放实施管控；

四 除挥发性有机化合物排放设施以外，以排放挥发性有机化合物的其他设施为对象，就其挥发性有机化合物在大气中的排放实施管控；

五 除一般粉尘产生设施以外，以产生、排放或飞散一般粉尘的其他设施为对象，就其产生或飞散的一般粉尘在大气中的排放及飞散实施管控；

六 以特定粉尘产生设施为对象，就其产生或飞散的非特定粉尘物质在大气中的排放及飞散实施管控；

七 除特定粉尘产生设施以外，以产生、排放或飞散特定粉尘的其他设施为对象，就其产生或飞散的特定粉尘在大气中的排放及飞散实施管控；

八 以特定粉尘排放等作业为对象，就其产生或飞散的非特定粉尘物质在大气中的排放及飞散实施管控；

九 除特定粉尘排放等作业以外，以其他建筑拆解、改造及维修作业为对象，就其产生或飞散的特定粉尘在大气中的排放及飞散实施管控；

十 以汞排放设施为对象，就其非汞等物质在大气中的排放实施管控；

十一 除汞排放设施以外，以向大气中排放汞等物质的其他设施为对象，就其汞等在大气中的排放实施管控。

第六章 罚 则

第三十三条 违反基于第九条、第九条之二、第十四条正文或第三款、第十七条之八、第十七条之十一、第十八条之八、第十八条之十一、第十八条之二十六以及第十八条之二十九第二款规定的命令的，处一年以下徒刑或一百万日元以下罚金。

第三十三条之二 有下列情形之一的，处六个月以下徒刑或五十万日元以下罚金：

一 违反第十三条正文或第十三条之二正文规定的；

二 违反基于第十七条第三款、第十八条之四、第十八条之十六、第十八条之十九或第二十三条第二款规定的命令的。

2 因过失而犯有本条正文第一项罪行的，处三个月以下拘役或三十万日元以下罚金。

第三十四条 有下列情形之一的，处三个月以下徒刑或三十万日元以下罚金：

一 未按照第六条正文、第八条正文、第十七条之五正文、第十七条之七正文、第十八条之六正文或第三款、第十八条之十五正文、第十八条之二十三正文以及第十八条之二十五正文规定做出申报，或做出虚假申报的；

二 违反基于第十五条第二款以及第十五条之二第二款规定的命令的。

第三十五条 有下列情形之一的，处三十万日元以下罚金：

一 未按照第七条正文、第十七条之六正文、第十八条正文或第三款、第十八条之二正文、第十八条之七正文以及第十八条之二十四正文规定做出申报，或做出虚假申报的；

二 违反第十条正文、第十七条之九、第十八条之九或第十八条之二十七的规定的；

三 违反第十六条或第十八条之三十的规定，未做出记录以及做出虚假记录，或未保存记录的；

四 未按照第二十六条正文规定做出报告，或做出虚假报告，以及抗拒、妨碍或逃避基于该条正文规定的检查的。

第三十六条 法人代表、法人或个人代理人、雇佣人员及其他从业人员就该法人或个人业务做出违反第三十三条至第三十五条的行为时，除处罚行为人之外，还将对该法人或个人分别处以该条的罚金刑。

第三十七条 未按照第十一条或第十二条第三款（包括这些规定在第十七条之十三第二款、第十八条之十三第二款以及第十八条之三十一第二款中同样适用的情况）、第十八条之十五第二款规定做出申报，或做出虚假申报的，处十万日元以下的过失罚款。

附 则（摘录）

本法自公布之日起，在不超过六个月的范围内，由政令规定日期开始施行。但是，第四条第四款规定自公布之日起施行。

大气污染防治法施行令

1968 年 11 月 30 日　政令第 329 号

最终修订　2017 年 11 月 27 日　政令第 286 号

（有害物质）

第一条　《大气污染防治法》（以下称“法律”）第二条正文第三项的政令规定物质为以下物质：

一 镉及其化合物；

二 氯以及氯化氢；

三 氟、氟化氢以及氟化硅；

四 铅及其化合物；

五 氮氧化物。

（烟尘产生设施）

第二条　法律第二条第二款的政令规定设施为：规模符合附表一右栏条件的相应中栏所示设施。

（排除在挥发性有机化合物之外的物质）

第二条之二　法律第二条第四款的政令规定物质为以下物质：

一 甲烷；

二 二氟一氯甲烷（别称“HCFC-22”）；

三 2- 氯 -1,1,1,2- 四氟乙烷（别称“HCFC-124”）；

四 1,1- 二氯 -1- 氟代乙烷（别称“HCFC-141b”）；

五 1- 氯 -1,1- 二氟乙烷（别称“HCFC-142b”）；

六 1,1- 二氯 -2,2,3,3,3- 五氟丙烷（别称“HCFC-225ca”）；

七 1,3- 二氯 -1,1,2,2,3- 五氟丙烷（别称“HCFC-225cb”）；

八 1,1,1,2,2,3,4,5,5,5- 十氟戊烷（别称“HFC-43-10mee”）。

(挥发性有机化合物排放设施)

第二条之三 法律第二条第五款的政令规定设施为：规模符合附表一之二右栏条件的相应中栏所示设施。

(特定粉尘)

第二条之四 法律第二条第八款的政令规定物质为石棉。

(一般粉尘产生设施)

第三条 法律第二条第九款的政令规定设施为：规模符合附表二右栏条件的相应中栏所示设施。

(特定粉尘产生设施)

第三条之二 法律第二条第十款的政令规定设施为：规模符合附表二之二右栏条件的相应中栏所示设施。

(特定建筑材料)

第三条之三 法律第二条第十一款的政令规定建筑材料为以下建筑材料：

一 喷涂石棉；

二 含有石棉的隔热材料、保温材料及防火包裹材料（不包括第一项所示物质）。

(特定粉尘排放等作业)

第三条之四 法律第二条第十一款的政令规定作业为下列内容：

一 对使用特定建筑材料的建筑物等构造物（以下简称“建筑”）实施拆解作业；

二 对使用特定建筑材料的建筑实施改造或维修作业。

(汞排放设施)

第三条之五 法律第二条第十三款的政令规定设施为：公约附件D所示设施或采用该附件D所示工艺的设施中，符合环境省令所规定的公约第八条二（b）标准的设施。

(机动车尾气)

第四条 法律第二条第十六款的政令规定物质为以下物质：

一 一氧化碳；

二 烃；

三 铅化合物；

四 氮氧化物；

五 颗粒物。

(硫氧化物排放标准的地区划分)

第五条 法律第三条第二款第一项中的政令规定地区划分如附表三所示。

(大气污染物的限值)

第六条 关于法律第三条第三款的政令规定限值，硫氧化物限值如以下第一项所示，烟尘限值如第二项所示：

一 大气中含量小时值（在本条中，以下简称“小时值”）的日均值不超过0.04 ppm[①]。但是，在一年当中，小时值的日均值超过0.04 ppm的天数大于7天的情况除外；

二 大气中含量的年均值不超过0.15 mg/m^3。

① 本书中的“ppm”引自日本法律原文。ppm浓度（parts per million）是用溶质质量占全部溶液质量的百万分比来表示的浓度，也称百万分比浓度。对于气体，ppm一般指摩尔分数或体积分数（编译者注）。

2 计算小时值、小时值的日均值等本条正文规定数值的相关必要事项由环境省令做出规定。

（排放标准相关条例）

第七条 在法律第四条正文规定的条例中，对于烟尘，应针对法律第三条第二款第二项规定的烟尘含量，按设施种类及规模分别设定允许限值；对于有害物质，应针对该款第三项规定的有害物质含量，按其种类及设施种类，分别设定允许限值。

2 如已制定《环境基本法》（1993 年法律第 91 号）第十六条正文规定的大气污染的环境条件标准，则基于法律第四条正文规定的条例（针对根据《关于农业用地土壤污染防治的法律》（1970 年法律第 139 号）第三条正文规定而指定的治理地区农业用地的土壤，为防治该法第二条第三款的特定有害物质污染，不依照大气环境标准而制定的条例规定除外）中，除遵守本条正文的规定外，还应为维持大气环境标准而设定充分且必要的允许限值。

（指定烟尘）

第七条之二 法律第五条之二正文中的政令规定烟尘为硫氧化物及氮氧化物。

（指定地区）

第七条之三 关于法律第五条之二正文中的政令规定地区，硫氧化物为附表三之二所示地区，氮氧化物为附表三之三所示地区。

（指定烟尘总量削减计划）

第七条之四 涉及硫氧化物的指定烟尘总量削减计划中，应以保证 1978 年 3 月达到硫氧化物的大气环境标准为目标，设定其达标期限。

2 涉及氮氧化物的指定烟尘总量削减计划中，应以保证 1985 年 3 月达到氮氧化物的大气环境标准为目标，设定其达标期限。

3 作为指定烟尘总量削减计划的达标方式，应确定设定总量控制标准的相关基本事项。

4 关于法律第五条之三正文第四项中的作为中期目标的目标削减量，其设置不得多于三个。

5 指定烟尘总量削减计划应对其制定计划所需要素，如各个时期不同污染源规模及不同种类的指定烟尘排放状况、不同规模的特定工厂等使用原材料及燃料的预期、特定工厂等设置烟尘处理设施的预期等做出适当考虑。

(法律第十三条第二款的政令规定设施)

第八条 法律第十三条第二款（包括在法律第十四条第二款中同样适用的情况）的政令规定设施为附表一第 14 项、第 15 项、第 20 项至第 26 项所示设施；法律第十八条第三款中同样适用的法律第十三条第二款的政令规定设施为附表二第 1 项所示设施；法律第十八条之三十一第三款中同样适用的法律第十三条第二款的政令规定设施为汞排放设施（指法律第二条第十三项所规定的汞排放设施。第十二条第十款亦同）中，达到法律第十八条之二十二的排放标准需要大量时间的环境省令规定设施。

(法律第十五条正文的政令规定地区)

第九条 法律第十五条正文的政令规定地区为附表四所示地区。

(特定物质)

第十条 法律第十七条正文的政令规定物质为以下物质：

一 氨；

二 氟化氢；

三 氰化氢；

四 一氧化碳；

五 甲醛；

六 甲醇；

七 硫化氢；

八 磷化氢；
九 氯化氢；
十 二氧化氮；
十一 丙烯醛；
十二 二氧化硫；
十三 氯；
十四 二硫化碳；
十五 苯；
十六 吡啶；
十七 苯酚；
十八 硫酸（包括三氧化硫）；
十九 氟化硅；
二十 光气；
二十一 二氧化硒；
二十二 氯磺酸；
二十三 黄磷；
二十四 三氯化磷；
二十五 溴；
二十六 羰基镍；
二十七 五氯化磷；
二十八 硫醇。

（需减排设施）

第十条之二 法律第十八条之三十二的政令规定设施为附表四之二所示设施。

（紧急事态）

第十一条 法律第二十三条正文的政令规定事态为：附表五左栏所示

物质符合其中栏所示情况，并且从气象条件来看，认为该大气污染状况仍将持续。

2 法律第二十三条第二款的政令规定事态为：附表五左栏所示物质符合其右栏所示情况，并且从气象条件来看，认为该大气污染状况仍将持续。

（报告及检查）

第十二条 环境大臣及都道府县知事可以按照法律第二十六条正文规定，要求烟尘产生设施的设置者报告烟尘产生设施的使用方法、烟尘处理方法、烟尘量、烟尘浓度、法律第六条第二款中的环境省令规定事项、烟尘产生设施的事故情况以及事故时采取的措施。上述要求的提出应在确认需要根据法律第十四条正文或第三款、第十五条正文或第二款、第十五条之二正文或第二款、第二十三条第二款以及第二十七条第三款规定，对法律第二十七条正文规定的烟尘产生设施的烟尘排放者行使职权的情况下进行。

2 环境大臣及都道府县知事可以根据法律第二十六条正文规定，派其工作人员进入烟尘产生设施设置者的工厂或业务场所，对烟尘产生设施、烟尘处理设施及上述设施的相关设施、烟尘产生设施使用的燃料和原料以及相关账簿文件进行检查。上述检查应在确认需要根据法律第十四条正文或第三款、第十五条正文或第二款、第十五条之二正文或第二款、第二十三条第二款以及第二十七条第三款规定，对法律第二十七条正文规定的烟尘产生设施的烟尘排放者行使职权的情况下，针对烟尘产生设施、烟尘处理设施、烟尘产生设施使用的燃料和原料以及相关账簿文件进行。

3 环境大臣及都道府县知事可以根据法律第二十六条正文规定，要求工厂或业务场所特定设施的设置者（法律第二十七条正文规定的特定设施设置者除外。在本款中，以下亦同）报告特定设施的事故情况以及事故时采取的措施，或派工作人员进入该设置者的工厂或业务场所，对特定设施及其相关设施、相关账簿文件进行检查。

4 环境大臣及都道府县知事可以根据法律第二十六条正文规定，要求挥发性有机化合物排放设施的设置者报告挥发性有机化合物排放设施的结构和使用方法、挥发性有机化合物的处理方法、挥发性有机化合物浓度以及法律第十七条之五第二款中的环境省令规定事项，或派工作人员进入该设置者的工厂或业务场所，对挥发性有机化合物排放设施及其相关设施、相关账簿文件进行检查。上述措施应在确认需要根据法律第十七条之十一、第二十三条第二款以及第二十七条第三款规定，对法律第二十七条正文规定的挥发性有机化合物排放设施设置者行使职权的情况下进行。

5 环境大臣及都道府县知事可以根据法律第二十六条正文规定，要求一般粉尘产生设施的设置者报告一般粉尘产生设施的结构、使用及管理方式，或派工作人员对一般粉尘产生设施及其相关设施、相关账簿文件进行检查。上述措施应在确认需要根据法律第十八条之四以及第二十七条第三款规定，对法律第二十七条正文规定的一般粉尘产生设施设置者行使职权的情况下进行。

6 环境大臣及都道府县知事可以根据法律第二十六条正文规定，要求特定粉尘排放者报告特定粉尘产生设施的使用方法、特定粉尘处理方法或防止飞散的方法以及法律第十八条之六第二款中的环境省令规定事项，或派工作人员进入特定粉尘排放者的工厂或业务场所，对特定粉尘产生设施及其相关设施、特定粉尘产生设施使用的原料及相关账簿文件进行检查。上述措施应在确认需要根据法律第十八条之十一以及第二十七条第三款规定，对法律第二十七条正文规定的特定粉尘产生设施设置者行使职权的情况下进行。

7 环境大臣及都道府县知事可以根据法律第二十六条正文规定，要求拆解等施工委托者对法律第十八条之十五正文第四项至第七项所示事项、第十八条之十五第三款中的环境省令规定事项以及基于法律第十八条之十七正文规定的调查做出报告。

8 环境大臣及都道府县知事可以根据法律第二十六条正文规定，要求拆解等施工承包者对基于法律第十八条之十七正文规定的调查做出报告，或要求自主施工者对法律第十八条之十五正文第四项至第七项所示事项、第十八条之十五第三款中的环境省令规定事项以及基于法律第十八条之十七第三款规定的调查做出报告，或派工作人员进入拆解等施工建筑或拆解等施工现场，对拆解等施工建筑、拆解等施工产生的废弃物等物质以及相关账簿文件实施检查。

9 环境大臣及都道府县知事可以根据法律第二十六条正文规定，要求特定施工的施工者（不签署委托承包合同，自行施工的除外）报告作为特定粉尘排放等作业对象的建筑部分的特定建筑材料种类、使用部位、使用面积、特定粉尘排放等作业的方法以及法律第十八条之十五第三款中的环境省令规定事项，或派工作人员进入特定施工建筑或特定施工现场，对特定粉尘排放等作业使用的机械、器具及材料（包括控制特定粉尘排放或飞散的机械、器具及材料）进行检查。

10 环境大臣及都道府县知事可以根据法律第二十六条正文规定，要求汞排放设施的设置者报告汞排放设施的结构、使用方法、汞等处理方法、汞浓度以及法律第十八条之二十三第二款中的环境省令规定事项，或派工作人员进入汞排放设施设置者的工厂或业务场所，对汞排放设施及其相关设施、汞排放设施使用的燃料、原料及相关账簿文件实施检查。上述措施应在确认需要根据法律第十八条之二十九以及第二十七条第三款规定，对法律第二十七条正文规定的汞排放设施设置者行使职权的情况下进行。

(政令规定市市长的事务处理)

第十三条 法律规定属于都道府县知事权限的事务当中，与烟尘排放管控、粉尘管控、汞等排放管控相关的以下事务（工厂相关事务除外）、基于法律第十七条第二款规定的报告受理相关事务、基于该条第三款规定的命令相关事务以及由此而产生的基于法律第二十六条正文规定的报告征收和现场检查相关事务、基于法律第二十条规定的测定相关事务、基于法律第二十一条正文规定的提出要求以及基于该条第三款规定的意见陈述相关事务、基于法律第二十二条正文规定的日常监控以及基于该条第二款规定的报告相关事务、基于法律第二十四条正文规定的公布相关事务由小樽市、室兰市、苫小牧市、所泽市、市川市、松户市、市原市、平塚市、藤泽市、四日市市、吹田市、加古川市以及大牟田市的市长（以下称“政令市市长”）处理。在此情况下，法律及政令中，就本条正文前半部分规定事务做出的对都道府县知事的规定，应视为对政令市市长的规定，适用于政令市市长：

一　基于法律第六条正文、第七条正文、第八条正文、第十一条（包括在法律第十八条之十三第二款中同样适用的情况）、第十二条第三款（包括在法律第十八条之十三第二款以及第十八之三十一第二款中同样适用的情况）、第十八条正文及第三款、第十八条之二正文、第十八条之六正文及第三款、第十八条之七正文、第十八条之十五正文及第二款、第十八条之二十三正文、第十八条之二十四正文以及第十八条之二十五正文规定的申报受理相关事务；

二　基于法律第九条、第九条之二、第十四条正文及第三款、第十五条第二款、第十五条之二第二款、第十八条之四、第十八条之八、第十八条之十一、第十八条之十六、第十八条之十九、第十八条之二十六以及第十八条之二十九第二款规定的命令相关事务；

三　基于法律第十条第二款（包括在法律第十八条之十三正文及第十八条之三十一正文中同样适用的情况）规定的缩短期限相关事务；

四　基于法律第十五条正文、第十五条之二正文以及第十八条之二十九正文规定的提出劝告相关事务；

五　基于法律第二十六条正文规定的征收报告及现场检查（确认需要根据法律第二十三条第二款规定行使职权，从而征收报告，或进行现场检查的情况除外）相关事务；

六　基于法律第二十七条第二款及第四款规定的通知受理相关事务；

七　基于法律第二十七条第三款规定的提出要求相关事务；

八　基于法律第二十七条第五款规定的协商相关事务；

九　基于法律第二十八条第二款规定的要求合作及陈述意见相关事务。

2 本条正文规定事务以及法律规定属于都道府县知事权限的事务当中，涉及烟尘排放管控、粉尘管控、汞等排放管控的本条正文各项所示事务如为工厂相关事务以及与挥发性有机化合物排放管控相关的以下事务，则应由《地方自治法》（1947 年法律第 67 号）第二百五十二条之十九正文规定的指定城市（北九州市除外）市长以及该法第二百五十二条之二十二正文规定的核心城市市长（在本款中，以下称“指定城市市长等”）处理。在此情况下，法律及本政令中，就本款前半部分规定事务做出的对都道府县知事的规定，应视为对指定城市市长等做出的规定，适用于指定城市市长等：

一 基于法律第十七条之五正文、第十七条之六正文、第十七条之七正文、在第十七条之十三第二款中同样适用的法律第十一条及十二条第三款规定的申报受理相关事务；

二 基于法律第十七条之八以及第十七条之十一的规定的命令相关事务；

三 基于在法律第十七条之十三正文中同样适用的法律第十条第二款规定的缩短期限相关事务；

四 基于法律第二十六条正文规定的征收报告及现场检查（确认需要根据法律第二十三条第二款规定行使职权，从而征收报告，或进行现场检查的情况除外）相关事务；

五 基于法律第二十七条第二款及第四款规定的通知受理相关事务；

六 基于法律第二十七条第三款规定的提出要求相关事务；

七 基于法律第二十七条第五款规定的协商相关事务；

八 基于法律第二十八条第二款规定的要求合作及陈述意见相关事务。

3 前款规定的事务、基于法律第二十三条正文及第二款规定的采取措施相关事务以及在确认需要根据该款规定行使职权的情况下，根据法律第二十六条正文规定征收报告或实施现场检查的相关事务由北九州市市长处理。在此情况下，法律及本政令中，就本款前半部分规定事务做出的对都道府县知事的规定，应视为对北九州市市长的规定，适用于北九州市市长。

附 则（摘录）

1 本政令自法律施行之日（1968 年 12 月 1 日）起施行。

2 废止《关于烟尘排放管控的法律施行令》（1962 年政令第 438 号）。

附则（2015 年 1 月 30 日 政令第 30 号）（摘录）

（施行日期）

第一条 本政令自《关于部分修订地方自治法的法律》施行之日（2016 年 4 月 1 日）起施行。但是，第二十一条至第二十五条规定以及下一条至附则第十五条的规定自 2015 年 4 月 1 日起施行。

（《大气污染防治法施行令》部分修订的过渡措施）

第五条 对于本政令施行时的特例城市，基于第二十一条规定的旧版《大气污染防治法施行令》第十三条正文及第三款的规定仍具有效力。在此情况下，该条正文中的“《地方自治法》（1947 年法律第 67 号）第二百五十二条之二十六之三正文的特例市”应为“《关于部分修订地方自治法的法律》（2014 年法律第 42 号）附则第二条所规定的施行时的特例市”，“特定特例市”应为“特定施行时的特例市”，“特例市”应为“施行时的特例市”，“特例市市长”应为“施行时的特例市市长”；该条第三款中，“前款规定的事务及法律”应为“法律”，“特定特例市”应为“特定施行时的城市”。

附则（2015 年 11 月 11 日 政令第 377 号）

本政令自《关于部分修订大气污染防治法的法律》（2015 年法律第 41 号）施行之日起施行。

附则（2016 年 9 月 7 日 政令第 299 号）

本政令自《关于部分修订大气污染防治法的法律》（2015 年法律第 41

号）施行之日起施行。

附则（2017年11月27日 政令第286号）（摘录）

本政令自2018年4月1日起施行。

附表一（与第二条相关）

<table>
<tr><td>1</td><td>锅炉（包括热风锅炉，仅用电或废热作为热源的除外）</td><td>按照环境省令规定计算出的传热面积（以下简称“传热面积”）在10 m²以上，或以重油换算，燃烧器的燃料燃烧能力在50 L/h以上</td></tr>
<tr><td>2</td><td>用于产生水煤气或石油气的发生炉及加热炉</td><td>用作原料的煤炭或焦炭处理能力在20 t/d以上，或以重油换算，燃烧器的燃料燃烧能力在50 L/h以上</td></tr>
<tr><td>3</td><td>用于金属冶炼或无机化工产品制造的焙烧炉、烧结炉（包括颗粒烧成炉）以及窑炉（第14项所示设施除外）</td><td rowspan="2">原料处理能力在1 t/h以上</td></tr>
<tr><td>4</td><td>用于金属冶炼的高炉（包括用于熔炼的反射炉）、转炉及平炉（第14项所示设施除外）</td></tr>
<tr><td>5</td><td>用于金属精炼或铸造的熔炉（甑炉、第14项、第24项至第26项所示设施除外）</td><td rowspan="3">炉栅面积（指炉栅的水平投影面积，以下同）在1 m²以上，或风口横截面面积（指在风口最下端的高度上，被炉内壁包围部分的水平横截面积，以下同）在0.5 m²以上，或以重油换算，燃烧器的燃料燃烧能力在50 L/h以上，或变压器的额定容量在200 kV · A以上</td></tr>
<tr><td>6</td><td>用于金属锻造或轧制、金属或金属制品热处理的加热炉</td></tr>
<tr><td>7</td><td>用于制造石油制品、石油化学制品或煤焦油制品的加热炉</td></tr>
<tr><td>8</td><td>用于炼制石油的流化催化裂化装置中的催化剂再生塔</td><td>附着在催化剂上的碳的燃烧能力在200 kg/h以上</td></tr>
<tr><td>8之2</td><td>作为石油气清洗装置附属设备的硫回收装置中的燃烧炉</td><td>以重油换算，燃烧器的燃料燃烧能力在6 L/h以上</td></tr>
</table>

<table>
<tr><td>9</td><td>用于制造窑炉产品的烧成炉和熔炉</td><td rowspan="3">炉栅面积在 1 m^2 以上，或以重油换算，燃烧器的燃料燃烧能力在 50 L/h 以上，或变压器的额定容量在 200 kV · A 以上</td></tr>
<tr><td>10</td><td>用于制造无机化工产品及食品的反应炉（包括用于制造碳黑的燃烧装置）、明火炉（第 26 项所示设施除外）</td></tr>
<tr><td>11</td><td>干燥炉（第 14 项及第 23 项所示设施除外）</td></tr>
<tr><td>12</td><td>用于冶炼生铁、制钢、制造铁合金或碳化物的电炉</td><td>变压器的额定容量在 1 000 kV · A 以上</td></tr>
<tr><td>13</td><td>废弃物焚烧炉</td><td>炉栅面积在 2 m^2 以上，或焚烧能力在 200 kg/h 以上</td></tr>
<tr><td>14</td><td>用于冶炼铜、铅或锌的焙烧炉、烧结炉（包括颗粒烧成炉）、高炉（包括用于熔炼的反射炉）、转炉、熔炉及干燥炉</td><td>原料处理能力在 0.5 t/h 以上，或炉栅面积在 0.5 m^2 以上，或风口横截面面积在 0.2 m^2 以上，或以重油换算，燃烧器的燃料燃烧能力在 20 L/h 以上</td></tr>
<tr><td>15</td><td>用于制造镉颜料或碳酸镉的干燥设施</td><td>容量在 0.1 m^3 以上</td></tr>
<tr><td>16</td><td>用于制造氯乙烯的氯急速冷却设施</td><td rowspan="2">用作原料的氯（氯化氢为氯换算量）处理能力在 50 kg/h 以上</td></tr>
<tr><td>17</td><td>用于制造氯化铁的溶解槽</td></tr>
<tr><td>18</td><td>用于制造活性炭（仅限使用氯化锌制造）的反应炉</td><td>以重油换算，燃烧器的燃料燃烧能力在 3 L/h 以上</td></tr>
<tr><td>19</td><td>用于生产化学制品的氯反应设施、氯化氢反应设施以及氯化氢吸收设施（仅限使用氯气或氯化氢气体的设施，前三项所列设施及密闭式设施除外）</td><td>用作原料的氯（氯化氢为氯换算量）处理能力在 50 kg/h 以上</td></tr>
<tr><td>20</td><td>用于炼铝的电解炉</td><td>电流容量在 30 kA 以上</td></tr>
<tr><td>21</td><td>用于制造磷、磷酸、磷肥及复合肥料（仅限以磷矿石为原料制造）的反应设施、浓缩设施、烧成炉及熔炉</td><td>用作原料的磷矿石处理能力在 80 kg/h 以上，或以重油换算，燃烧器的燃料燃烧能力在 50 L/h 以上，或变压器的额定容量在 200 kV · A 以上</td></tr>
<tr><td>22</td><td>用于制造氟酸的冷凝设施、吸收设施及蒸馏设施（密闭式设施除外）</td><td>传热面积在 10 m^2 以上，或泵动力在 1 kW 以上</td></tr>
</table>

23	用于制造三聚磷酸钠（仅限以磷矿石为原材料制造）的反应设施、干燥炉及烧成炉	原料处理能力在 80 kg/h 以上，或炉栅面积在 1 m^2 以上，或以重油换算，燃烧器的燃料燃烧能力在 50 L/h 以上
24	用于铅的二次冶炼（包括制造铅合金）以及用于制造铅管、铅板或铅丝的熔炉	以重油换算，燃烧器的燃料燃烧能力在 10 L/h 以上，或变压器的定额容量在 40 kV · A 以上
25	用于制造铅酸蓄电池的熔炉	以重油换算，燃烧器的燃料燃烧能力在 4 L/h 以上，或变压器的定额容量在 20 kV · A 以上
26	用于制造铅颜料的熔炉、反射炉、反应炉及干燥设施	容量在 0.1 m^3 以上，或以重油换算，燃烧器的燃料燃烧能力在 4 L/h 以上，或变压器的定额容量在 20 kV · A 以上
27	用于制造硝酸的吸收设施、漂白设施及浓缩设施	硝酸的合成、漂白、浓缩能力在 100 kg/h 以上
28	焦炉	原料处理能力在 20 t/d 以上
29	燃气轮机	以重油换算，燃料的燃烧能力在 50 L/h 以上
30	柴油发动机	
31	燃气发动机	以重油换算，燃料的燃烧能力在 35 L/h 以上
32	汽油发动机	

附表一之二（与第二条之三相关）

1	以挥发性有机化合物为溶剂，用于生产化学制品的干燥设施（仅限使挥发性有机化合物产生蒸发的设施，以下同）	鼓风机的送风能力（未安装鼓风机的设施按排风机的排风能力计算，以下同）在 3 000 m^3/h 以上
2	涂装设施（仅限喷涂设施）	排风机的排风能力在 100 000 m^3/h 以上
3	用于涂装的干燥设施（喷涂及电泳涂漆相关设施除外）	鼓风机的送风能力在 10 000 m^3/h 以上
4	用于制造印刷电路覆铜层压板、胶带或胶布、离型纸及包装材料（仅限合成树脂层压材料）的粘接干燥设施	鼓风机的送风能力在 5 000 m^3/h 以上

5	粘接干燥设施（前一项所示设施以及用于木材及木制品（包括家具）制造的设施除外）	鼓风机的送风能力在 15 000 m^3/h 以上
6	用于印刷的干燥设施（仅限胶印轮转印刷的干燥设施）	鼓风机的送风能力在 7 000 m^3/h 以上
7	用于印刷的干燥设施（仅限凹版印刷的干燥设施）	鼓风机的送风能力在 27 000m^3/h 以上
8	使用挥发性有机化合物的工业用清洗设施（包括该清洗设施中，用于使清洁用挥发性有机化合物产生蒸发的干燥设施）	清洗设施中，挥发性有机化合物与空气的接触面积在 5 m^2 以上
9	37.8 ℃下蒸气压超过 20 kPa 的挥发性有机化合物（汽油、原油、石脑油等）储存罐（密闭式及浮顶式（包括内部浮顶式）除外）	容量在 1 000 k L 以上

附表二（与第三条相关）

1	焦炉	原料处理能力在 50 t/d 以上
2	矿物（包括焦炭，不包括石棉，以下同）及土石堆积场	面积在 1 000 m^2 以上
3	带式输送机和斗式输送机（仅限用于矿物、土石及水泥，密闭式输送除外）	带宽在 75 cm 以上，或斗内容积在 0.03 m^3 以上
4	粉碎机及磨碎机（仅限用于矿物、岩石及水泥，湿法及密闭式粉碎研磨除外）	动力设备的额定输出功率在 75 kW 以上
5	筛子（仅限用于矿物、岩石及水泥，湿法及密闭式筛选除外）	动力设备的额定输出功率在 15 kW 以上

附表二之二（与第三条之二相关）

1	开棉机	动力设备的额定输出功率在 3.7 kW 以上
2	混合机	动力设备的额定输出功率在 3.7 kW 以上
3	纺织机械	动力设备的额定输出功率在 3.7 kW 以上
4	切割机	动力设备的额定输出功率在 2.2 kW 以上

5	研磨机	动力设备的额定输出功率在 2.2 kW 以上
6	切削机械	动力设备的额定输出功率在 2.2 kW 以上
7	粉碎机及磨碎机	动力设备的额定输出功率在 2.2 kW 以上
8	压力机（仅限用于剪切加工的压力机）	动力设备的额定输出功率在 2.2 kW 以上
9	打孔机	动力设备的额定输出功率在 2.2 kW 以上
备注：本表中栏所示设施仅限用于制造含石棉产品的设施，不包括湿法及密闭式设施		

附表三至附表四（省略）

附表四之二（与第十条之二相关）

1	用于冶炼生铁的烧结炉（包括颗粒烧成炉）
2	用于制钢的电炉

附表五（与第十一条相关）

硫氧化物	1. 大气中含量的小时值（除下一项以外，以下简称“小时值”）超过 0.2 ppm 的大气污染状况已持续 3 小时 2. 小时值超过 0.3 ppm 的大气污染状况已持续 2 小时 3. 达到小时值超过 0.5 ppm 的大气污染状况 4. 达到小时值的 48 小时平均值超过 0.15 ppm 的大气污染状况	1. 小时值超过 0.5 ppm 的大气污染状况已持续 3 小时 2. 小时值超过 0.7 ppm 的大气污染状况已持续 2 小时
悬浮颗粒物	大气中含量的小时值超过 2 mg/m^3 的大气污染状态情况已持续 2 小时	大气中含量的小时值超过 3 mg/m^3 的大气污染状况已持续 3 小时
一氧化碳	达到小时值超过 30 ppm 的大气污染状况	达到小时值超过 50 ppm 的大气污染状况
二氧化氮	达到小时值超过 0.5 ppm 的大气污染状况	达到小时值超过 1 ppm 的大气污染状况

氧化剂	达到小时值超过 0.12 ppm 的大气污染状况	达到小时值超过 0.4 ppm 的大气污染状况
备注：此表规定的小时值计算相关必要事项以及悬浮颗粒物、氧化剂的范围由环境省令做出规定		

附表六（与附则第四款相关）

1	使苯（仅限体积百分比浓度在 60% 以上的苯，以下同）产生蒸发的干燥设施，并且其鼓风机的送风能力在 1 000 m^3/h 以上
2	原料处理能力在 20 t/d 以上的焦炉
3	用于回收苯的蒸馏设施（常压蒸馏设施除外）
4	用于生产苯的脱烷基反应设施（密闭式设施除外）
5	容量在 500 k L 以上的苯储存罐
6	以苯为原料的反应设施，并且其苯处理能力在 1 t/h 以上（密闭式设施除外）
7	使三氯乙烯及四氯乙烯（以下称“三氯乙烯等”）产生蒸发的干燥设施，并且其鼓风机的送风能力在 1 000 m^3/h 以上
8	三氯乙烯等物质的混合设施，并且其混合槽的容量在 5 k L 以上（密闭式设施除外）
9	用于三氯乙烯等精制及回收的蒸馏设施（密闭式设施除外）
10	使用三氯乙烯等物质的清洗设施（下一项所示设施除外），并且三氯乙烯等物质与空气的接触面积在 3 m^2 以上
11	使用四氯乙烯的干洗机，并且其处理能力在每次 30 kg 以上

关于大气污染的环境标准

1973 年 5 月 8 日　环境厅告示第 25 号
最终修订　1996 年 10 月 25 日　环境厅告示第 73 号

现根据《公害对策基本法》（1967 年法律第 132 号）第九条规定，对大气污染相关环境标准做出如下告示，并废止《关于悬浮颗粒物的环境标准》（1972 年 1 月环境厅告示第 1 号）。

除另有规定的情况外，《环境基本法》（1993 年法律第 91 号）第十六条正文所规定的、为保护人体健康而希望予以维持的大气污染环境条件（以下称“环境标准”）及其达标期限如下：

第一　环境标准

1. 附表上栏所示物质的环境标准分别如该表所示。

2. “1”中所述环境标准应为按照附表上栏所示的各项物质，在确认能准确把握该物质引起的大气污染状况的地点，按照该表下栏所示的方法测得的检测值。

3. “1”中所述环境标准不适用于工业区、车道等一般民众通常不居住的地区或场所。

第二　达标期限

1. 应努力维持或尽快达到一氧化碳、悬浮颗粒物及光化学氧化剂的环境标准。

2. 应努力维持或原则上五年内达到二氧化硫的环境标准。

附表

物质	二氧化硫	一氧化碳	悬浮颗粒物	光化学氧化剂
环境条件	小时值的日均值低于0.04 ppm，且小时值低于0.1 ppm	小时值的日均值低于10 ppm，且小时值的8小时平均值低于20 ppm	小时的日均值低于0.10 mg/m^3，且小时值低于0.20 mg/m^3	小时值低于0.06 ppm
检测方法	溶液电导率法或紫外线荧光法	采用非分散红外分析仪的方法	过滤采集后的重量浓度测定法、能获得该方法所得重量浓度的线性相关量的光散射法、压电平衡法以及β 射线吸收法	采用中性碘化钾溶液的吸收光度法或电量法、紫外线吸收法以及采用乙烯的化学发光法
备注： 1. 悬浮颗粒物是指悬浮于大气中，其粒径小于 10 μm 的颗粒状物质； 2. 光化学氧化剂是指臭氧、过氧硝酸乙酰酯等光化学反应生成的氧化物质（仅限可从中性碘化钾溶液中释放出碘的物质，不包括二氧化氮）				

关于二氧化氮的环境标准

1978 年 7 月 11 日　环境厅告示第 38 号
最终修订　1996 年 10 月 25 日　环境厅告示第 74 号

现根据《公害对策基本法》（1967 年法律第 132 号）第九条规定，对大气污染相关环境条件中的二氧化氮环境标准做出如下告示。

根据《环境基本法》（1993 年法律第 91 号）第十六条正文规定，关于二氧化氮的环境条件，为保护人体健康而希望予以维持的标准（以下称“环境标准”）及其达标期限如下：

第一　环境标准

1. 二氧化氮的环境标准如下所示：

小时值的日均值位于 0.04 ppm ~ 0.06 ppm 区间或低于该区间。

2. “1”中所述环境标准应为在确认能准确把握二氧化氮引起的大气污染状况的地点，通过采用扎尔兹曼试剂的吸收光度法或采用臭氧的化学发光法，测得的检测值。

3. “1”中所述环境标准不适用于工业区、车道等一般民众通常不居住的地区或场所。

第二　达标期限

1. 小时值的日均值超过 0.06 ppm 的地区应努力使该指标低于 0.06 ppm，达标期限原则上为七年之内。

2. 小时值的日均值在 0.04 ppm ~ 0.06 ppm 区间的地区，原则上应在该区间内努力维持目前水平，或努力避免大幅度超过该水平。

3. 为维持或达到环境标准，除对单个污染源采取排放管控外，还应切实统筹推进各种有效措施。

关于导致大气污染的苯等环境标准

1997 年 2 月 4 日　环境厅告示第 4 号
最终修订　2018 年 11 月 19 日　环境省告示第 100 号

现根据《环境基本法》（1993 年法律第 91 号）第十六条规定，对大气污染相关环境条件中的苯、三氯乙烯、四氯乙烯[①]的环境标准做出如下告示。

根据《环境基本法》第十六条正文规定，关于苯、三氯乙烯、四氯乙烯以及二氯甲烷（以下称“苯等”）导致大气污染的环境条件，为保护人体健康而希望予以维持的标准（以下称“环境标准”）及其达标期限如下：

第一　环境标准

1. 关于苯等导致大气污染的环境标准，附表物质栏所示物质的标准分别如该表环境条件栏所示。

2. “1”中所述环境标准应为按照附表物质栏的各种物质，在确认能准确把握该物质导致的大气污染状况的地点，按照该表检测方法栏所示的方法，测得的检测值。

3. “1”中所述环境标准不适用于工业区、车道等一般民众通常不居住的地区或场所。

第二　达标期限

苯等导致大气污染的环境标准涉及到持续摄入则可能损害人体健康的物质。鉴于此，应本着对未来人体健康损害防患于未然的宗旨，努力维持

① 此处日文原文仅列举三种物质，但后续内容涉及苯、三氯乙烯、四氯乙烯以及二氯甲烷四种物质（编译者注）。

或尽快达到该标准。

附表

物质	环境条件	检测方法
苯	年平均值低于 0.003 mg/m^3	用气相色谱质谱仪检测采样罐或采样管采集的试样，或采用被认为具有同等以上性能的方法
三氯乙烯	年平均值低于 0.13 mg/m^3	用气相色谱质谱仪检测采样罐或采样管采集的试样，或采用被认为具有同等以上性能的方法
四氯乙烯	年平均值低于 0.2 mg/m^3	用气相色谱质谱仪检测采样罐或采样管采集的试样，或采用被认为具有同等以上性能的方法
二氯甲烷	年平均值低于 0.15 mg/m^3	用气相色谱质谱仪检测采样罐或采样管采集的试样，或采用被认为具有同等以上性能的方法

关于导致大气污染的细颗粒物环境标准

2009 年 9 月 9 日　环境省告示第 33 号

现根据《环境基本法》（1993 年法律第 91 号）第十六条规定，对大气污染相关环境条件中的细颗粒物环境标准做出如下告示。

关于《环境基本法》第十六条正文所规定的细颗粒物导致大气污染的环境条件，为保护人体健康而希望予以维持的标准（以下称“环境标准”）及其达标期限如下：

第一　环境标准

1. 细颗粒物的环境标准如下：

年平均值在 15 μg/m^3 以下，且日平均值在 35 μg/m^3 以下。

2. “1”中所述环境标准应为在确认能准确把握细颗粒物导致的大气污染状况的地点，按照过滤采集后进行质量浓度检测的方法，或按照确认能得到该方法检测质量浓度相等数值的自动检测仪检测法，测得的检测值。

3. “1”中所述环境标准不适用于工业区、车道等一般民众通常不居住的地区或场所。

4. 细颗粒物是指悬浮在大气中的一种颗粒状物质，是采用能将粒径 2.5μm 的颗粒分离 50% 的分粒装置，去除粒径较大的颗粒后所采集到的颗粒。

第二　达标期限

应努力维持或达到细颗粒物的大气污染环境标准。

特定地区机动车氮氧化物及颗粒物总量削减特别措施法

1992 年 6 月 3 日　法律第 70 号

最终修订　2011 年 8 月 30 日　法律第 105 号

第一章　总　则

（目的）

第一条　考虑到机动车排放氮氧化物及颗粒物导致的大气污染状况，本法的目的在于明确国家、地方政府、企业及国民的污染防治责任与义务，同时针对污染严重的特定地区，制定机动车排放氮氧化物及颗粒物的总量削减基本方针与计划，针对主要在该地区使用的部分机动车，制定氮氧化物排放标准及颗粒物排放标准，并为控制业务活动导致的机动车氮氧化物及颗粒物排放而采取必要措施。此类措施应与《大气污染防治法》（1968 年法律第 97 号）的措施相辅相成，以保证达到二氧化氮及悬浮颗粒物的大气污染环境标准，并以此保障国民身体健康，维护生活环境。

（定义）

第二条　本法所称“机动车”，是指《道路运输车辆法》（1951 年法律第 185 号）第二条第二款所规定的机动车（大型特殊机动车及小型特殊机动车除外）。

2　本法所称“机动车氮氧化物”，是指机动车运行所产生的、排向大气中的氮氧化物。

3　本法所称“机动车颗粒物”，是指机动车运行所产生的、排向大气中的颗粒物。

(国家及地方政府的责任和义务)

第三条 国家必须为防治机动车氮氧化物和机动车颗粒物（以下称“机动车氮氧化物等”）导致的大气污染而努力制定和实施基本性综合政策措施（包括根据涉及机动车氮氧化物等物质的《大气污染防治法》第三章、第四章及第五章规定，制定和采取相关措施），同时为推进地方政府实施的机动车氮氧化物等大气污染防治措施而提出必要建议，或采取其他必要措施。

2 地方政府必须根据该地区的自然及社会条件，努力采取相应的机动车氮氧化物等大气污染防治措施。

(企业的责任和义务)

第四条 企业必须努力采取必要措施，控制其业务活动导致的机动车氮氧化物等排放，并配合国家及地方政府采取的机动车氮氧化物等大气污染防治措施。

2 从事机动车制造或销售（在本款中，以下称“制造等”）行业的主体，在从事该机动车制造等业务时，必须致力于防治该机动车使用时排放氮氧化物等导致大气污染。

(国民的责任和义务)

第五条 国民在驾驶或使用机动车以及利用交通工具时，必须努力控制机动车氮氧化物等排放，同时配合国家及地方政府实施的机动车氮氧化物等大气污染防治措施。

第二章 机动车氮氧化物等总量削减基本方针与计划

(氮氧化物总量削减基本方针)

第六条 国家对于机动车交通集中，并且被认为仅依靠《大气污染防治法》第三条正文或第三款、或第四条正文的排放标准、该法第五条之二正文或第三款的总量控制标准以及基于该法第十九条规定的措施，则难以保证达到《环境基本法》（1993 年法律第 91 号）第十六条正文规定的大气污染环境条件标准（仅限二氧化氮环境标准。第七条第二款第三项称“二氧化氮大气环境标准”）的政令规定地区（以下称“氮氧化物治理地区”），应制定关于机动车氮氧化物总量削减的基本方针（以下称“氮氧化物总量削减基本方针”）。

2 氮氧化物总量削减基本方针应规定以下事项：

一 氮氧化物治理地区的机动车氮氧化物总量削减目标；

二 第七条正文的氮氧化物总量削减计划制定、第十五条正文的氮氧化物重点治理地区指定、应作为第三十一条正文的判断标准的事项确定以及氮氧化物治理地区机动车氮氧化物总量削减措施等相关基本事项；

三 除前两项所列事项以外，有关氮氧化物治理地区机动车氮氧化物总量削减的其他重要事项。

3 都道府县在其辖区内某地区确认符合本条正文的政令规定地区条件，或不再符合该条件时，可以向环境大臣提出申请，要求制定、修订或废止确定本条正文所述地区的政令。

4 环境大臣拟制定、修订或废止确定本条正文所述地区的政令时，必须听取相关都道府县的意见。

5 环境大臣必须制定氮氧化物总量削减基本方针草案，并提请内阁会议做出决定。

6 环境大臣拟制定氮氧化物总量削减基本方针草案时，必须事先与主管第二款第二项规定措施相关事务的大臣进行协商，并听取相关都道府县的意见。

7 环境大臣在内阁会议根据第五款规定做出决定后，必须及时将氮氧化物总量削减基本方针通知相关都道府县知事。

8 前三款规定同样适用于氮氧化物总量削减基本方针的变更。

（氮氧化物总量削减计划）

第七条 都道府县知事必须针对氮氧化物治理地区，根据氮氧化物总量削减基本方针，制定该氮氧化物治理地区应当实施的机动车氮氧化物总量削减措施计划（以下称“氮氧化物总量削减计划”）。

2 氮氧化物总量削减计划应针对该氮氧化物治理地区，以第一项所示总量削减至第三项所示总量为目标，考虑第二项所示总量在第一项所示总量中所占的比例、机动车流量及其预期、机动车氮氧化物以及非机动车污染源的氮氧化物排放状况变化等因素，按照政令的规定，对第四项和第五项所示事项做出规定：

一 该氮氧化物治理地区业务活动及其他人为活动产生并排向大气中的氮氧化物总量；

二 该氮氧化物治理地区的机动车氮氧化物总量；

三 针对该氮氧化物治理地区业务活动及其他人为活动产生并排向大气中的氮氧化物，依照二氧化氮的大气环境标准，按照环境省令规定，计算出的总量；

四 第二项所示总量的目标削减量（制定作为中期目标的目标削减量时，包括该目标削减量）；

五 计划的完成期限及方法。

3 都道府县知事拟制定氮氧化物总量削减计划时，必须听取第十条正文规定的协商会的意见，并与环境大臣进行协商。

4 环境大臣接到前款的协商后，必须听取公害治理会议的意见。

5 都道府县知事制定氮氧化物总量削减计划后，必须公布第二款各项所示事项。

6 前三款规定同样适用于氮氧化物总量削减计划的变更（包括制定或变更第十六条正文所述氮氧化物重点治理计划的情况）。

（颗粒物总量削减基本方针）

第八条 国家对于机动车交通集中，并且被认为仅依靠《大气污染防治法》第三条正文或第三款、或第四条正文的排放标准、该法第五条之二正文或第三款的总量控制标准、该法第十八条之三的标准、该法第十八条之五的场地边界标准、该法第十八条之十四的作业标准、基于该法第十九条规定的措施以及《关于防止镶钉防滑胎产生粉尘的法律》(1990 年法律第 55 号)第五条正文规定的指定，则难以保证达到《环境基本法》第十六条正文规定的大气污染环境条件标准(仅限悬浮颗粒物的标准。第九条第二款第三项称“悬浮颗粒物的大气环境标准”)的政令规定地区(以下称“颗粒物治理地区”)，应制定机动车颗粒物总量削减基本方针(以下称“颗粒物总量削减基本方针”)。

2 颗粒物总量削减基本方针应规定以下事项：

一 颗粒物治理地区的机动车颗粒物总量削减目标；

二 第九条正文的颗粒物总量削减计划制定、第十七条正文的颗粒物重点治理地区的指定、应作为第三十一条正文的判断标准的事项确定以及颗粒物治理地区机动车颗粒物总量削减措施等相关基本事项；

三 除前两项所列事项以外，有关颗粒物治理地区机动车颗粒物总量削减的其他重要事项。

3 第六条第三款规定同样适用于都道府县辖区内某地区确认符合本条正文的政令规定地区条件或不再符合该条件的情况；该条第四款规定同样适用于确定本条正文所述地区的政令；该条第五款至第七款规定同样适用于颗粒物总量削减基本方针的制定及变更。

(颗粒物总量削减计划)

第九条 都道府县知事必须针对颗粒物治理地区，根据颗粒物总量削减基本方针，制定该颗粒物治理地区应当实施的机动车颗粒物总量削减措施计划(以下称“颗粒物总量削减计划”)。

2 颗粒物总量削减计划应针对该颗粒物治理地区，以第一项所示总量削减至第三项所示总量为目标，考虑第二项所示总量在第一项所示总量中所占的比例、机动车流量及其预期、机动车颗粒物及非机动车污染源的颗粒物排放状况、成因物质(指导致产生悬浮颗粒物的非颗粒物物质。第一项及第三项亦同)的排放状况变化等因素，按照政令规定，对第四项及第五项所示事项做出规定：

一 该颗粒物治理地区业务活动及其他人为活动产生并排向大气中的颗粒物及成因物质总量（成因物质采用依照环境省令规定换算成颗粒物的总量）；

二 该颗粒物治理地区的机动车颗粒物总量；

三 针对该颗粒物治理地区业务活动及其他人为活动产生并排向大气中的颗粒物及成因物质，依照悬浮颗粒物的大气环境标准，按照环境省令规定计算出的总量（成因物质采用依照环境省令规定换算成颗粒物的总量）；

四 第二项所示总量的目标削减量（制定作为中期目标的目标削减量时，包括该目标削减量）；

五 计划的完成期限及方法。

3 第七条第三款至第五款规定同样适用于颗粒物总量削减计划的制定及变更（包括制定或变更第十八条正文中颗粒物重点治理计划的情况）。

（协商会）

第十条 根据第六条正文或第八条正文规定确定氮氧化物治理地区或颗粒物治理地区时，为调查审议氮氧化物总量削减计划或颗粒物总量削减计划中应予规定的事项，应在以该氮氧化物治理地区或颗粒物治理地区为其全部或部分区域的都道府县设置协商会。协商会由都道府县知事、都道府县公安委员会、相关市町村（包括特别区）、相关地方行政机构以及相关道路管理者等构成。

2 除本条正文规定以外，该协商会的组织运营相关必要事项由都道府县条例做出规定。

（推进完成氮氧化物总量削减计划）

第十一条 国家及地方政府应努力采取必要措施，完成氮氧化物总量削减计划以及颗粒物总量削减计划。

第三章　机动车氮氧化物等总量削减特别措施

第一节　对排放氮氧化物的机动车采取措施

（氮氧化物排放标准）

第十二条　环境大臣必须考虑机动车种类、排放状况（指氮氧化物治理地区及颗粒物治理地区的机动车氮氧化物等排放状况。第三十三条亦同）等因素，通过发布环境省令，针对排放氮氧化物的机动车（指根据政令规定，其运行排放的机动车氮氧化物为氮氧化物治理地区的大气污染主要原因，并且主要在氮氧化物治理地区使用的机动车。在第二款及本条中，以下亦同）制定氮氧化物的排放量标准（以下称“氮氧化物排放标准”），针对排放颗粒物的机动车（指根据政令规定，其运行排放的机动车颗粒物为颗粒物治理地区的大气污染主要原因，并且主要在颗粒物治理地区使用的机动车。第二款及本条中亦同）制定颗粒物的排放量标准（以下称“颗粒物排放标准”）。

2 氮氧化物排放标准及颗粒物排放标准，是针对排放氮氧化物的机动车或排放颗粒物的机动车在一定条件下运行而产生，并排向大气中的氮氧化物或颗粒物的量，按照环境省令对排放氮氧化物或排放颗粒物的机动车的车辆总重量（指《道路运输车辆法》第四十条第三项所示的车辆总重量）所做的区分，分别规定的允许限值。

3 环境大臣拟制定氮氧化物排放标准或颗粒物排放标准时，必须听取以该氮氧化物治理地区或颗粒物治理地区为其全部或部分区域的都道府县的意见。拟变更或废止该标准时亦同。

（过渡措施）

第十三条　对于政令确定为第十二条正文中氮氧化物治理地区大气污染主要原因的机动车（在本条正文中，以下称“指定机动车”），在某一地区成为氮氧化物治理地区时，主要在该地区使用的该机动车现有使用者，或某种机动车成为指定机动车时，主要在氮氧化物治理地区使用的该机动车现有使用者，如继续以氮氧化物治理地区为主要使用地区而使用该机动车，则在政令按机动车种类、车龄（指按照《道路运输车辆法》第四条规定，机动车首次可投入运行之日至某一地区成为氮氧化物治理地区之日的期间，或至某种机动车成为指定机动车之日的期间）分类所规定的期限内，氮氧化物排放标准对该机动车不予适用。

2 环境大臣拟制定、修订或废止确定本条正文中的分类或期限的政令时，必须听取相关都道府县的意见。

3 本条正文的规定同样适用于第十二条正文中政令确定为颗粒物治理地区大气污染主要原因的机动车。在此情况下，本条正文中的“氮氧化物治理地区”应替换为“颗粒物治理地区”，“氮氧化物排放标准”应替换为“颗粒物排放标准”。

4 对于确定第三款中同样适用的本条正文所述分类或期限的政令，第二款规定同样适用。

（根据《道路运输车辆法》，就氮氧化物排放标准等发布命令）

第十四条　国土交通大臣为防治机动车氮氧化物导致的大气污染，必须考虑确保氮氧化物排放标准及颗粒物排放标准达标，并根据《道路运输车辆法》，发布相关命令。

第二节　氮氧化物重点治理地区等相关措施

（氮氧化物重点治理地区）

第十五条　都道府县知事为推动削减氮氧化物治理地区的机动车氮氧化物总量，可以依照氮氧化物总量削减基本方针，在该氮氧化物治理地区内，将认为和氮氧化物治理地区内的其他地区相比较，机动车氮氧化物导致的大气污染尤为严重，尤其需要根据该地区实际情况，有计划地采取措施开展机动车氮氧化物大气污染治理（以下称“氮氧化物重点治理”）的地区指定为氮氧化物重点治理地区。

2 都道府县知事拟指定氮氧化物重点治理地区时，必须听取相关市町村长（包括特别区的区长）的意见，并与都道府县公安委员会及相关道路管理者协商。

3 都道府县知事指定氮氧化物重点治理地区后，必须将此事予以公布，并通知该氮氧化物重点治理地区所在区域的市町村（含特别区）长。

4 前两款规定同样适用于氮氧化物重点治理地区的指定解除及其区域变更。

（氮氧化物重点治理计划）

第十六条 都道府县知事根据第十五条正文规定指定氮氧化物重点治理地区后，必须在氮氧化物总量削减计划中确定该氮氧化物重点治理地区的氮氧化物重点治理实施计划（以下称“氮氧化物重点治理计划”）。

2 氮氧化物重点治理计划应规定以下事项：

一 开展氮氧化物重点治理的目标；

二 氮氧化物重点治理地区防治机动车氮氧化物大气污染的具体措施；

三 设置在氮氧化物重点治理地区，其用途将在很大程度上产生机动车交通需求的建筑设置者所应注意的事项。

（颗粒物重点治理地区）

第十七条 都道府县知事为推动削减颗粒物治理地区的机动车颗粒物总量，可以依照颗粒物总量削减基本方针，在该颗粒物治理地区内，将认为和颗粒物治理地区内的其他地区相比较，机动车颗粒物导致的大气污染尤为严重，尤其需要根据该地区实际情况，有计划地采取措施开展机动车颗粒物大气污染治理（以下称“颗粒物重点治理”）的地区指定为颗粒物重点治理地区。

2 第十五条第二款及第三款规定同样适用于颗粒物重点治理地区的指定、指定解除及区域变更。

(颗粒物重点治理计划)

第十八条 都道府县知事根据第十七条正文规定指定颗粒物重点治理地区后，必须在颗粒物总量削减计划中确定该颗粒物重点治理地区的颗粒物重点治理实施计划（以下称“颗粒物重点治理计划”）。

2 颗粒物重点治理计划应规定以下事项：

一 开展颗粒物重点治理的目标；

二 颗粒物重点治理地区防治机动车颗粒物大气污染的具体措施；

三 设置在颗粒物重点治理地区，其用途将在很大程度上产生机动车交通需求的建筑设置者所应注意的事项。

(增进居民理解等措施)

第十九条 都道府县必须通过宣传等活动，努力促进氮氧化物重点治理地区及颗粒物重点治理地区居民深入理解氮氧化物及颗粒物重点治理计划的意义，并就氮氧化物及颗粒物重点治理计划的实施，努力取得氮氧化物及颗粒物重点治理地区居民的配合。

(新建特定建筑的申报)

第二十条 在氮氧化物或颗粒物重点治理地区新建建筑（包括改变建筑总面积，或改变现有建筑的全部或部分用途，从而导致下文所述特定部分的总面积超过下文中都道府县条例规定规模的情况，以下同），该建筑存在用于剧院、饭店、事务所等将在很大程度上产生机动车交通需求的政令规定用途（以下称“特定用途”）的部分（以下称“特定部分”），且该部分的总面积超过都道府县考虑该氮氧化物或颗粒物重点治理地区的道路及机动车交通状况，以条例做出规定的规模时（《大规模零售店铺选址法》（1998 年法律第 91 号）第二条第二款所规定的大规模零售店除外。以下称“特定建筑”），该新建者（为用于或供他人用于非特定用途而进行该建筑部分新建的，应排除在外；为用于或供他人用于特定用途而进行该建筑部分新建或已经建成的，应包含在内。以下同）必须根据环境省令的规定，向都道府县知事申报以下事项：

一 特定建筑的名称及所在地；

二 特定建筑的设置者、该特定建筑中的业务从事者姓名或名称、地址。如为法人，则申报法人代表姓名；

三 特定建筑的新建日期；

四 特定建筑的用途；

五 特定建筑中特定部分的合计总面积；

六 环境省令规定的特定建筑中机动车停车设施配置相关事项；

七 针对特定建筑的特定用途相关业务活动所导致的机动车氮氧化物等排放，按照环境省令的规定，计算得出的总量预测；

八 为控制特定建筑的特定用途相关业务活动所导致的机动车氮氧化物等排放而做出考虑的事项。

2 基于本条正文规定的申报必须随附记有环境省令规定事项的文件。

3 根据本条正文规定提出申报者在该申报提出之日起的八个月内，不得进行其申报的特定建筑的新建。

（过渡措施）

第二十一条 某一地区被指定为氮氧化物或颗粒物重点治理地区时，该地区的特定建筑现有设置者如拟在该指定日期之后对该特定建筑的第二十条正文第四项至第六项事项进行首次变更，则必须按照环境省令的规定，向都道府县知事申报该变更事宜以及第二十条正文第一项、第二项、第四项至第八项事项中的非申请变更事项。

2 基于本条正文规定的变更事项申报应视同为基于第二十三条第二款规定的申报。

3 基于本条正文规定的申报中，对非申请变更事项做出的申报在第二十三条正文及第二款、第五款、第二十六条正文及第二十七条规定的法律适用上，应视同为基于第二十条正文规定的申报。

第二十二条 自某一地区被指定为氮氧化物或颗粒物重点治理地区之日起的八个月内，对于在该地区新建特定建筑，并已根据第二十条正文规定做出申报的主体，第二十条第三款及第二十四条第六款规定不予适用。

（变更的申报）

第二十三条 已根据第二十条正文规定做出申报的特定建筑，在其申报的第二十条正文第一项或第二项事项出现变更后，该特定建筑的新建者或已建者必须及时就此事向都道府县知事做出申报。

2 已根据第二十条正文规定做出申报的特定建筑，其申报的第二十条正文第三项至第八项事项将出现变更时，该特定建筑的新建者或已建者必须事先就此事向都道府县知事做出申报。但是，环境省令规定的轻微变更则不受此限。

3 第二十条第二款规定同样适用于基于前款规定的申报。

4 已就第二十条正文第四项至第六项事项做出第二款申报的主体，自其申报之日起的八个月内，不得实施其申报的变更。

5 对于已根据第二十条正文规定做出申报的特定建筑，认定其特定部分总面积未达到基于该条正文规定的都道府县条例规定规模的，必须及时就此事向都道府县知事做出申报。

（都道府县知事的意见）

第二十四条 都道府县知事接到基于第二十条正文或第二十三条第二款规定的申报后，经考虑氮氧化物或颗粒物重点治理计划，如需从控制其申报的特定建筑的特定用途相关业务活动导致机动车氮氧化物排放的角度出发，提出相关意见，则应在接到申报之日起的八个月内，以书面的形式向该申报者提出该意见，如无相关意见，则应通知其无意见。

2 都道府县知事拟根据本条正文规定提出意见，或通知其无意见时，必须事先与都道府县公安委员会协商。

3 都道府县知事根据本条正文规定，通知其无意见后，第二十条第三款及第二十三条第四款规定则不予适用。

4 根据第二十条正文或第二十三条第二款规定提出申报者接到基于本条正文规定的意见后，应根据该意见，就修改申报事宜向都道府县知事做出申报，或告知都道府县知事，其申报不做修改。

5 第二十条第二款规定同样适用于基于前款规定的申报。

6 接到基于本条正文规定的意见后，不管第二十条第三款以及第二十三条第四款规定如何，根据第二十条正文规定提出申报者以及根据针对该条正文第四项至第六项事项的第二十三条第二款规定提出申报者，在做出第四款规定的申报或告知之日起的两个月内，不得实施其申报的特定建筑的新建及变更。

7 第二十三条规定不适用于基于第四款规定的申报。

（都道府县知事的劝告）

第二十五条 都道府县知事认为基于第二十四条第四款规定的申报或告知内容未正确反映都道府县知事根据该条正文规定而提出的意见，该申报或告知所涉及的特定建筑所在的氮氧化物或颗粒物重点治理地区将难以避免出现机动车氮氧化物等大气污染进一步加剧的事态时，可以在接到该申报或告知之日起的两个月内，经考虑氮氧化物或颗粒物重点治理计划，提出具体理由，对该申报者或告知者提出劝告，劝其采取必要措施，控制该特定建筑的特定用途相关业务活动导致的机动车氮氧化物等排放。

2 基于本条正文规定的劝告内容不应超过避免发生本条正文规定事态的必要限度，并且不得存在对根据第二十条正文或第二十三条第二款规定提出申报者造成不当利益损害的可能性。

3 都道府县知事拟根据本条正文规定提出劝告时，必须事先与都道府县公安委员会协商。

4 相关主体接到都道府县知事根据本条正文规定提出的劝告后，应根据该劝告，向都道府县知事做出必要的变更申报。

5 第二十条第二款规定同样适用于基于前款规定的申报。

6 第二十三条规定不适用于基于第四款规定的申报。

7 都道府县知事根据本条正文规定提出劝告后，与该劝告相关的申报者在无正当理由的情况下，如不听从其劝告，都道府县知事则可以将此事予以公布。

（关于控制机动车氮氧化物等排放的考虑）

第二十六条 根据第二十条正文、第二十三条第二款、第二十四条第四款或第二十五条第四款规定提出申报者必须根据其申报，对控制其申报的特定建筑的特定用途相关业务活动导致的机动车氮氧化物等排放做出妥善考虑，在此基础上对该特定建筑进行维护和运营。

2 本条正文规定申报涉及的特定建筑中的特定用途相关业务活动从事者，必须努力配合该申报相关事项的顺利实施。

（承继）

第二十七条 根据第二十条正文或第二十三条第二款规定提出申报者、根据第二十四条第四款规定提出申报或做出告知者以及根据第二十五条第四款规定提出申报者转让其申报或告知所涉及的特定建筑时，受让者将承继该特定建筑申报者或告知者的地位。

2 根据第二十条正文或第二十三条第二款规定提出申报者、根据第二十四条第四款规定提出申报或做出告知者以及根据第二十五条第四款规定提出申报者出现继承、合并或分割（仅限承继该申报或告知所涉及的特定建筑的情况）时，继承人、合并后得以延续的法人或合并后成立的法人、分割后承继该特定建筑的法人将承继该申报者或告知者的地位。

3 承继者根据本条上述规定，承继根据第二十条正文或第二十三条第二款规定提出申报者、根据第二十四条第四款规定提出申报或做出告知者以及根据第二十五条第四款规定提出申报者的地位后，必须及时就此事向都道府县知事做出申报。

（报告的征收）

第二十八条 都道府县知事可以在执行第二十条至第二十七条规定的必要限度内，按照政令规定，要求特定建筑的设置者做出报告。

2 都道府县知事依据本条正文规定要求特定建筑的设置者做出报告时，在认为尤其有必要的情况下，可以在其必要限度内，按照政令规定，要求该特定建筑中的业务从事者做出报告以供参考。

（对控制机动车氮氧化物等排放做出考虑）

第二十九条 某一地区被指定为氮氧化物或颗粒物重点治理地区时，该地区的特定建筑现有设置者必须对控制该特定建筑的特定用途相关业务活动导致的机动车氮氧化物等排放做出妥善考虑，在此基础上，进行该特定建筑的维护和运营。

2 本条正文规定的特定建筑中的特定用途业务从事者，必须努力配合该特定建筑设置者根据本条正文规定做出妥善考虑并予以实施的活动。

（对环境省令的委托）

第三十条 除本节规定以外，特定建筑的变更申报手续以及本节规定执行上的其他必要事项由环境省令做出规定。

第三节　针对企业的措施

（应作为企业判断标准的事项）

第三十一条 主管制造业、运输业等业务的大臣（以下称“业务主管大臣”）为防治氮氧化物治理地区或颗粒物治理地区的机动车氮氧化物等导致的大气污染，应根据氮氧化物总量削减基本方针以及颗粒物总量削减基本方针，针对为控制业务活动导致的机动车氮氧化物等排放而应有计划地推行的必要措施以及其他措施，确定应作为其主管业务从事者判断标准的事项，并予以公布。

2 确定本条正文规定的判断标准事项时，应考虑业务活动的机动车使用情况、控制机动车氮氧化物等排放的技术水平等情况，并根据上述情况的变化，进行必要的修订。

3 业务主管大臣拟确定本条正文规定的判断标准事项时，必须事先与环境大臣协商。拟变更或废止该事项时亦同。

4 环境大臣认为为控制氮氧化物治理地区及颗粒物治理地区的机动车氮氧化物等排放而有必要时，可以就本条正文规定的判断标准事项向业务主管大臣陈述意见。

（指导及建议）

第三十二条 都道府县知事认为为控制氮氧化物治理地区及颗粒物治理地区的机动车氮氧化物等排放而有必要时，可以以企业为对象，考虑第三十一条正文规定的判断标准事项，对其业务活动导致的机动车氮氧化物等排放控制进行必要的指导，或提出必要建议。

（管控机动车使用企业制定计划）

第三十三条 使用排放氮氧化物的机动车、排放颗粒物的机动车以及主要在氮氧化物或颗粒物治理地区使用的政令规定的其他机动车（在本条中，以下称“管控机动车”）的企业，其管控机动车中，主要在某一都道府县区域内使用的数量超过政令考虑排放状况等因素而规定的数量时，则该使用企业必须按照主管部委令的规定，针对其主要在某一都道府县区域内使用的管控机动车（本条及第三十五条正文中，以下称“特定机动车”），制定第三十一条正文的判断标准事项所规定的、为控制业务活动导致的机动车氮氧化物等排放而应有计划地推行的必要措施的实施计划，并提交给管辖该特定机动车主要使用地的都道府县知事。

（定期报告）

第三十四条 应根据第三十三条规定制定该条所述计划的企业（第三十五条及第四十一条第二款称“特定企业”），必须按照主管部委令的规定，针对其业务活动导致的机动车氮氧化物等排放控制相关必要措施实施情况，每年向都道府县知事报告主管部委令规定的事项。

（劝告及命令）

第三十五条 都道府县知事对照第三十一条正文规定的判断标准事项，认为特定企业业务活动导致的特定机动车氮氧化物等排放控制明显不够时，可以指出其判断依据，对该特定企业提出劝告，劝其采取必要措施，控制其业务活动导致的特定机动车氮氧化物等排放。

2 特定企业接到基于本条正文规定的劝告而未听从该劝告时，都道府县知事可以将此事予以公布。

3 都道府县知事根据前款规定，将特定企业接到本条正文规定的劝告而未听从其劝告事宜予以公布后，在无正当理由的情况下，特定企业仍未按照其劝告采取措施时，都道府县知事可以命令该特定企业按照其劝告采取措施。

（周边地区机动车使用企业制定计划）

第三十六条 企业使用政令确定为第十二条正文中氮氧化物治理地区大气污染主要原因的机动车或政令确定为该条正文中颗粒物治理地区大气污染主要原因的机动车（在本条中，以下统称“氮氧化物等排放源机动车”），且该机动车的主要使用地为周边地区（以下称“周边地区机动车”）时，如该使用企业符合以下各项全部条件，则必须按照主管部委令的规定，针对其在指定地区内运行的周边地区机动车，制定第三十一条正文的判断标准事项所规定的、为控制业务活动导致的机动车氮氧化物等排放而应有计划地推行的必要措施的实施计划，并提交给管辖该指定地区的都道府县知事：

一 该企业使用的周边地区机动车中，主要在某一都道府县区域内使用的数量超过了政令规定的数量；

二 按照主管部委令规定的方法计算，第一项中主要在某一都道府县区域内使用的该企业的周边地区机动车在指定地区内运行的次数超过了主管部委令规定的次数。

2 本条正文所称“周边地区”，是指主管部委令按指定地区分别做出规定，并确认以该地区为主要使用地的氮氧化物等排放源机动车在指定地区内有相当程度的运行的、氮氧化物治理地区或颗粒物治理地区的周边地区。

3 本条正文及第二款所称“指定地区”，是指氮氧化物重点治理地区及颗粒物重点治理地区中，确认需要推进相关措施，防治主要使用地在氮氧化物或颗粒物治理地区之外的氮氧化物等排放源机动车造成的机动车氮氧化物等大气污染，并由环境大臣做出指定的地区。

4 基于前款规定的指定应在都道府县知事提出申请的基础上进行。

5 环境大臣拟根据第三款规定做出指定时，必须与业务主管大臣协商。

6 环境大臣根据第三款规定做出指定后，必须对此予以公示。

（定期报告）

第三十七条 应根据第三十六条正文规定制定该条正文所述计划的企业（以下称“周边地区企业”），必须按照主管部委令的规定，针对其业务活动导致的指定地区（指该条第三款规定的指定地区。以下同）机动车氮氧化物等排放控制相关必要措施实施情况，每年向管辖该指定地区的都道府县知事报告主管部委令规定的事项。

（指导及建议）

第三十八条 管辖指定地区的都道府县知事认为为控制该指定地区的周边地区机动车氮氧化物等排放而有必要时，经考虑第三十一条正文规定的判断标准事项，可以以周边地区企业为对象，对其业务活动导致的该指定地区的周边地区机动车氮氧化物等排放控制进行必要的指导，或提出必要建议。

（劝告及公布）

第三十九条 管辖指定地区的都道府县知事对照第三十一条正文规定

的判断标准事项，认为周边地区企业业务活动导致的该指定地区的周边地区机动车氮氧化物等排放控制明显不够时，可以指出其判断依据，对该周边地区企业提出劝告，劝其采取必要措施，控制其企业业务活动导致的该指定地区的周边地区机动车氮氧化物等排放。

2 根据本条正文规定提出劝告后，周边地区企业接到本条正文规定的劝告，在无正当理由的情况下而未听从其劝告时，都道府县知事可以将此事予以公布。

（企业的努力）

第四十条　企业在氮氧化物或颗粒物治理地区运行其使用的周边地区机动车时，必须努力采用符合第十四条所规定的、根据《道路运输车辆法》第四十一条而发布的技术标准的机动车。

2 委托《货运机动车运输事业法》（1989 年法律第 83 号）所规定的货运机动车运输企业或《货物利用运输事业法》（1989 年法律第 82 号）所规定的第二类货物利用运输事业经营者，在氮氧化物或颗粒物治理地区使用周边地区机动车持续进行货物运输的企业，必须注意第三十一条正文的判断标准事项规定，通过有计划地进行运输业务委托，提高定量提供的运输能力利用效率，或采取其他适当措施，努力为控制货物运输产生的机动车氮氧化物等排放做出贡献。

（报告及现场检查）

第四十一条　都道府县知事可以在执行第三十三条规定的必要限度内，根据政令规定，要求使用管控机动车的企业报告其使用的管控机动车数量，或派工作人员进入管控机动车使用企业的事务所及其他业务场所，检查账簿、文件及其他物品。

2 都道府县知事可以在执行第三十四条及第三十五条规定的必要限度内，根据政令规定，要求特定企业报告其业务状况，或派工作人员进入特定企业的事务所及其他业务场所，检查账簿、文件及其他物品。

3 都道府县知事可以在执行第三十六条正文规定的必要限度内，根据政令规定，要求使用周边地区机动车的企业报告其使用的周边地区机动车的数量及其在指定地区内运行的状况，或派工作人员进入周边地区机动车使用企业的事务所及其他业务场所，检查账簿、文件及其他物品。

4 都道府县知事可以在执行第三十七条及第三十九条规定的必要限度内，根据政令规定，要求周边地区企业报告其业务状况，或派工作人员进入周边地区企业的事务所及其他业务场所，检查账簿、文件及其他物品。

5 根据本条上述规定实施现场检查的人员必须携带显示其身份的证件，并向相关人员出示。

6 基于本条正文至第四款规定的现场检查权限不得解释为为实施犯罪搜查而受认可的权限。

（通知环境大臣）

第四十二条 都道府县知事接到根据第三十三条及三十六条正文规定而提交的相应各条的计划，或接到基于第三十四条及第三十七条规定的报告后，应根据主管部委令的规定，将提交该计划以及做出该报告的相关事项通知环境大臣。

2 环境大臣接到基于本条正文规定的通知后，应将该通知的相关事项通知业务主管大臣。

（机动车运输企业等特例）

第四十三条 关于第三十二条至第三十五条、第三十六条正文、第三十七条至第三十九条、第四十一条正文至第四款规定对《道路运输法》（1951 年法律第 183 号）所规定的机动车运输企业以及《货物利用运输事业法》所规定的第二类货物利用运输事业经营者的法律适用，第三十二条、第三十四条、第三十五条、第三十九条第二款以及第四十一条正文至第四款中“都道府县知事”、第三十三条中“管辖该特定机动车主要使用地的都道府县知事”、第三十六条正文及第三十七条中“管辖该指定地区的都道府县知事”、第三十八条及第三十九条正文中“管辖指定地区的都道府县知事”应替换为“国土交通大臣”；第三十三条、第三十四条、第三十六条正文各项所述以外的部分以及第三十七条中的“主管部委令”应替换为“环境省令、国土交通省令”。

2 国土交通大臣接到根据本条正文规定，以替换适用的第三十三条、第三十六条正文规定为依据而提交的相应各条的计划，或接到根据本条正文规定，以替换适用的第三十四条、第三十七条规定为依据而做出的报告后，应根据环境省令、国土交通省令的规定，及时将其内容通知环境大臣及相关都道府县知事。

3 环境大臣以及以氮氧化物或颗粒物治理地区为其全部或部分区域的都道府县的知事，在认为为控制氮氧化物或颗粒物治理地区机动车氮氧化物等排放而有必要时，或认为为控制周边地区机动车相关业务活动导致的指定地区机动车氮氧化物等排放而有必要时，可以要求国土交通大臣根据按本条正文规定替换适用的第三十二条、第三十五条、第三十八条、第三十九条及第四十一条正文至第四款规定，采取相应措施。

4 国土交通大臣接到基于前款规定的要求后，应将所采取的措施中，应环境大臣要求而采取的措施通知环境大臣，应都道府县知事要求而采取的措施通知该都道府县知事。

第四章　杂　项

（权限的委托）

第四十四条　本法规定的环境大臣的权限可以根据政令规定，部分委托给地方环境事务所所长。

2 本法规定的国土交通大臣的权限可以根据政令规定，部分委托给地方运输局局长。

3 根据前款规定委托给地方运输局局长的权限可以根据政令规定，委托给运输监理部长或运输分局长。

（要求提交资料）

第四十五条 环境大臣认为为达到本法的目的而有必要时，可以要求相关地方政府长官提交必要资料以及做出相关说明。

2 都道府县认为为达到本法的目的而有必要时，可以要求相关行政机构长官、相关地方政府长官或相关道路管理者送交必要资料，提供其他协助，或就机动车氮氧化物等大气污染防治陈述意见。

（国家的支持）

第四十六条 国家应大力促进电动车（指纯粹以电力为动力来源的机动车）、运行中无机动车氮氧化物等排放或其排放量相当低的机动车等开发利用，为促进替换为机动车氮氧化物等排放更低的机动车而提供必要的资金保障，提出技术建议，或提供其他支持。

（对过渡措施命令的委托）

第四十七条 根据本法规定而制定、修订或废止命令时，在认为因命令制定、修订或废止而有必要的合理范围内，可以设定必要的过渡措施（包括关于罚则的过渡措施）。

（主管部委令）

第四十八条 在本法中，主管部委令为环境大臣及业务主管大臣发布的命令。

第五章　罚　则

第四十九条 违反基于第三十五条第三款（包括根据第四十三条正文规定而替换适用的情况）规定的命令的，处五十万日元以下罚金。

第五十条 有下列情形之一的，处二十万日元以下罚金：

一 未根据第二十条正文、第二十一条正文、第二十三条第二款规定做出申报，或做出虚假申报的；

二 提交有虚假记载的第二十条第二款（包括在第二十三条第三款、第二十四条第五款以及第二十五条第五款中同样适用的情况）的随附文件的；

三 违反第二十条第三款、第二十三条第四款、第二十四条第六款规定的；

四 根据第二十四条第四款或第二十五条第四款规定提出申报时，有虚假申报的；

五 未按照第二十八条规定做出报告，或做出虚假报告的；

六 未按照第三十三条或第三十六条正文（包括根据第四十三条正文规定，将这些规定替换适用的情况）规定进行提交的；

七 未按照第三十四条、第三十七条、第四十一条正文至第四款（包括根据第四十三条正文规定，将这些规定替换适用的情况）规定做出报告或做出虚假报告，以及拒绝、妨碍或逃避基于第四十一条正文至第四款（包括根据第四十三条正文规定而替换适用的情况）规定的检查的。

第五十一条 法人代表、法人或个人代理人、雇佣人员及其他从业人员就该法人或个人业务做出违反前两条的行为时，除处罚行为人以外，还将对该法人或个人处以相应各条的罚金刑。

第五十二条 未按照第二十三条正文或第五款、第二十七条第三款规定做出申报，或做出虚假申报的，处十万日元以下的过失罚款。

附 则

本法自公布之日起，在不超过六个月的范围内，自政令规定之日起施行。

特定地区机动车氮氧化物及颗粒物总量削减特别措施法施行令

1992 年 11 月 26 日　政令第 365 号

最终修订　2011 年 3 月 30 日　政令第 53 号

（氮氧化物及颗粒物治理地区）

第一条 《特定地区机动车氮氧化物及颗粒物总量削减特别措施法》（以下称“法律”）第六条正文及第八条正文的政令规定地区如附表一所示。

（氮氧化物总量削减计划）

第二条 法律第七条正文的氮氧化物总量削减计划（在本条中，以下称“氮氧化物总量削减计划”）应以确保 2021 年 3 月前达到二氧化氮的大气环境标准为目标，确定机动车氮氧化物的目标削减量以及氮氧化物总量削减计划的完成期限。

2 制定氮氧化物总量削减计划应考虑地区实际情况，使法律第十二条正文中的氮氧化物排放标准相关措施与其他必要措施有效结合，统筹予以推进。

3 氮氧化物总量削减计划必须对不同种类机动车的机动车氮氧化物及非机动车污染源的氮氧化物排放状况、未来预期以及确保二氧化氮大气环境标准达标的其他必要事项做出妥善考虑。

（颗粒物总量削减计划）

第三条 法律第九条正文的颗粒物总量削减计划（在本条中，以下称“颗粒物总量削减计划”）应以大幅度削减机动车颗粒物总量，从而确保在 2021 年 3 月前达到悬浮颗粒物的大气环境标准为目标，确定机动车颗粒物的目标削减量以及颗粒物总量削减计划的完成期限。

2 制定颗粒物总量削减计划应考虑地区实际情况，使法律第十二条正文中的颗粒物排放标准相关措施与其他必要措施有效结合，统筹予以推进。

3 颗粒物总量削减计划必须对不同种类机动车的机动车颗粒物及非机动车污染源的颗粒物排放状况、成因物质（指法律第九条第二款规定的成因物质）排放状况、上述状况的未来预期以及确保悬浮颗粒物大气环境标准达标的其他必要事项做出妥善考虑。

（指定机动车）

第四条 法律第十二条正文中政令确定为氮氧化物治理地区大气污染主要原因的机动车以及该条正文中政令确定为颗粒物治理地区大气污染主要原因的机动车如下：

一 供货物运输使用的普通机动车（指《道路运输车辆法》（1951 年法律第 185 号）第三条所规定的普通机动车，以下同），第六项所示机动车除外（以下称“普通货车”）；

二 供货物运输使用的小型机动车（指《道路运输车辆法》第三条所规定的小型机动车（两轮小型机动车除外），以下同），第六项所示机动车除外（以下称“小型货车”）；

三 供客运运输使用，核定载客人数在 30 人以上的普通机动车，第六项所示机动车除外（以下称“大型客车”）；

四 供客运运输使用，核定载客人数在 11 人以上、30 人以下的普通机动车及小型机动车，第六项所示机动车除外（以下称“小型客车”）；

五 除前两项及下一项所示机动车以外，供客运使用的普通机动车及小型机动车（以下称“轿车”）；

六 环境省令规定的洒水车、灵车等用于特殊用途的普通机动车及小型机动车（以下称“特种车”）。

（过渡措施）

第五条 法律第十三条正文中的政令规定期限，是指自机动车被认定为排放氮氧化物的机动车（指法律第十二条正文所规定的排放氮氧化物的机动车。第六条正文及附表二亦同）之日起，至依照《道路运输车辆法》的规定，该机动车的特定日期（指根据附表二左栏所示的机动车种类，按照该表中栏的车龄，分别规定的该表右栏的日期，以下同）之后的日期被作为有效期满之日首次记入机动车检查证并予以交还后，首次根据该法规定，接受该机动车持续检查、临时检查（仅限特定日期之后接受的检查）或结构等变更检查之日的前一天。

2 对于在法律第十三条第三款中同样适用的该条正文中的政令规定期限，本条正文的规定同样适用。在此情况下，本条正文及附表二中“排放氮氧化物的机动车”应替换为“排放颗粒物的机动车”。

（特定用途）

第六条 法律第二十条正文中，将在很大程度上产生机动车交通需求的政令规定用途为剧院、电影院、演艺场所、参观场所、演播厅、公共礼堂、集会厅、展厅、婚庆场所、殡仪馆、旅馆、饭店、料理店、餐饮店、等候区、酒馆、咖啡馆、夜总会、酒吧、舞厅、游乐场所、保龄球场、体育馆、店铺、事务所、医院、批发市场、仓库及工厂。

（报告的征收）

第七条 都道府县知事可以根据法律第二十八条正文规定，要求特定建筑（指法律第二十条正文规定的特定建筑，第二款亦同）的设置者报告其为控制该特定建筑的特定用途相关业务活动导致的机动车氮氧化物等（指法律第三条正文规定的机动车氮氧化物等，第二款第四项、第十一条正文、第十三条正文亦同）排放而做出考虑的情况。

2 都道府县知事可以根据法律第二十八条第二款规定，要求特定建筑中的特定用途相关业务从事者报告以下事项：

一 该业务的开始日期；

二 该业务的内容；

三　开展该业务的特定部分（指法律第二十条正文规定的特定部分）总面积及位置相关事项；

四　该业务从事者为控制业务活动导致的机动车氮氧化物等排放而做出考虑的相关事项。

（管控机动车等）

第八条　法律第三十三条中的政令规定机动车为排放氮氧化物的机动车以及排放颗粒物的机动车。

2 法律第三十三条中的政令规定机动车数量为三十辆。

（周边地区机动车数量）

第九条　法律第三十六条正文第一项中的政令规定机动车数量为三十辆。

（报告及现场检查）

第十条　都道府县知事可以根据法律第四十一条正文规定，要求管控机动车（指法律第三十三条所规定的管控机动车，以下同）的使用企业报告其主要在该都道府县区域内使用的管控机动车的数量。

2 都道府县知事可以根据法律第四十一条正文规定，派遣工作人员进入管控机动车使用企业的事务所及其他业务场所，检查管控机动车及其相关设施、相关账簿文件。

第十一条　都道府县知事可以根据法律第四十一条第二款规定，要求特定企业（指法律第三十四条所规定的特定企业，第二款、第十四条第二款亦同）报告特定机动车（指法律第三十三条所规定的特定机动车，第二款、第十五条第三款及第五款亦同）的机动车氮氧化物等排放控制情况。

2 都道府县知事可以根据法律第四十一条第二款规定，派遣工作人员进入特定企业的事务所及其他业务场所，检查特定机动车及其相关设施、相关账簿文件。

第十二条 都道府县知事可以根据法律第四十一条第三款规定，要求周边地区机动车（指法律第三十六条正文规定的周边地区机动车，以下同）的使用企业报告其主要在各都道府县使用的周边地区机动车的数量以及根据法律第三十六条正文第二项中主管部委令的规定，计算得出的该企业主要在该条正文第一项之一的都道府县区域内使用的周边地区机动车在指定地区（指该条第三款规定的指定地区，第十三条正文亦同）运行的次数。

2 都道府县知事可以根据法律第四十一条第三款规定，派遣工作人员进入周边地区机动车使用企业的事务所及其他业务场所，检查周边地区机动车及其相关设施、相关账簿文件。

第十三条 都道府县知事可以根据法律第四十一条第四款规定，要求周边地区企业（指法律第三十七条所规定的周边地区企业，第二款及第十四条第四款亦同）报告指定地区的周边地区机动车氮氧化物等排放控制实施情况。

2 都道府县知事可以根据法律第四十一条第四款规定，派遣工作人员进入周边地区企业的事务所及其他业务场所，检查周边地区机动车及其相关设施、相关账簿文件。

（机动车运输企业的特例）

第十四条 《道路运输法》（1951 年法律第 183 号）规定的机动车运输企业或《货物利用运输事业法》（1989 年法律第 82 号）规定的第二类货物利用运输业经营者（在本条中，以下统称“机动车运输企业”）为管控机动车的使用企业时，关于第十条规定的法律适用，该条正文中的“都道府县知事”应为“国土交通大臣”，“法律第四十一条正文”应为“根据法律第四十三条正文规定而替换适用的法律第四十一条正文”，“主要在该都道府县区域内使用的管控机动车”应为“主要在各都道府县使用的管控机动车”；第十条第二款中的“都道府县知事”应为“国土交通大臣”，“法律第四十一条正文”应为“根据法律第四十三条正文规定而替换适用的法律第四十一条正文”。

2 机动车运输企业为特定企业时，关于第十一条规定的法律适用，该条中的“都道府县知事”应为“国土交通大臣”，“法律第四十一条第二款”应为“根据法律第四十三条正文规定而替换适用的法律第四十一条第二款”。

3 机动车运输企业为周边地区机动车使用企业时，关于第十二条规定的法律适用，该条中的“都道府县知事”应为“国土交通大臣”，“法律第四十一条第三款”应为“根据法律第四十三条正文规定而替换适用的法律第四十一条第三款”。

4 机动车运输企业为周边地区企业时，关于第十三条规定的法律适用，该条中的“都道府县知事”应为“国土交通大臣”，“法律第四十一条第四款”应为“根据法律第四十三条正文规定而替换适用的法律第四十一条第四款”。

（权限的委托）

第十五条 法律第四十五条正文所规定的环境大臣的权限将委托给地方环境事务所所长。

2 根据法律第四十三条正文规定而替换适用的法律第三十二条、法律第四十三条第三款及第四款（仅限与法律第三十二条相关的部分）所规定的国土交通大臣的权限将委托给管辖企业业务场所所在地的地方运输局局长。

3 根据法律第四十三条正文规定而替换适用的法律第三十三条至法律第三十五条、法律第三十六条正文、法律第三十七条至法律第三十九条、法律第四十一条正文至第四款、法律第四十三条第二款、法律第四十三条第三款及第四款（与法律第三十二条相关的部分除外）所规定的国土交通大臣的权限将委托给管辖管控机动车、特定机动车及周边地区机动车主要使用地的地方运输局局长。

4 根据法律第四十三条正文规定而替换适用的法律第三十二条所规定的国土交通大臣的权限，在根据第二款规定委托给地方运输局局长后，也可以由管辖企业业务场所所在地的运输监理部长或运输分局长行使该权限。

5 根据法律第四十三条正文规定而替换适用的法律第三十八条及法律第四十一条正文至第四款所规定的国土交通大臣的权限，在根据第三款规定委托给地方运输局局长后，也可以由管辖管控机动车、特定机动车及周边地区机动车主要使用地的运输监理部长或运输分局长行使该权限。

附　则

本政令自法律施行之日（1992 年 12 月 1 日）起施行。

附表一（省略）

附表二（与第五条相关）

机动车种类	车龄	日期
1 普通货车及轿车	8 年以上	自被认定为排放氮氧化物的机动车之日起，满 1 年（被认定为排放氮氧化物的机动车的前一天，机动车检查证的有效期剩余时间超过 1 年的机动车应为满 2 年）之日
	8 年以下（含 8 年）	自首次登记之日（指根据《道路运输车辆法》第四条规定，机动车首次注册录入机动车登记文档之日，以下同）起，满 9 年（自被认定为排放氮氧化物的机动车之日起，至 9 年期满的前一天，机动车检查证上填写的有效期未在该期间内到期的，应为自认定为排放氮氧化物的机动车之日起，满 2 年）之日
2 小型货车	7 年以上	自被认定为排放氮氧化物的机动车之日起，满 1 年之日
	7 年以下（含 7 年）	自首次登记之日起，满 8 年之日
3 大型客车	11 年以上	自被认定为排放氮氧化物的机动车之日起，满 1 年之日
	11 年以下（含 11 年）	自首次登记之日起，满 12 年之日

机动车种类	车龄	日期
4 小型客车及特种车（第 5 项所示机动车除外）	9 年以上	自被认定为排放氮氧化物的机动车之日起，满 1 年（被认定为排放氮氧化物的机动车的前一天，机动车检查证的有效期剩余时间超过 1 年的机动车应为满 2 年）之日
	9 年以下（含 9 年）	自首次登记之日起，满 10 年（自被认定为排放氮氧化物的机动车之日起，至 10 年期满的前一天，机动车检查证上填写的有效期未在该期间内到期的，应为自认定为排放氮氧化物的机动车之日起，满 2 年）之日
5 结构、设备及实际使用情况特殊，由环境大臣做出规定的特种车	超过环境大臣按特种车种类而分别规定的年限	自被认定为排放氮氧化物的机动车之日起，满 1 年之日
	未达到环境大臣按特种车种类而分别规定的年限	自首次登记之日起，环境大臣按特种车种类而分别规定的期限到期之日

恶臭防治法

1971 年 6 月 1 日　法律第 91 号
最终修订　2011 年 8 月 30 日　法律第 105 号

第一章　总　则

（目的）

第一条　本法的目的在于：对工厂等业务场所业务活动产生的恶臭进行必要的管控，并推进其他恶臭治理措施，从而为保护生活环境，保障国民健康做出贡献。

（定义）

第二条　在本法中，“特定恶臭物质”是指氨、甲硫醇等导致产生不适气味，可能危害生活环境的政令规定物质。

2 在本法中，“臭气指数”是表示气体或水体恶臭程度的数值，是根据环境省令规定，以气体或水稀释至人体嗅觉无法感受到臭气时的稀释倍数为基础，计算得出的数值。

第二章　实施管控

（管控地区）

第三条　都道府县知事（如为市区内的地区，则为市长。第四条及第六条亦同）必须将为保护居民生活环境而认为有必要防治恶臭的住宅集中区等地区，指定为工厂等业务场所（以下简称“业务场所”）业务活动产生恶臭的成因物质（指含有特定恶臭物质的气体或水以及导致产生恶臭的气体或水等，以下同）排放（包括泄漏，以下同）管控地区（以下称“管控地区”）。

（管控标准）

第四条 都道府县知事必须考虑管控地区的自然及社会条件，视情进行地区划分，根据特定恶臭物质的种类，按照以下各项规定，分别确定相应各项的管控标准：

一 针对业务场所的业务活动中产生，并经该业务场所排放的含有特定恶臭物质的气体，作为其在该业务场所场地边界地表处的管控标准，应在环境省令规定的范围内，确定大气中特定恶臭物质浓度的允许限值；

二 针对业务场所的业务活动中产生，并经该业务场所的烟囱等气体排放设施排放的含有特定恶臭物质的气体，作为其在该设施排放口的管控标准，应以第一项的允许限值为基础，按照环境省令规定的方法，根据排放口的高度，确定特定恶臭物质的流量或排放气体中特定恶臭物质浓度的允许限值；

三 针对业务场所的业务活动中产生，并经该业务场所排放的含有特定恶臭物质的排水，作为其在该业务场所场地之外的管控标准，应以第一项的允许限值为基础，按照环境省令规定的方法，确定排水中特定恶臭物质浓度的允许限值。

2 不管本条正文的规定如何，管控地区中存在根据其自然社会条件判断，认为依靠本条正文规定的管控标准不足以保护生活环境的区域时，对于该区域的恶臭成因物质的排放，都道府县知事可以不按照本条正文的规定制定管控标准，而是依照以下各项规定，确定相应各项的管控标准：

一 针对业务场所的业务活动中产生，并经该业务场所排放的属于恶臭成因物质的气体，作为其在该业务场所场地边界地表处的管控标准，应在环境省令规定的范围内，确定大气臭气指数的允许限值；

二 针对业务场所的业务活动中产生，并经该业务场所的烟囱等气体排放设施排放的属于恶臭成因物质的气体，作为其在该设施排放口的管控标准，应以第一项的允许限值为基础，按照环境省令规定的方法，根据排放口的高度，确定臭气排放强度（是指以废气的臭气指数及流量为基础，计算得出的数值。第十二条亦同）或废气的臭气指数允许限值。

三 针对业务场所的业务活动中产生，并经该业务场所排放的属于恶臭成因物质的排水，作为其在该业务场所场地边界之外的管控标准，应以第一项的允许限值为基础，按照环境省令规定的方法，确定排水的臭气指数允许限值。

（听取市町村长的意见）

第五条 都道府县知事拟指定管控地区以及拟确定管控标准时，必须听取该管控地区町村长的意见。拟对其予以变更，拟对管控地区解除指定或拟废止管控标准时亦如此。

2 都道府县知事在本条正文的情况下，在认为有必要时，除本条正文规定的町村长以外，还应听取该管控地区的周边地区市町村长（包括特别区区长。第三款亦同）的意见。

3 市长拟指定管控地区以及拟确定管控标准时，在认为有必要的情况下，应听取该管控地区的周边地区市町村长的意见。拟对其予以变更，拟对管控地区解除指定或拟废止管控标准时亦同。

（指定管控地区等公示）

第六条 都道府县知事指定管控地区以及确定管控标准时，必须按照环境省令规定进行公示。拟对其予以变更，拟对管控地区解除指定或拟废止管控标准时亦同。

（遵守管控标准的义务）

第七条 在管控地区设置业务场所的主体必须遵守该管控地区的管控标准。

（整改劝告及整改命令）

第八条 市町村长认为管控地区业务场所的业务活动产生并排放的恶臭成因物质不符合管控标准，其不适气味已对居民生活环境造成损害时，可以对该业务场所的设置者提出劝告，劝其在规定的相应期限内采取措施，在消除该事态的必要限度内，对产生恶臭成因物质的设施运行予以整改，对防止恶臭成因物质排放的设备进行改良，或为减少恶臭成因物质的排放而采取其他措施。

2 相关主体接到基于本条正文规定的劝告而不听从该劝告时，市町村长可以命令其在规定的相应期限内，采取该劝告提出的措施。

3 自业务场所所在地区成为管控地区之日起，对于已设置该业务场所的主体，一年内不可以依据前款规定采取措施；自针对该业务场所排放的恶臭成因物质新设置管控标准之日起，对于已设置该业务场所的主体排放的该恶臭成因物质，一年内不可以依据前款规定采取措施。

4 自针对业务场所恶臭成因物质排放的管控标准提高后，一年内其排放如符合提高前的管控标准，则不得依据第二款规定采取措施。

5 市町村长根据本条正文及第二款规定，对小型企业采取措施时，必须考虑对其业务活动的影响。

（对都道府县知事等提出要求）

第九条 市町村长认为为保护该市町村居民生活环境而有必要时，可以要求相关都道府县知事或相关市长指定管控地区，设定或提高管控标准，或要求相关市町村长按照第八条正文或第二款规定，对排放恶臭成因物质的业务场所采取措施。

（发生事故时的措施）

第十条 在管控地区设有业务场所的主体，在该业务场所发生事故，导致恶臭成因物质排放不达标或可能不达标时，必须立即采取该事故应急措施，并迅速开展事故后的复原工作。

2 在本条正文的情况下，本条正文规定的主体必须立即向市町村长报告事故情况。但是，《大气污染防治法》（1968 年法律第 97 号）第十七条第二款规定的报告受理事务依据该法第三十一条正文规定，应由该条正文的政令规定市市长处理，且该政令规定市市长已接到该报告时，以及已根据《石油联合企业等灾害防止法》（1975 年法律第 84 号）第二十三条正文规定做出报告时，则不受此限。

3 市町村长认为在本条正文的情况下，该恶臭成因物质的不适气味将损害或可能损害居民生活环境时，可以命令本条正文规定的主体继续采取应急措施，以防止该恶臭成因物质的排放。

4 第八条第三款及第四款规定同样适用于基于前款规定的命令。

（恶臭的检测）

第十一条　市町村长必须为保护居民生活环境而对管控地区的大气中特定恶臭物质浓度或大气臭气指数进行必要的检测。

（委托检测）

第十二条　对于为根据第八条正文规定提出劝告，或为根据第十条第三款规定做出命令而需进行的检测以及基于第十一条规定的检测，市町村长认为为保证其顺利实施而有必要时，可以将这些检测中的特定恶臭物质浓度检测委托给具备环境省令规定条件、可正确开展该项检测的主体；将臭气指数及臭气排放强度（以下称“臭气指数等”）检测委托给国家、地方政府、臭气检测业务从业者（指符合以下各项中任意一项的臭气指数等检测业务从业者。在本条中，以下同）或开展臭气指数等检测业务的法人（仅限委托臭气检测业务从业者进行该检测的法人）：

一　通过第十三条正文所述的考试及适应性检查，可正确开展臭气指数等检测业务，符合环境省令规定的条件；

二　被认为具有第一项所示人员同等以上能力，符合环境省令的规定。

（臭气指数等检测业务从业者的考试）

第十三条 环境大臣为判断是否具备从事臭气指数检测等业务所需知识及适应性，应就臭气指数检测等必要知识进行考试，以及就臭气指数检测进行嗅觉适应性检查。

2 环境大臣可以根据环境省令规定，委托符合以下各项全部条件，并受其指定的一般社团法人或一般财团法人（以下称“指定机构”）开展本条正文所述的考试及适应性检查相关事务（以下称“考试检查事务”）。

一 针对工作人员、设备、考试检查事务实施方法等事项制定的考试检查事务实施计划对于切实妥善开展考试检查事务来说是恰当的；

二 具有切实妥善开展第一项所述考试检查事务实施计划所需要的经营及技术基础。

3 指定机构的负责人或工作人员以及曾任上述职务的人员不得泄漏考试检查事务中获知的秘密。

4 从事考试检查事务的指定机构负责人及工作人员在《刑法》（1907 年法律第 45 号）等罚则的法律适用上，应视为依法执行公务的人员。

5 拟参加本条正文所述考试或适应性检查的人员，必须按照政令考虑实际费用所规定的金额，缴纳相应的手续费。

6 关于前款的手续费，拟参加环境大臣实施的本条正文所述考试或适应性检查的人员，其缴纳的手续费应作为国库收入；拟参加指定机构承担其考试检查事务的、本条正文所述考试或适应性检查的人员，其缴纳的手续费应作为该指定机构的收入。

7 指定机构不再属于一般社团法人或一般财团法人时，环境大臣必须撤销其指定。

8 指定机构有下列情形之一时，环境大臣可以撤销其指定，或命令其限期停止全部或部分考试检查事务：

一 被认为不再符合第二款各项所述条件时；

二 通过不正当手段获得第二款规定的指定时。

9 除本条上述规定以外，本条正文所述考试、适应性检查以及指定机构相关必要事项由环境省令做出规定。

第三章　推进恶臭防治措施

（国民的责任和义务）

第十四条　全体国民均必须努力避免在住宅集中地区因烹饪餐饮、饲养宠物等日常生活行为而产生恶臭，避免破坏周边地区居民生活环境，同时应配合国家及地方政府为防治恶臭而采取的生活环境保护措施。

（禁止焚烧产生恶臭的物品）

第十五条　任何人均不得在住宅集中地区对橡胶、皮革、合成树脂、废油等燃烧时产生恶臭的物品任意进行大量的露天焚烧。

（水道沟渠等恶臭防治）

第十六条　污水沟、河流、池塘、港湾等有污水汇入的水道或场地管理者，必须妥善管理该水道或场地，避免其管理的水道或场地产生恶臭，损害周边地区居民的生活环境。

（国家及地方政府的责任和义务）

第十七条　地方政府必须根据该区域的自然及社会条件，为防治恶臭，保护生活环境而努力制定和实施相关措施，如支持地区居民的恶臭防治努力，提供必要信息等。

2 国家必须统筹制定和实施恶臭防治宣传、知识普及等有关防治恶臭、保护生活环境的政策措施，同时为推进地方政府实施的防治恶臭、保护生活环境的措施而努力提供必要建议，或采取其他措施。

（国家的支持）

第十八条　国家对于业务场所为防治恶臭而进行的必要设施建设或改

进，应努力在资金筹措、技术建议等方面提供相关支持。

（研究的推进）

第十九条 国家应努力推进恶臭产生设施改良、恶臭对生活环境及健康的影响、恶臭检测方法等恶臭防治方面的研究，并普及研究成果。

第四章 杂 项

（报告及检查）

第二十条 市町村长为根据第八条正文或第二款、第十条第三款规定而采取措施，在认为有必要时，可以要求该业务场所设置者报告产生恶臭成因物质的设施运行状况、防止恶臭成因物质排放的设备安装情况、业务场所的事故情况以及发生事故时的应急措施等恶臭防治相关必要事项，或派工作人员进入该业务场所，检查导致产生恶臭成因物质的设施及其他物品。

2 环境大臣认为为确保正确开展考试检查事务而有必要时，可以要求指定机构就考试检查事务的开展情况做出必要的报告，或派工作人员进入指定机构的事务所，检查考试检查事务的开展情况或检查设备、账簿、文件及其他物品。

3 根据本条上述规定进行现场检查的人员必须携带显示其身份的证件，并向相关人员出示。

4 基于本条正文及第二款规定的现场检查权限不得解释为为实施犯罪搜查而受认可的权限。

（相关行政机构的配合）

第二十一条 都道府县知事及市长认为为达到本法的目的而有必要时，可以要求相关行政机构长官或相关地方政府长官，针对产生恶臭成因物质的业务场所的业务活动、防止恶臭成因物质排放的技术以及恶臭防治方面的其他必要事项，提供资料或信息，公开陈述意见，或予以其他协助。

2 相关行政机构长官为使本法得以顺利、正确地执行，应针对特定恶臭物质浓度、气体或水的臭气指数检测方法、防止恶臭成因物质排放的技术等恶臭防治上的必要事项，努力为都道府县知事及市町村长提出建议，或提供其他支持。

（过渡措施）

第二十二条 根据本法规定而制定、修订或废止命令时，在认为因命令制定、修订及废止而有必要的合理范围内，可以设定必要的过渡措施（包括关于罚则的过渡措施）。

（与条例的关系）

第二十三条 本法的规定不妨碍地方政府在本法规定之外，针对恶臭成因物质的排放制定条例，确定必要的管控措施。

第五章 罚 则

第二十四条 违反基于第八条第二款规定的命令的，处一年以下徒刑或一百万日元以下罚金。

第二十五条 违反第十三条第三款规定的，处一年以下徒刑或五十万日元以下罚金。

第二十六条 违反基于第十三条第八款规定的停止考试检查事务命令的，对做出该违令行为的指定机构负责人或工作人员处一年以下徒刑或五十万日元以下罚金。

第二十七条 违反基于第十条第三款规定的命令的，处六个月以下徒刑或五十万日元以下罚金。

第二十八条 未按照第二十条正文规定做出报告，或做出虚假报告，以及拒绝、妨碍或逃避基于该条正文规定的检查的，处三十万日元以下罚金。

第二十九条 未按照第二十条第二款规定做出报告，或做出虚假报告，以及拒绝、妨碍或逃避基于该款规定的检查的，对做出该违法行为的指定机构负责人或工作人员处三十万日元以下罚金。

第三十条 法人代表、法人或个人代理人、雇佣人员及其他从业人员就其法人或个人业务做出违反第二十四条、第二十七条或第二十八条的行为时，除处罚行为人以外，还将对该法人或个人处以相应各条的罚金刑。

附 则（摘录）

本法自公布之日起，在不超过一年的范围内，自政令规定之日起施行。

恶臭防治法施行令

1972 年 5 月 30 日　政令第 207 号
最终修订　2011 年 11 月 28 日　政令第 364 号

（特定恶臭物质）

第一条 《恶臭防治法》（以下称“法律”）第二条正文中的政令规定物质为以下物质：

一 氨；

二 甲硫醇；

三 硫化氢；

四 二甲硫；

五 二甲基二硫；

六 三甲胺；

七 乙醛；

八 丙醛；

九 正丁醛；

十 异丁醛；

十一 正戊醛；

十二 异戊醛；

十三 异丁醇；

十四 乙酸乙酯；

十五 甲基异丁基酮；

十六 甲苯；

十七 苯乙烯；

十八 二甲苯；

十九 丙酸；

二十 正丁酸；

二十一 正戊酸；

二十二 异戊酸。

（手续费）

第二条 关于法律第十三条第五款中的手续费金额，拟参加该条正文所述的考试的，为一万八千日元；拟参加该条正文所述的适应性检查的，为九千日元。

附 则

本政令自法律施行之日（1972 年 5 月 31 日）起施行。

第五部分

化学物质

二噁英类治理特别措施法

1999 年 7 月 16 日　法律第 105 号
最终修订　2014 年 6 月 18 日　法律第 72 号

第一章　总　则

（目的）

第一条　二噁英类属于会对人类生命与健康造成重大影响的物质。鉴于此，本法的目的在于：为防治和消除二噁英类造成的环境污染，确定相关标准，以作为二噁英类政策措施的基础，通过制定必要的控制措施、污染土壤措施等，力求保护国民的健康。

（定义）

第二条　在本法中，“二噁英类”是指以下物质：

一　多氯代二苯并呋喃；

二　多氯二苯并对二噁英；

三　共平面多氯联苯。

2 在本法中，“特定设施”是指设于工厂或业务场所内，用于炼钢的电炉以及废弃物焚烧炉等设施中，产生并向大气中排放二噁英类，以及排放含有二噁英类的污水或废液的政令规定设施。

3 在本法中，“废气”是指特定设施排放到大气中的排放物。

4 在本法中，“废水”是指设置特定设施的工厂及业务场所（以下称“特定业务场所”）向公共水域（指《水质污染防治法》（1970 年法律第 138 号）第二条正文规定的公共水域，以下同）排放的水。

（国家及地方政府的责任和义务）

第三条　国家应制定关于防治和消除二噁英类环境污染的基本性综合政策措施，并予以实施。

2 地方政府应根据该地区自然社会条件，实施防治和消除二噁英类环境污染的政策措施。

（企业的责任和义务）

第四条　企业必须采取必要措施，防治和消除开展经营活动时产生的二噁英类环境污染，同时对于国家及地方政府实施的防治和消除二噁英类环境污染相关政策措施，必须予以配合。

（国民的责任和义务）

第五条　国民应努力防治日常生活中产生的二噁英类环境污染，同时对于国家及地方政府实施的防治和消除二噁英类环境污染相关政策措施，应努力予以配合。

第二章　应作为二噁英类政策措施之基础的标准

（每日可耐受摄入量）

第六条　鉴于二噁英类是由人类活动产生的化学物质，在环境中原本并不存在，作为国家及地方政府采取二噁英类政策措施的指标，每日可耐受摄入量（指即使终生持续摄入二噁英类也不会影响健康的每日摄入量，以2,3,7,8-四氯二苯并对二噁英的量予以表示）应为人体每公斤体重4皮克以下的政令规定值。

2 关于本条正文的数值，应充分考虑化学物质安全评估相关国际动向，根据科学知识，予以必要的修订。

（环境标准）

第七条 政府应就二噁英类导致的大气污染、水质污染（含水底底质污染）及土壤污染的环境条件，分别制定为保护人体健康而希望予以维持的标准。

第三章 二噁英类的排放控制等

第一节 二噁英类相关废气、废水的排放控制

（排放标准）

第八条 关于二噁英类的排放标准，应考虑特定设施的废气、废水中所含二噁英类的减排技术水平，根据特定设施的种类及结构，由环境省令做出规定。

2 关于本条正文的排放标准，废气相关的排放标准（以下称“大气排放标准”）以第一项所列为允许限度，废水相关的排放标准（以下称“水质排放标准”）以第二项所列为允许限度：

一 就废气中二噁英类含量（指根据环境省令的规定，将按照环境省令规定方法测得的二噁英类的量换算为2,3,7,8-四氯二苯并对二噁英毒性后的量，以下同）规定的允许限度；

二 就废水中二噁英类含量规定的允许限度。

3 都道府县根据其自然社会条件判断，认为该都道府县区域内存在依照本条正文的排放标准不足以充分保护人体健康的区域时，可以根据政令规定，以条例的形式，就该区域内特定设施排放的废气以及排入该区域的废水中的二噁英类含量，制定应取代该款排放标准予以适用的、规定允许限度比该款排放标准更为严格的排放标准。

4 前款的条例必须同时明确该区域的范围。

5 都道府县依据第三款规定制定排放标准时，该都道府县知事必须事先通知环境大臣及相关的都道府县知事（仅限制定该款排放标准中的废水排

放标准的情况）。

（排放标准的劝告）

第九条 在认为为防止二噁英类引起大气污染及公共水域污染而尤其有必要时，环境大臣可以对都道府县提出劝告，劝其依照上条第三款规定，制定排放标准，或根据该款规定，更改制定的排放标准。

（总量控制标准）

第十条 对于适用大气排放标准（包括根据第八条第三款规定而制定的排放标准中的废气排放标准。在本条正文中，以下同）的特定设施（以下称“大气标准适用设施”）密集，被认为仅依靠大气排放标准难以保障第七条所述标准中的大气污染标准的政令规定地区（以下称“指定地区”），都道府县知事必须针对设于该指定地区内的、设有大气标准适用设施的特定业务场所（以下称“总量控制标准适用业务场所”）向大气中排放的二噁英类，编制总量削减计划，并在此基础上，根据环境省令的规定，确定总量控制标准。

2 都道府县知事认为有必要时，可以将该指定地区划分为多个区域，按每个区域分别制定本条正文的总量控制标准。

3 对于新设置大气标准适用设施的总量控制标准适用业务场所（包括因特定设施的设置或结构等变更而成为总量控制标准适用业务场所的工厂及业务场所）以及新设置的总量控制标准适用业务场所，都道府县知事可以根据本条正文的总量削减计划，依照环境省令的规定，制定应予适用的特殊总量控制标准，以取代该款的总量控制标准。

4 本条正文及前款的总量控制标准是：针对总量控制标准适用业务场所，就其设置的全部大气标准适用设施排放口（指大气标准适用设施设置的、向大气中排放废气的烟囱以及其他设施开口部分，以下同）排放的二噁英类合计总量而规定的允许限度。

5 某地区符合本条正文的政令规定地区条件时，都道府县知事可以就拟定该款的政令向环境大臣提出申请。

6 居民可以请求管辖其居住地的都道府县知事提出前款的申请。

7 环境大臣拟制定、修订或废止本条正文的政令时，必须听取相关都道府县知事的意见。

8 都道府县知事制定本条正文以及第三款的总量控制标准时，必须予以公示。变更或废止该标准时亦如此。

（总量削减计划）

第十一条 上一条正文的总量削减计划应针对该指定地区，以将第一项的总量削减至第二项的总量为目标，考虑大气标准适用设施的种类和规模等，依照政令规定，对第三项至第五项所列事项做出规定。在此情况下，根据该指定地区的大气标准适用设施的分布情况，为完成计划，需要将该指定地区划分为多个区域时，则第一项及第二项的总量为各划分区域的二噁英类排放量的总量：

一 该指定地区全部大气标准适用设施的二噁英类大气排放量的总量；

二 对照第七条所述标准中的大气污染相关标准，根据环境省令的规定，计算得出的该指定地区大气标准适用设施的二噁英类大气排放量的总量；

三 第一项所述总量的目标削减量（制定作为中期目标的目标削减量时，包括该目标削减量）；

四 计划的完成时间；

五 计划的完成方法。

2 都道府县知事拟制定上一条正文的总量削减计划时，必须听取依据《环境基本法》（1993 年法律第 91 号）第四十三条规定设置的审议会等合议制机构以及相关市町村长的意见，并召开听证会，或为反映指定地区居民的意见而采取其他必要措施。

3 都道府县知事拟制定上一条正文的总量削减计划时，对于本条正文第三项及第四项相关部分，必须事先与环境大臣协商，并征得其同意。

4 都道府县知事拟制定上一条正文的总量削减计划时，必须努力公布本条正文各项所列事项。

5 因出现指定地区大气污染状况发生变化等情况而有必要时，都道府县知事可以变更上一条正文的总量削减计划。

6 第二款至第四款的规定适用于依照上一款规定进行的计划变更。

（特定设施的设置申报）

第十二条 拟设置特定设施者，必须依照环境省令的规定，向都道府县知事申报下列事项：

一 姓名或名称、地址，如为法人，则为法人代表的姓名；

二 特定业务场所的名称及所在地；

三 特定设施的种类；

四 特定设施的结构；

五 特定设施的使用方法；

六 大气标准适用设施申报产生气体（指大气标准适用设施产生的气体，以下同）的处理方法，涉及水质排放标准（含根据第八条第三款规定制定的排放标准中，与废水有关的排放标准）的特定设施（以下简称“水质标准适用设施”）申报该水质标准适用设施排放的污水或废液的处理方法。

2 基于本条正文规定的申报中，必须随附相关文件，文件写有根据特定设施的种类或结构、产生气体或污水、废液处理方法等估算的二噁英类排放量（大气标准适用设施为废气中的二噁英类含量，水质标准适用设施为设置该水质标准适用设施的特定业务场所（以下称“水质标准适用业务场所”）的废水中的二噁英类含量）以及环境省令规定的其他事项。

（过渡措施）

第十三条 某一设施成为特定设施时，排放废气或废水的现有设施设置者（含正在设置施工者，下款同）必须在该设施成为特定设施之日起的三十天内，依照环境省令的规定，向都道府县知事申报上一条正文各项所列事项。

2 下表左栏所列的主体必须依照环境省令的规定，在该表右栏所列之日起的三十天内，向都道府县知事申报该表中栏所列事项。

某一水质标准适用设施成为大气标准适用设施时的现有设施设置者	与其产生气体相关的上一条正文第六项所列事项	该水质标准适用设施成为大气标准适用设施之日
某一大气标准适用设施成为水质标准适用设施时的现有设施设置者	与其污水或废液相关的上一条正文第六项所列事项	该大气标准适用设施成为水质标准适用设施之日

3 上一条第二款规定适用于依照本条上述规定进行的申报。

（特定设施结构等变更申报）

第十四条 依照第十二条正文、上一条正文或第二款规定完成申报者，拟变更其申报的第十二条正文第四项至第六项所列事项或上一条第二款表格中栏所列事项时，必须按照环境省令的规定，就此事向都道府县知事做出申报。

2 第十二条第二款规定适用于依照本条正文规定进行的申报。

（计划变更命令等）

第十五条 都道府县知事接到基于第十二条正文或上一条正文规定的申报后，如认为在该特定设施的排放口（该申报中的特定设施涉及废气的情况）或设置该特定设施的水质标准适用业务场所的排水口（该申报中的特定设施涉及废水的情况。指排放废水的地点，以下同），其废气或废水中的二噁英类含量不符合第八条正文的排放标准（依照该条第三款规定制定了排放标准的，含该排放标准。以下仅称“排放标准”）时，可以在受理该申报之日起的六十天内，命令该申报者更改与该特定设施结构、使用方法、该特定设施产生气体或污水、废液的处理方法有关的计划（包括废止依照上一条正文规定进行申报的计划），或废止依照第十二条正文规定进行申报的特定设施设置计划。

第十六条　都道府县知事接到基于第十二条正文或第十四条正文规定的申报后，对于设置该申报涉及的大气标准适用设施的总量控制标准适用业务场所（包括因特定设施的设置或结构等变更而成为新的总量控制标准适用业务场所的工厂或业务场所。在本条中，以下同），在认为该总量控制标准适用业务场所设置的全部大气标准适用设施的排放口排放的二噁英类合计总量不符合总量控制标准时，可以在受理该申报之日起的六十天内，命令该总量控制标准适用业务场所的设置者改进该总量控制标准适用业务场所产生气体的处理方法，或采取其他必要措施。

（实施的限制）

第十七条　依照第十二条正文规定做出申报者以及依照第十四条正文规定做出申报者，在其申报受理之日起的六十天内，不得设置其申报涉及的特定设施，或变更其申报涉及的特定设施的结构、使用方法或产生的气体、污水、废液的处理方法。

2 都道府县知事认为基于第十二条正文或第十四条正文规定的申报事项内容恰当时，可以缩短本条正文规定的时间。

（姓名变更等申报）

第十八条　依照第十二条正文或第十三条正文规定做出申报者，其申报涉及的第十二条正文第一项或第二项所列事项发生变更，或其申报涉及的特定设施已不再使用时，必须在自当日起的三十天内，就此事向都道府县知事做出申报。

（承继）

第十九条　基于第十二条正文或第十三条正文规定的申报者转让或租赁其申报涉及的特定设施的，受让者或承租方将承继就该特定设施做出该申报者的地位。

2 基于第十二条正文或第十三条正文规定的申报者出现继承、合并或分割（仅限承继该申报涉及的特定设施的情况）时，继承人、合并后继续存在的法人或合并后成立的法人以及分割后承继该特定设施的法人将承继该申报者的地位。

3 依照本条上述规定，承继基于第十二条正文或第十三条正文规定的申报者的地位后，承继者必须在其承继发生之日起的三十天内，就此向都道府县知事做出申报。

4 就设于特定业务场所的全部大气标准适用设施承继基于本条正文或第二款规定的申报者地位的，关于第十六条以及第二十二条第三款规定的法律适用，应视为承继特定业务场所设置者的地位。

(排放限制)

第二十条 排放废气或排放废水者（以下称“排放者”）不得在废气排放口（大气标准适用设施的情况）或设有水质标准适用设施的水质标准适用业务场所的排水口（水质标准适用设施的情况）排放其废气或废水中二噁英类含量不符合排放标准的废气或废水。

2 某一设施成为特定设施时，对于现有设施设置者（含正在设置施工者，下款同）从该设施排放的废气以及与该设施相关的废水，在该设施成为特定设施之日起的一年内，本条正文的规定不予适用。但是，该设施成为水质标准适用设施时，该工厂或业务场所已成为水质标准适用业务场所，以及存在相当于本条正文规定的、适用于该设置者的地方政府条例规定时（对违反该规定的行为不存在处罚规定的情况除外），则不受此限。

3 某一水质标准适用设施成为大气标准适用设施，或某一大气标准适用设施成为水质标准适用设施时，对于现有设施设置者从该设施排放的废气，或现有设施设置者排放的与该设施相关的废水，自该设施成为大气标准适用设施或水质标准适用设施之日起的一年内，本条正文的规定不予适用。

在此情况下，适用于前款但书的规定。

（总量控制标准相关排放限制）

第二十一条 在总量控制标准适用业务场所向大气中排放废气者，关于其废气排放，设于该总量控制标准适用业务场所的全部大气标准适用设施排放口排放的二噁英类合计总量必须符合总量控制标准。

2 关于因第二条第二款的政令修订、第八条正文的环境省令修订或第十条正文的政令修订而成为新的总量控制标准适用业务场所的工厂或业务场所，对于从其设置的大气标准适用设施向大气中排放废气者，自该工厂或业务场所成为总量控制标准适用业务场所之日起的一年以内，本条正文的规定将不适用。

（改进命令等）

第二十二条 都道府县知事认为排放者有可能在其设置的大气标准适用设施的排放口或水质标准适用业务场所的排水口，持续排放不符合排放标准的废气或废水时，可以规定相应期限，命令该排放者改进特定设施的结构、使用方法或该特定设施产生气体、污水、废液的处理方法，或命令暂停使用该特定设施。

2 第二十条第二款及第三款规定适用于基于本条正文规定的命令。

3 都道府县知事认为有可能持续排放不符合总量控制标准的废气时，可以规定相应期限，命令与该废气相关的总量控制标准适用业务场所的设置者改进该总量控制标准适用业务场所产生气体的处理方法，或采取其他必要措施。

4 对于因第二条第二款的政令修订、第八条正文的环境省令修订或第十条正文的政令修订而成为新的总量控制标准适用业务场所的工厂或业务场所，自该工厂或业务场所成为总量控制标准适用业务场所之日起的一年内，前款规定将不适用。

（事故处理措施）

第二十三条 特定设施发生故障、破损或其他事故，二噁英类大量排放到大气中或公共水域中时，特定设施设置者必须立即采取该事故应急措施，并努力使事故迅速得以平息。

2 在本条正文的情况下，该款所规定的主体必须立即向都道府县知事报告事故情况。但是，已依照《石油联合企业等灾害防止法》（1975 年法律第 84 号）第二十三条正文规定做出报告的，则不受此限。

3 发生本条正文规定的事故时，都道府县知事如认为该事故涉及的特定业务场所周边区域人员的健康受到损害或有可能受到损害时，可以命令该事故涉及的该款规定的特定设施设置者采取必要措施，以防止事故蔓延或再次发生。

4 都道府县知事接到基于第二款规定的报告，或依照前款规定下达命令后，必须迅速将此事报告环境大臣。

第二节 废弃物焚烧炉的烟尘处理等

（废弃物焚烧炉烟尘等处理）

第二十四条 在处理（含再生）废弃物焚烧炉这一特定设施排放，并由该特定设施的除尘器收集的烟尘、焚烧灰渣及其他炉渣时，必须使处理后的该烟尘、灰渣及其他炉渣的二噁英类含量低于环境省令规定的标准。

2 对于废弃物焚烧炉这一特定设施排放，并由该特定设施的除尘器收集的烟尘、灰渣及其他炉渣，应将《关于废弃物处理及清扫的法律》（1970 年法律第 137 号）第二条第三款中的“易爆性”替换为“废弃物焚烧设施炉渣等物质的易爆性”，该条第五款中的“易爆性”替换为“废弃物焚烧设施的除尘器收集的烟尘及炉渣等物质的易爆性”，该法第六条之二第三款中的“标准由政令做出规定”替换为“标准由《二噁英类治理特别措施法》（1999 年法律第 105 号）第二十四条正文规定及政令做出规定”，该法第十二条之二正文中的“政令”替换为“《二噁英类治理特别措施法》第二十四条正文规定及政令”后，再适用该法的规定。

（废弃物最终处置场所的维护管理）

第二十五条 废弃物最终处置场所必须按照环境省令规定的标准，进行最终处置场所的维护管理，以避免二噁英类污染大气、公共水域、地下水及土壤。

2 对于废弃物最终处置场所，应将《关于废弃物处理及清扫的法律》第八条之三正文的“环境省令”替换为“环境省令（含《二噁英类治理特别措施法》（1999 年法律第 105 号）第二十五条正文的环境省令，第十五条之二之三正文亦同）”，该法第九条第五款的“环境省令规定的技术”替换为“环境省令（含《二噁英类治理特别措施法》第二十五条正文的环境省令）规定的技术”后，再适用该法的规定。

第四章 二噁英类污染状况调查等

（日常监控）

第二十六条 都道府县知事必须日常监控该都道府县区域的大气、水质（含水底底质，以下同）及土壤的二噁英类污染状况。

2 都道府县知事必须向环境大臣报告本条正文的日常监控结果。

（都道府县知事等实施调查检测）

第二十七条 都道府县知事应与中央驻地方行政机构长官及地方政府长官协商，就该都道府县区域的大气、水质及土壤二噁英类污染状况进行调查检测。

2 国家及地方政府应根据本条正文的协商结果，进行调查检测，并将其结果送交都道府县知事。

3 都道府县知事应公布本条正文的调查检测结果以及依照前款规定送交的调查检测结果。

4 为调查检测土壤的二噁英类污染状况，国家行政机构长官及都道府县知事必要时可在必要限度内，派其工作人员前往土地现场，进行土壤等物质的调查检测，或为调查检测而无偿采集所需最小限度的土壤等物质。

5 拟依照前款规定进入现场的工作人员，必须携带显示其身份的证件，并向相关人员出示。

（设置者实施检测）

第二十八条 大气标准适用设施及水质标准适用业务场所的设置者必须按政令规定次数，每年至少一次，依照政令规定进行二噁英类污染状况的检测。大气标准适用设施检测该大气标准适用设施排放的废气，水质标准适用业务场所检测该水质标准适用业务场所排放的废水。

2 对废弃物焚烧炉这一特定设施进行本条正文的检测时，必须同时依照政令规定，就其除尘器收集的排放烟尘、灰渣及其他炉渣进行其二噁英类污染状况的检测。

3 大气标准适用设施或水质标准适用业务场所的设置者依照本条上述规定实施检测后，必须向都道府县知事报告检测结果。

4 都道府县知事接到基于前款规定的报告后，应公布其报告的本条正文及第二款的检测结果。

第五章 二噁英类污染土壤相关措施

（指定治理地区）

第二十九条 都道府县知事可以在其都道府县区域内，将二噁英类污染土壤的状况未达到第七条所述标准中的土壤污染标准、且符合需对该地区土壤中二噁英类污染予以清除等政令规定条件的地区指定为二噁英类土壤污染治理地区（以下称“治理地区”）。

2 环境大臣拟发起制定、修订或废止本条正文所述的政令时，必须听取中央环境审议会的意见。

3 都道府县知事拟指定治理地区时，必须听取依照《环境基本法》第四十三条规定而设置的审议会等合议制机构及相关市町村长的意见。

4 都道府县知事指定治理地区后，必须依照环境省令的规定，及时对此事做出公告，同时向环境大臣报告，并通知相关市町村长。

5 市町村长可以要求都道府县知事将该市町村区域内符合本条正文政令规定条件的一定地区指定为治理地区。

(治理地区的区域变更等)

第三十条 在作为治理地区指定条件的事实发生变化而有必要时，都道府县知事可以变更其指定的治理地区的区域，或解除其指定。

2 上一条第三款及第四款规定适用于基于本条正文规定的治理地区区域变更和治理地区的指定解除。

(二噁英类土壤污染治理计划)

第三十一条 都道府县知事指定治理地区后，必须及时制定二噁英类土壤污染治理计划（以下称“治理计划”）。

2 治理计划应对下列事项中的必要事项做出规定：

一 根据治理地区区域内的土地利用状况，由政令做出规定的下列事项中的必要事项：

a 开展土壤二噁英类污染清除项目的相关事项；

b 为防止涉及二噁英类污染土壤的土地利用等危害人体健康而开展必要的项目、或采取其他必要措施的相关事项。

二 实施二噁英类土壤污染防治项目相关事项。

3 都道府县知事拟制定治理计划时，必须听取相关市町村长的意见，并为反映治理地区居民的意见而采取召开听证会等必要措施。

4 都道府县知事拟制定治理计划时，必须与环境大臣协商，并征得其同意。

5 环境大臣拟做出前款的同意时，必须与相关行政机构的长官进行协商。

6 都道府县知事制定治理计划后，必须及时就其概要做出公告，并通知相关市町村长。

7 基于科学的知识见解，企业的二噁英类排放与二噁英类导致土壤污染之间的因果关系十分明确时，《公害防治事业费企业负担法》（1970 年法律第 133 号）的规定应适用于基于治理计划的项目。

（治理计划的变更）

第三十二条 因治理地区的区域变更，或治理地区区域内土壤中二噁英类污染状况发生变化等情况而出现需要时，都道府县知事可以变更治理计划。

2 上一条第三款至第六款的规定适用于基于本条正文规定的治理计划变更（环境省令规定的细微变更除外）。

第六章 国家的二噁英类减排计划

第三十三条 环境大臣应编制本国经济活动中二噁英类排放量的削减计划。

2 本条正文的计划应就以下事项做出规定：

一 本国各经济领域二噁英类推算排放量的目标削减量；

二 为完成前一项的目标削减量，企业应采取的措施相关事项；

三 为推进资源再生利用，实现导致产生二噁英类的废弃物等减量化，国家及地方政府应采取的措施相关事项；

四 关于削减本国经济活动中二噁英类排放量的其他必要事项。

3 环境大臣拟制定本条正文的计划时，必须经过公害对策会议的讨论。

4 环境大臣制定本条正文的计划后，必须及时公布该计划。

5 前两款的规定适用于本条正文的计划变更。

第七章　杂　项

（报告及检查）

第三十四条　环境大臣及都道府县知事可以在实施本法的必要限度内，依照政令的规定，要求特定设施设置者报告特定设施状况及其他必要事项，或派其工作人员进入特定业务场所，检查特定设施及其他物品。

2 关于环境大臣基于本条正文规定征收报告或派其工作人员进行现场检查，应在为防止大气、水质或土壤二噁英类污染危害人体健康，认为有紧急需要的情况下进行。

3 依照本条正文规定进行现场检查的工作人员必须携带显示其身份的证件，并向相关人员出示。

4 基于本条正文规定的现场检查权限不得解释为受认可的犯罪搜查权限。

（不予适用）

第三十五条　对于下表左栏所列的主体，该表右栏的规定不适用于该表中栏所列设施或业务场所，而应以《矿山安全保障法》（1949 年法律第 70 号）、《电力事业法》（1964 年法律第 170 号）、《燃气事业法》（1954 年法律第 51 号）或《关于防止海洋污染及海上灾害的法律》（1970 年法律第 136 号）的相应规定为准。

一　由设于《矿山安全保障法》第二条第二款正文规定矿山、属于该法第十三条正文经济产业省令规定设施（以下称“矿山设施”）的特定设施排放废气，或由设有属于矿山设施的特定设施的、该法第二条第二款正文规定矿山排放废水的排放者	大气标准适用设施的情况为该特定设施，水质标准适用设施的情况为该矿山	第十二条至第十九条以及第二十三条
二　由属于《电力事业法》第二条正文第十八项规定电力设备（以下称“电力设备”）的特定设施排放废气，或由设有属于电力设备的特定设施的工厂或业务场所排放废水的排放者	该特定设施	第十二条至第十九条以及第二十三条第二款至第四款

三　由属于《燃气事业法》第二条第十三款规定燃气设备的特定设施排放废气的排放者	该特定设施	第十二条至第十九条以及第二十三条第二款至第四款
四　由设有属于《关于防止海洋污染及海上灾害的法律》第三条第十四项规定废油处理设施（以下称“废油处理设施”）的特定设施所在工厂或业务场所排放废水的排放者	该特定设施	第十二条至第十九条以及第二十三条
五　由设有属于《关于防止海洋污染及海上灾害的法律》第三条第三项规定海洋设施等（废油处理设施除外）的特定设施所在工厂或业务场所排放废水的排放者	该特定设施	第二十三条

2 对于根据相当于第十二条、第十四条、第十八条以及第十九条第三款规定的《矿山安全保障法》、《电力事业法》以及《燃气事业法》的规定，由本条正文做出规定的特定设施的许可或认可申请与申报，基于本条正文规定的法律而拥有权限的国家行政机构长官（以下在本条中仅称“行政机构长官”）接到该申请与申报后，应将该许可或认可申请与申报所涉事项中的基于上述规定的申报事项通知管辖设有该特定设施的工厂或业务场所所在地的都道府县知事。

3 都道府县知事认为本条正文规定的特定设施的废气或废水中二噁英类可能导致危害人体健康时，可以要求行政机构长官依照相当于第十五条或第十六条规定的《矿山安全保障法》、《电力事业法》、《燃气事业法》以及《关于防止海洋污染及海上灾害的法律》的规定，采取相应措施。

4 行政机构长官接到基于本条正文规定的要求后，应将采取的措施通知该都道府县知事。

5 都道府县知事拟对本条正文表格第一项至第四项左栏所列主体做出基于第二十二条正文或第三款规定的命令时，必须事先与行政机构长官协商。

（资料递交要求等）

第三十六条　环境大臣认为为达到本法的目的而有必要时，可以要求相关地方政府的长官递交必要资料并进行说明。

2 都道府县知事认为为达到本法的目的而有必要时，可以要求相关行政机构长官或相关地方政府长官送交特定设施状况等资料或给予其他配合，或就防治或清除二噁英类造成的环境污染等陈述意见。

（环境大臣的指示）

第三十七条 环境大臣认为为防止大气、水质或土壤二噁英类污染危害人体健康而有紧急需要时，可以就下列事务向都道府县知事或第四十一条正文的政令规定市（含特别区）的市长做出必要指示：

一 第十五条、第十六条、第二十二条正文、第三款以及第二十三条第三款规定的命令相关事务；

二 第二十九条正文规定的指定以及第三十条正文规定的变更或解除相关事务；

三 第三十五条第三款规定的要求相关事务；

四 上一条第二款规定的要求配合、陈述意见相关事务。

（国家的支持）

第三十八条 对于设置或改进设施，防治或消除工厂及业务场所开展业务活动等导致的二噁英类环境污染，国家应努力提供必要的资金协调、技术建议及其他支持。

（研究推进等）

第三十九条 国家应努力推动二噁英类处理技术研究、二噁英类对人体健康影响的研究以及防治和消除二噁英类环境污染等研究，并推广研究成果。

（过渡措施）

第四十条 依据本法规定而制定、修订和废止命令时，在认为因其制定、修订和废止而显得合理且有必要的范围内，可以在该命令中制定必要的过渡措施（包括关于罚则的过渡措施）。

（权限的委托）

第四十条之二 本法所规定的环境大臣的权限可依照环境省令的规定，委托给地方环境事务所所长。

（政令规定市市长的事务处理）

第四十一条 依照本法规定而属于都道府县知事权限的部分事务可以根据政令规定，由政令规定市（含特别区，下款同）的市长处理。

2 本条正文所述政令规定市的市长必须将环境省令做出规定的、本法实施上的必要事项通知都道府县知事。

（事务划分）

第四十二条 依照本法规定而划归都道府县处理的事务中，应依照第十条正文规定处理的事务（总量削减计划编制相关事务除外）以及应依照该条第二款、第三款以及第二十六条规定处理的事务为《地方自治法》（1947 年法律第 67 号）第二条第九款第一项所规定的第一项法定受托事务。

（与条例的关系）

第四十三条 本法的规定不妨碍地方政府通过条例，就大气标准适用设施以外的设施向大气中排放的排放物以及水质标准适用业务场所以外的工厂或业务场所水中二噁英类排放相关事项制定必要的管制措施。

第八章 罚 则

第四十四条 违反基于第十五条、第十六条、第二十二条正文或第三款规定的命令的，处一年以下有期徒刑或一百万日元以下罚金。

第四十五条 有下列情形之一的，处六个月以下有期徒刑或五十万日元以下罚金：

一 违反基于第二十条正文或第二十一条正文规定的；

二 违反基于第二十三条第三款规定的命令的。

2 因过失而犯有本条正文第一项罪行的，处三个月以下监禁或三十万日元以下罚金。

3 关于本条正文第一项及前款的违法行为，只有在该违法行为发生之日起的三个月以内，都道府县知事就该违法行为涉及的设施，派其工作人员根据第三十四条正文规定进行现场检查，该现场检查按照环境省令规定的方法，测得的结果不符合排放标准或总量控制标准时，才对该违法行为实施者进行处罚。

第四十六条 未按照第十二条正文或第十四条正文规定做出申报，或做出虚假申报的，处三个月以下有期徒刑或三十万日元以下罚金。

第四十七条 有下列情形之一的，处二十万日元以下罚金：

一 未按照第十三条正文规定做出申报或做出虚假申报的；

二 违反第十七条正文规定的；

三 未按照第三十四条正文规定做出报告，或做出虚假报告，或拒绝、妨碍、逃避该款规定的检查的。

第四十八条 法人代表、法人或个人的代理人、雇佣人员及其他从业人员就该法人或个人业务做出违反上述四条的行为的，除处罚行为人以外，还将对该法人及个人处以各条的罚金刑。

第四十九条 未按照第十三条第二款、第十八条或第十九条第三款规定做出申报，或做出虚假申报的，处十万日元以下的过失罚款。

附　则（摘录）

（施行日期）

第一条 本法自公布之日起，在不超过六个月的范围内，由政令规定日期开始施行。但是，第二十六条第二款、第三十四条第二款、第三十七条、第四十二条以及附则第五条的规定自 2000 年 4 月 1 日起施行。

（研究）

第二条 政府应推进溴化二噁英对人体健康影响程度、产生过程等调查研究工作，并根据其结果，采取必要的措施。

2 对于二噁英类管控的应有状态，应根据本法的目的，依据当时达到的科学知识水平（下款仅称“科学知识”）展开研究，并根据研究结果，采取必要的重审等措施。

3 应考虑二噁英类的健康损害状况及食品中的蓄积情况，依据科学知识研究其治理，并根据研究结果，采取必要的措施。

第三条 考虑到二噁英类物质产生过程的特点，政府应对小型废弃物焚烧炉的结构、维护管理相关管控以及不使用废弃物焚烧设施的废弃物焚烧管控应有状态加以研究，并根据研究结果，采取必要的措施。

二噁英类治理特别措施法施行令

1999 年 12 月 27 日　政令第 433 号
最终修订　2018 年 8 月 10 日　政令第 241 号

（特定设施）

第一条　《二噁英类治理特别措施法》（以下称“法律”）第二条第二款所述产生并向大气中排放二噁英类的政令规定设施为附表一所列设施，该款所述排放含有二噁英类的污水或废液的政令规定设施为附表二所列设施。

（每日可耐受摄入量）

第二条　法律第六条正文的政令规定值为 4 皮克。

（排放标准相关条例）

第三条　在基于法律第八条第三款规定的条例中，关于废气排放标准，应就维持第七条所述二噁英类导致的大气污染的环境条件规定充分且必要的允许限度；关于废水排放标准，应就二噁英类导致的水质污染的环境条件规定维持该条标准的充分且必要的允许限度。

（设置者实施检测）

第四条　基于法律第二十八条正文规定的检测实施频率为每年一次以上，应按照环境省令规定的方法，对该款所述废气或废水中的二噁英类含量进行检测。

2 基于法律第二十八条第二款规定的检测应按照环境省令规定的方法，对该款所述烟尘、灰渣及其他炉渣的二噁英类含量进行检测。

（治理地区的指定条件）

第五条 法律第二十九条正文的政令规定条件应为人员可进入地区（工厂或业务场所占地区域中，该工厂或业务场所从业人员之外的人员不可进入的除外）。

（治理计划的内容）

第六条 在法律第三十一条正文规定的治理计划中，关于该条第二款第一项 a 和 b 规定的业务相关事项，应明确规定该业务的实施地区、内容、业务费金额以及该业务的实施者。关于该项 a 和 b 规定业务以外的措施相关事项，应明确规定该措施的实施地区、内容以及采取该措施的期间。

（报告及检查）

第七条 环境大臣以及都道府县知事可以依照法律第三十四条正文规定，要求大气标准适用设施的设置者报告大气标准适用设施的使用方法、废气处理方法、废气排放量、废气中二噁英类的浓度、法律第十二条第二款的环境省令规定事项（仅限大气标准适用设施相关事项）以及大气标准适用设施的事故情况、事故时采取的措施。

2 环境大臣以及都道府县知事可以依照法律第三十四条正文规定，要求水质标准适用设施的设置者报告水质标准适用设施的使用方法、污水或废液的处理方法、废水的污染状态及排放量、法律第十二条第二款的环境省令规定事项（仅限水质标准适用设施相关事项）以及水质标准适用设施的事故情况、事故时采取的措施。

3 环境大臣以及都道府县知事可以依照法律第三十四条正文规定，派其工作人员进入设置大气标准适用设施的工厂或业务场所，对大气标准适用设施、废气处理设施、上述设施的相关设施、大气标准适用设施使用的燃料和原料、相关账簿文件进行检查。

4 环境大臣以及都道府县知事可以依照法律第三十四条正文规定，派其工作人员进入水质标准适用业务场所，对水质标准适用设施、污水或废液处理设施、上述设施的相关设施、水质标准适用设施使用的原料、该水质标准适用业务场所区域内的土壤、地下水以及相关账簿文件进行检查。

（政令规定市市长的事务处理）

第八条 法律规定属都道府县知事权限的事务中，下列事务由《地方自治法》（1947 年法律第 67 号）第二百五十二条之十九正文的指定城市市长以及该法第二百五十二条之二十二正文的核心市市长（在本条中，以下称“指定城市市长等”）处理。在此情况下，与法律及本政令中下列事务相关的、对都道府县知事的规定，应视为对指定城市市长等做出的规定，适用于指定城市市长等：

一 基于法律第十二条正文、第十三条正文及第二款、第十四条正文、第十八条以及第十九条第三款规定的申报受理相关事务；

二 基于法律第十五条、第十六条、第二十二条正文及第三款、第二十三条第三款规定的命令相关事务；

三 基于法律第十七条第二款规定的、缩短该条正文所述期限的相关事务；

四 基于法律第二十三条第二款规定的报告受理相关事务；

五 基于法律第二十三条第四款、第二十六条第二款规定的报告相关事务；

六 基于法律第二十六条正文规定的日常监控相关事务；

七 基于法律第二十七条正文规定的调查检测、依照该条第二款规定送交的结果受理、基于该条第三款规定的调查检测结果的公布以及基于该条第四款规定的调查检测与无偿采集相关事务；

八 基于法律第二十八条第三款规定的报告受理以及基于该条第四款规定的公布检测结果相关事务；

九 基于法律第三十四条正文规定的报告征收及现场检查相关事务；

十 基于法律第三十五条第二款及第四款规定的通知受理相关事务；

十一 基于法律第三十五条第三款规定的要求相关事务；

十二 基于法律第三十五条第五款规定的协商相关事务；

十三 基于法律第三十六条第二款规定的要求配合或陈述意见相关事务。

附 则（摘录）

（施行日期）

第一条 本政令自法律施行之日（2000 年 1 月 15 日）起施行。但是，第八条第五项（仅限与法律第二十六条第二款相关的部分）规定自 2000 年 4 月 1 日起施行。

附表一（与第一条相关）

一 原料处理能力在每小时 1 吨以上的、用于生产烧结矿（仅限用于生产生铁的烧结矿）的烧结炉。

二 变压器额定容量在 1000 千伏安以上的、用于炼钢的电炉（用于生产铸钢或锻钢的除外）。

三 原料处理能力在每小时 0.5 吨以上的、用于回收锌（仅限从除尘器收集的炼钢电炉烟尘中回收锌）的焙烧炉、烧结炉、熔矿炉、熔解炉及干燥炉。

四 用于生产铝合金（仅限以铝渣（该铝合金生产厂内铝轧延工艺产生的除外）为原料的）的焙烧炉、熔解炉及干燥炉。焙烧炉及干燥炉的原料处理能力应在每小时 0.5 吨以上，熔解炉容量应在 1 吨以上。

五 炉排面积（废弃物焚烧设施设有多个废弃物焚烧炉的，为多个焚烧炉的炉排面积总和）在 0.5 平方米以上或焚烧能力（废弃物焚烧设施设有多个废弃物焚烧炉的，为多个焚烧炉的焚烧能力总和）在每小时 50 千克以上的废弃物焚烧炉。

附表二（与第一条相关）

一 用于生产硫酸盐纸浆（牛皮纸浆）或亚硫酸盐纸浆的、使用氯或氯代化合物的漂白设施。

二 用于电石法制取乙炔的乙炔净化设施。

三 硫酸钾生产设施中的废气净化设施。

四 氧化铝纤维生产设施中的废气净化设施。

五 生产负载型催化剂（仅限使用氯或氯代化合物的）的烧成炉产生气体处理设施中的废气净化设施。

六 用于生产氯乙烯单体的二氯乙烯净化设施。

七 己内酰胺（仅限使用亚硝酰氯的）生产设施中的下列设施：

a 硫酸浓缩设施；

b 环己烷分离设施；

c 废气净化设施。

八 氯苯或二氯苯生产设施中的下列设施：

a 水洗设施；

b 废气净化设施。

九 4- 氯邻苯一甲酸单钠盐生产设施中的下列设施：

a 过滤设施；

b 干燥设施；

c 废气净化设施。

十 2,3- 二氯 -1,4- 萘醌生产设施中的下列设施：

a 过滤设施；

b 废气净化设施。

十一 8,18- 二氯 -5,15- 二乙基 -5,15- 二氢二吲哚并［3,2-b：3’，2’-m］三苯二噁嗪（又名“二噁嗪”，c 中仅称“二噁嗪”）生产设施中的下列设施：

a 硝化衍生物分离设施及还原衍生物分离设施；

b 硝化衍生物净化设施及还原衍生物净化设施；

c 二噁嗪净化设施；

d 热风干燥设施。

十二 生产铝及其合金的焙烧炉、熔解炉或干燥炉的产生气体处理设施中的下列设施：

a 废气净化设施；

b 湿法除尘设施。

十三 锌回收（仅限从除尘器收集的炼钢电炉烟尘中回收锌）设施中的下列设施：

a 精炼设施；

b 废气净化设施；

c 湿法除尘设施。

十四 从负载型催化剂（仅限使用过的）中回收金属（添加纯碱以焙烧炉处理的方法以及使用碱萃取的方法（仅限不使用焙烧炉处理的）除外）的设施中的下列设施：

a 过滤设施；

b 精炼设施；

c 废气净化设施。

十五 附表一第五项的废弃物焚烧炉气体处理设施中的下列设施以及排放污水或废液的、该废弃物焚烧炉灰渣贮存设施：

a 废气净化设施；

b 湿法除尘设施。

十六《关于废弃物处理及清扫的法律施行令》（1971 年政令第 300 号）第七条第十二项之二及第十三项所列设施。

十七 氟利昂类（指《通过特定物质管控等保护臭氧层的法律施行令》（1994 年政令第 308 号）附表一之一、三、六所示特定物质）销毁（仅限用等离子销毁的方法以及用环境省令规定的其他方法进行的销毁）设施中的下列设施：

a 等离子反应设施；

b 废气净化设施；

c 湿法除尘设施。

十八 下水道终端处理设施（仅限含有第一项至前一项以及下一项所述

设施的污水或废液的下水道污水处理设施）。

十九　设有第一项至第十七项所述设施的工厂或业务场所排放水（仅限含有第一项至第十七项所述设施的污水、废液，或含有该污水、废液处理水的排放水，排放至公共水域的除外）的处理设施（前一项所述处理设施除外）。

关于二噁英类导致大气污染、水质污染（含水底底质污染）及土壤污染的环境标准

1999 年 12 月 27 日　环境厅告示第 68 号

最终修订　2009 年 3 月 31 日　环境省告示第 11 号

根据《二噁英类治理特别措施法》（1999 年法律第 105 号）第七条规定，现制定二噁英类导致大气污染、水质污染及土壤污染的环境标准如下。本标准自 2000 年 1 月 15 日起施行。

关于《二噁英类治理特别措施法》（1999 年法律第 105 号）第七条规定的二噁英类导致的大气污染、水质污染（含水底底质污染）及土壤污染的环境条件，为保护人体健康而希望予以维持的标准（以下称“环境标准”）如下：

第一　环境标准

1. 附表介质栏各项介质的环境标准如该表标准值栏目所示。

2. 为调查“1”的环境标准达标情况而进行检测时，应按照附表介质栏的不同介质种类，在可以准确把握二噁英类所致污染或污浊状况的地点，通过该表检测方法栏所示的方法进行检测。

3. 大气污染相关环境标准不适用于工业区、车道等一般民众通常不居住的地区或场所。

4. 水质污染（水底底质污染除外）相关环境标准适用于公共水域及地下水。

5. 水底底质污染相关环境标准适用于公共水域的水底底质。

6. 土壤污染相关环境标准不适用于废弃物填埋地等与外部适当区分开来的设施的土壤。

第二 达标期限等

1. 未达到环境标准的地区或水域，应努力尽可能快速地达到标准。

2. 现达到环境标准的地区或水域以及过去已达到环境标准的地区或水域，应努力保持该标准。

3. 土壤污染相关环境标准预计无法尽快达到时，应采取必要措施，防止土壤污染导致的环境影响。

第三 环境标准的重审

二噁英类相关科学知识水平提升后，应对标准值进行适当的重审。

附表

介质	标 准 值	检 测 方 法
大气	0.6 pg-TEQ/m^3 以下	空气采样器的滤纸后方安装带有聚氨酯泡沫的采样罐，将该空气采样器采集的试样用高分辨气相色谱质谱仪进行检测
水质（水底底质除外）	1 pg-TEQ/L 以下	日本工业标准 K0312 规定的方法
水底底质	150 pg-TEQ/g 以下	对水底底质中含有的二噁英类进行索氏抽提，并用高分辨气相色谱质谱仪进行检测的方法
土壤	1 000 pg-TEQ/g 以下	对土壤中含有的二噁英类进行索氏抽提后，用高分辨气相色谱质谱仪进行检测的方法（仅限分别检测多氯二苯并呋喃等（指多氯二苯并呋喃与多氯二苯并对二噁英，以下同）以及共平面多氯联苯，并同时使用两种以上的毛细管柱检测该多氯二苯并呋喃等物质的方法）
备 注： 1 标准值为换算为 2,3,7,8- 四氯二苯并对二噁英毒性后的数值。 2 大气及水质（水底底质除外）的标准值为年平均值。 3 对土壤中含有的二噁英类进行索氏抽提或高压流体萃取后，用高分辨气相色谱质谱仪、四极杆气相色谱质谱仪或三重四极杆气相色谱质谱仪检测法（本表土壤栏所列检测方法除外，以下称“简易检测法”）实施检测。将测得的数值（以下称“简易检测值”）乘以 2，作为上限。将简易检测值乘以 0.5，作为下限。将该范围内的数值视为通过本表土壤栏所列检测方法测得的数值。 4 已达到环境标准的土壤，如土壤中二噁英类含量高于 250 pg-TEQ/g（通过简易检测法实施检测时，简易检测值乘以 2，所得数值大于 250 pg-TEQ/g 的情况），应实施必要的调查		